여성문학을 넘어서

여성문학을 넘어서

김 · 미 · 현

민음사

책머리에

　확실히 지금의 여성 문학은 르네상스 시대라 불렸던 10여 년 전보다 많이 위축되어 있거나 혼란에 빠져 있는 듯하다. 왜 그럴까. 일단 하기 좋은 '남 탓'을 해보자. 혹시 여성 문학에게 불가능하거나 너무 많은 것을 요구하기 때문은 아닐까. 남성들은 말한다. 여성 문학은 너무 전투적이어서 남성을 적으로 만들고, 분파적이어서 여성도 적으로 만든다고. 그러니 오히려 여성다움을 살려 문학을 강간하지 말고 유혹하라고. 다른 어떤 것도 희생시키지 말고 보다 생산적이고 구체적으로 현실에 접근하라고. 그러지 않으면 여성들은 영원히 주변인으로서 치외법권 지대에 살 수밖에 없다고.

　비유적으로 말해 보자. 이런 여성 문학에 대한 요구들이 혹시 세익스피어의 「베니스의 상인」에 나오는 '샤일록의 재판'은 아닐 것인가. 재판관은 여성에게 피 한 방울 흘리지 않고 정확하게 1파운드만의 살을 잘라가라고 한다. 물론 여성들은 샤일록처럼 복수심에 불타는 무정하고 탐욕스러운 유태인이 아니다. 그저 인간답게 살고 싶을 뿐이다. 그런데도 재판관은 '법대로 하자며?', '악법도 법이니까', '지킬 것

은 지키자'라며 오히려 법을 이용해 여성을 단죄한다. 더욱 잔인한 것
은 법이란 지켜줄 만한 가치가 있는 사람만의 권리를 지켜준다는 논
리이다. 여기서 이성을 희롱하는 더 크고도 억압적인 이성을 발견하
게 되는 것은 비단 여성들뿐일까.

　이런 불공정한 재판에서 이기기 위해 여성들에게 가장 필요한 것은
'오컴의 면도날'인지도 모른다. 가장 단순하고도 용기 있게 칼을 부려
야 그나마 피를 덜 흘리면서 1파운드에 가장 가까운 양의 살을 베어
낼 수 있을 테니까. 하지만 그런 단순 논리로 해결하기에는 여성 문
제가 너무 복잡하다. 여성들이 원하는 것은 단순히 살 자체가 아니기
때문이다. 오히려 여성들은 피 묻은 살이나, 10파운드의 무게가 나가
는 반 파운드의 살을 원하고 있기 때문이다. 그래서인지 대학교에 여
성학과가 생긴 지 20년이나 지났어도 여전히 한국 여성들의 UN 여성
권한 지수는 최하위권을 맴돌고 있다. 아직까지도 여성들에게는 '자기
만의 방'을 마련할 돈이 없기 때문일까.

　여성 억압의 역사가 하루아침에 이루어진 것이 아니듯이 그에 대한
해결도 하루아침에 이루어질 수는 없을 것이다. 그러니 이런 외부적
이고 구조적인 문제 때문에 발생하는 여성 문학에 대한 오해나 여성
문학의 저조함에 대해서는 면죄부가 있을 수 있다. 하지만 더욱 심각
한 것은 여성 문학 내에서 발생하는 내부적인 문제일 것이다. 그러니
지금의 정체 현상에서 남의 탓을 할 수 없는 여성 문학 자체의 허물
은 없는지 숙고해 보는 것이 보다 성숙한 자세이다. 여성 문학이 지
금까지 이룬 성과들을 냉정하게 평가한 후 그 한계점을 보완해야 한
다는 것이다. 이제는 여성 문학이냐 아니냐가 아니라 진짜 여성 문학
이냐 가짜 여성 문학이냐가 더 중요한 문제이다. 보다 철저한 부정과
거부를 통해, 여성 문학을 바라보는 우리의 자세를 다시 생각해 보는
'성찰적 페미니즘'의 자세가 필요하다는 것이다. 이 책의 제목이 '여성

문학을 넘어서'인 것도 이 때문이다.

우선 최근의 여성 문학이 과연 문학의 주변부에 존재했던 소외된 장르였는가라는 문제이다. 오히려 1990년대 이후 급부상한 여성 문학은 특권을 누린 감이 있다. 남성 우월적이었던 평론가의 말을 빌리면 '지나친 귀여움'을 받았기 때문에 '자라지 않는' 문학이 바로 여성 문학이 아닐까라는 것이다. 이런 뼈아픈 지적이 여성의 생존권이 우선권으로 변질되지는 않았는지 검증해 봐야 한다는 반성을 낳는다면 나름대로 의미가 있다. 여성 문학의 부흥이 여성 문학에게 한정된 특권만을 주면서 그 범위 내에서만 자유를 구가하도록 한 것이기에 오히려 효과적인 통제를 행한 것일 수 있다는 것이다. 이것이 바로 여성 문학적인 카니발의 이중적 속성이다. 여성 문학에 대한 주목을 통해 더욱 효과적인 배제가 일어난다면 그 축제는 거품에 불과하다. 카니발이 끝나면 거지가 되었던 왕은 다시 왕으로 돌아갈 수 있지만 여왕이었던 거지는 계속 여왕일 수 없으니까.

또 다른 문제점은 문학은 정치 운동이 아니라는 데에서 발생한다. 그러니 여성 문학은 여성의 답답한 현실을 문제 삼으면서도 '다른 목소리'로 말해야 한다. 이때의 '다른'이 지니는 의미는 사회학이나 여성학과는 다르게 문학적으로 이야기해야 한다는 의미와 여러 가지 다른 목소리들로 다양하게 이야기해야 한다는 의미를 동시에 포함하게 된다. 하지만 지금까지의 여성 문학은 너무나 비문학적으로, 그리고 너무 비슷하게 이야기된 감이 있다. 여성 문제에 대한 비판이나 해결에 성급하게 목말라 하면서 자주 스스로를 모방하는 자가당착에 빠진 경향을 보였기 때문이다. 대개의 여성 인물들은 비슷하게 아프고, 여전히 신음 소리만 낸다. 보편성도 개별성을 확보하지 못하면 상투성을 띠게 되고, 구체적인 환부나 원인이 드러나지 않는 질병은 엄살로 치부될 확률이 높다. 가령 여성 문학에서 불륜 모티프가 더 이상 불온성과 파괴력을 갖지 못하는 것은 불륜이 예측 가능한 사고처럼 그려지기 때문이다. 불륜 자체가 문제가 아니라 비슷한 불륜이 문제인 것이다.

4부로 구성된 이 책은 이런 여성 문학의 빛과 그늘을 모두 담고 있다. Herstory, Gender, Reality, Power라는 각각의 키워드를 통해 여성 문학의 구체적인 실상과 한계, 앞으로의 방향까지도 살펴보려 했기 때문이다. 그녀들만의 역사(Herstory)에 눈을 뜬 여성들이 자신들의 정체성(Gender)을 어떻게 인식하는지, 그리고 그것이 현실(Reality)과 어떤 관계를 맺으면서 자신의 고유성(Power)을 획득할 수 있는지에 대해 주목하려는 것이다. 남성다워도 비난받고 여성다워도 비난받으면서 동서고금의 역사를 통해 의붓자식처럼 취급받았던 여성들의 역사를 바로잡기 위해(Herstory) 여성들이 자신들의 몸과 언어, 감각을 어떻게 활용하는지(Gender), 그리고 가부장제와 자본주의, 식민주의라는 삼중고 속에서 어떻게 자신의 자아와 가족, 계급의식을 형성하는지(Reality) 살펴보는 것이 중요하다. 이런 작업을 통해서만이 여성에 대한 차별만을 강조했던 '피해자 페미니즘'이나 남성과 자리만 바꾼 '전투적 페미니즘'의 한계를 극복하고 사랑, 모성, 자연(생명) 등 여성적 가치를 중심으로 여성의 힘과 다름을 강조하는 '파워 페미니즘(Power)'을 부각시킬 수 있기 때문이다.

진정한 여성 문학은 여성만이 아프다고 말하지 않는다. 여성도 아프다고, 그런데 좀 다르게 아프다고 말하는 것이 여성 문학이다. 무엇보다도 이 지구상에서 여성과 가장 닮은 존재가 바로 남성이라는 사실을 인정하는 것이 바로 여성 문학이다. 애정이나 희망 없이 욕하는 것은 비판이 아니라 모함이다. 그러니 지금보다 더 나은 (여성) 문학을 위하여 필요한 것은 건강한 분노나 정당한 미움일 것이다. 혹은 더 이상 아프지 않겠다는 의지일 것이다. 여성을 둘러싼 사회 자체도 더 이상 여성을 '결함 있는 남성'으로 보지 않아야 이러한 여성 문학의 움직임들을 제대로 포착할 수 있을 것이다. 언제나처럼 든든한 후원과 배려를 베풀어주신 민음사 여러 분들 덕분으로 이런 여성 문학에 대해 나의 조그마한 목소리라도 보탤 수 있었다. 특히 박맹호 사장님과 박상순 주간님, 편집부 여러분께 깊이 감사드린다.

2002년 11월

김미현

차례

HERSTORY

이브의 역사

이브, 잔치는 끝났다
젠더 혹은 음모

바그다드 카페에는 유혹이 있다

예쁘지도 않고 날씬하지도 않은, 심지어 말마저 잘 통하지 않는 한 독일 여성이 미국의 허름한 카페 '바그다드'에 오면서 그곳의 모든 것이 바뀐다. 지저분하고 정신없던 카페와 모텔은 새집처럼 변하고, 무능한 남편과 속 썩이는 자식들 때문에 불행했던 카페 여주인 브렌다는 낯선 방문객인 야스민 때문에 삶의 활기를 되찾게 된다. 그리고 정처 없이 유랑하던 콕스 또한 그녀 때문에 예술적 열정이 되살아나 그녀를 모델로 다시 그림을 그린다. 브렌다의 아들과 딸도 그녀 때문에 행복하게 피아노를 치거나 마음의 아름다움을 되찾게 된다. 야스민 또한 더 이상 남편과 헤어졌을 때의 그녀가 아니다. 이처럼 영화 「바그다드 카페」에는 '낮은 목소리'로 자신의 정체성을 찾아가는 사람들의 이야기가 있다. 그중에서 특히 야스민은 물처럼 다른 사람들의 상처를 치유하고, 바람처럼 지친 영혼을 살려낸다. 그녀는 아무것도 주장하지 않는 듯하면서도 자신이 바라는 것을 얻는다. 싸우지 않고도 이긴다면 그것 자체가 마술이다. 그래서 마술을 원하는 우리 또한 주제가 「콜링 유(Calling You)」에 맞춰서 그녀를 애타게 부르게 된다. 수잔 손태그(Susan Sontag)가 말한 "예술은 강간이 아니라 유혹이다."라는 말과 장 보드리야르(Jean Baudrillard)의 "여성의 힘은 유혹의 힘이다."라는 말이 실감나는 영화가 바로 「바그다드 카페」이다.

그러나 우리가 지금 살고 있는 곳은 미국이 아니다. 더구나 우리는 영화가 아닌 문학을 읽어야 한다. 그래서인지 유혹당하면 부족한 것 같아 불안하고, 강간당하면 넘치는 것 같아 불쾌해진다. 이처럼 여성 문학을 접할 때 특히 강화되는 이런 딜레마나 자기 검열의 기나긴 역사를 확인하기 위해서는 여성 문학사 속으로 직접 들어가 보아야 한다. 유혹과 강간 사이에서 끊임없이 방황하는 여성들의 의식은 그 자체로 생물학적·자연적인 성(sex)이 아니라 사회적·역사적 성(gen-der)과 밀접한 관련이 있고, 그런 젠더의 산물이 바로 여성 작가들의 작품이기 때문이다. 그리고 젠더가 사회적인 규범에 의한 성의 이원론적 분할과 관계있다면, 그런 젠더의 양상을 가장 치열하게 보여주는 것이 여성 문학을 바라보는 남성 평론가들의 시각일 것이다. 한국 문학사에서는 남성 작가들이 여성 문제를 문학적으로 형상화한 경우가 드물고, 여성 작가들이 남성 문제를 작품화한 경우나, 남성 작가들의 작품에 대한 여성 평론가들의 논의도 최근 들어서야 시도되기 시작했다. 때문에 이런 현실을 감안하면 현실적이고도 상대적으로 젠더의 충돌 양상을 가장 극명하게 보여주는 것이 여성 작가나 작품에 대한 남성 평론가들의 논의라고 할 수 있다.

이런 이유로 이 글은 '앨리스'가 되어 여성 문학에 대한 남성 평론가들의 글이라는 '거울'을 통해 '이상한 나라'로 들어가는 것이 목적이다. 그 거울이 여성들로 하여금 자신들의 모습을 '다시 보고(re-vision)'

그동안 잘못 알려졌던 자신의 모습을 '교정(revision)'하도록 만들어주기 때문이다. 그런 작업을 위한 시도로서 이 글에서는 거의 30년을 단위로 지속과 변화의 양 측면을 모두 보여주는 여성 문학사를 세 시기로 나누어 각 시기의 젠더적 특성을 살펴보려고 한다. 즉 제1기(1920~1930년대), 제2기(1950~1960년대), 제3기(1980~1990년대)를 거치면서 남성 평론가들에게 가장 많이 논의되었거나 논쟁적이었던 여성 작가나 여성 소설을 통해 20세기 한국 문학 속의 젠더를 재고해 보려는 것이다.

그 결과 우리는 다음과 같은 사실을 확인하게 될 것이다. 아직도 여성 문학은 '차이'가 아닌 '차별' 대우를 받고 있다는 것, 때문에 진정한 여성 문학은 언제 올지 모르는 고도(Godot)와 같다는 것, 그동안 여성 문학에서 이룬 것은 엄청난 승리를 유예시키는 하찮은 승리에 불과할지도 모른다는 것, 여전히 여성은 아버지 제우스의 머릿속에서 갑옷을 입고 태어난 아테나이거나 아폴론에게 순종하지 않은 죄로 아무도 그녀의 말을 믿어주지 않는 벌을 받은 카산드라일 수밖에 없다는 것, 그래서 여성의 운명은 율리시스를 기다리며 낮에 짠 옷을 밤에 다시 풀어야 하는 페넬로페와 닮아 있다는 것, 이처럼 여성들은 아직도 해피 엔딩의 영화가 아니라 비극적인 신화 속에 더 많이 산다는 것 등. 이런 사실을 확인해 가는 작업은 20세기의 한국 여성 문학사에서 사라지지 않았던 여성들의 좌절과 절망을 곡비(哭婢)처럼 대신 울어주는 일이 될 것이다.

노라, 인형의 집을 나오다

1917년 김명순이 「의심의 소녀」를 발표한 후 시작된 여성 문학은 김일엽과 나혜석이 가세하면서 3인 중심으로 제1기를 맞게 된다. 그들은 한국의 노라로서 기존의 봉건적 인습과 가부장적 질서에 대해 과격한 거부의 몸짓을 보였다. 물론 입센은 자신이 여성 해방론자로 취급받는 것을 달가워하지 않았지만, 그의 작품 「인형의 집」의 영향을 받은 한국의 노라들은 나혜석의 입을 빌려 "남편과 자식에 대한/의무같이/내게는 신성한 의무 있네/나를 사람으로 만드는/사명의 길을 밟고서/사람이 되고져."(「인형의 집」 중에서)라거나 "나는 사람이라네/남편의 아내 되기 전에/자녀의 어미 되기 전에/첫째로 사람이라네."(「노라」 중에서)라고 외친다.

제1기에는 이 외에도 엘렌 케이의 모성론, 베벨의 부인론, 콜론타이의 사회 해방론이 소개되었다. 그 영향으로 신여성들 사이에서는 당시에 유행했던 소설 「적련(赤戀)」의 여주인공처럼 여러 남성과 거침없이 결합하고 헤어지는 새로운 연애관이나 방종한 성도덕이 문제시되었다. 김명순이나 김일엽, 나혜석도 소설이나 수필을 통해 성의 해방이나 자유연애, 신도덕이나 신정조관을 주장하고 있다. 때문에 그녀들은 작품보다는 사생활로, 관심과 기대보다는 편견과 멸시로 평가된, '저주받은' 선각자들이었다. 그 대표적인 예로 김동인은 김명순을 모델로 한 「김연실전」에서 '작품 없는 문학 생활'을 한다고 이들을 비판했다. 그리고 김일엽을 최명애로, 나혜석을 송안나로 등장시켜 그녀들을 '여류 문사'라는 허울 아래 성적인 방종을 일삼는 인물들로 비하하고 있다.

상황이 이러했으므로 김명순이 여성 작가로서는 처음으로 『생명의 과실』(1925)이라는 창작집을 냈다거나, 김일엽이 「자각」, 「사랑」, 「희생」 등의 소설을, 나혜석이 「경희」나 「원한」 등의 여성 소설을 창작했다는 사실은 가려진다. 물론 그녀들의 작품 수준이 고르지 못하거나, 그녀들이 논설이나 수필을 더 많이 창작했다는 것은 사실이다. 그러나 그렇더라도 김기진이 김명순을 논하면서 "그는 평안도 사람의 기질인 굳고도 자가방호(自家防護)하는 성질이 많은 천성에 여성 통유(通有)의 애상주의를 가미해서 그 위에다 연애 문학서류의 펭키칠을 더덕더덕 붙여놓고 의붓자식이라는 환경으로 말미암아 조금은 꾸부정하게 휘어가지고 처녀 때에 강제로 남성에게 정벌을 받았다는 이유가 있기 때문에 더 한층 히스테리가 되어가지고 문학 중독으로 말미암아 방분(放奔)하여졌다."[1]라고 평한 것은 그 내용이 다분히 인신공격적이고 문학 외적 요소로 그녀의 문학을 평가한 측면이 강하다.

이처럼 동경 유학 체험이 있는 중산층 여성들의 서구 중심적 · 자유주의적 · 개인주의적 여성 해방론에 입각한 1920년대 선배 여성 작가들의 활동에 대해서는 1930년대의 후배 여성 작가들도 부정적인 시각을 보인다. 이전 시대의 여성 작가들이 발표한 글들을 보면 자신들의 무지함을 폭로하고 있기 때문이라는 것이다.[2] 때문에 1930년대에는 작품으로 대접받으려는 여성 작가들이 많이 등장하면서 작품 활동을 많이 하려 했기에 홍구(洪九)는 오히려 '여류 작가 범람 시대', '다량 생산 시대'이자 '기근 시대', '폭락 시대의 전조[3]'라는 우려까지 한다.

이런 와중에 그나마 남성 평론가들로부터 가장 인정받은 작가는 박화성이라고 할 수 있다. 흔히 박화성의 문학은 선이 굵다, 주제 의식이 강하다, 논리적이다, 구성력이 있다, 사회 문제에 관심이 있다 등으로 평가되었다. 「하수도공사」나 「홍수전후」, 「두 승객과 가방」, 「한귀」, 「춘소」 등의 작품에서 보여주는 면모가 그런 평가들을 확인시켜준다. 그런데 아이러니컬하게도 남성 평론가들이 보기에는 이런 특성 자체가 박화성 문학의 장점도 되고 단점도 된다. 남성 평론가들은 박

---

1) 김기진, 「김명순씨에 대한 공개장」, ≪신여성≫, 1924. 11.
2) 최정희, 「1933년도 여류문단총평」, ≪신가정≫, 1933. 12.
3) 홍구, 「여류 작가의 군상」, ≪삼천리≫, 1933. 1.

화성이 여성 특유의 감상성이나 소재의 한계성을 벗어난 '남성적 작가'이기에 그녀를 여성 작가가 아닌 작가라고 옹호하는가 하면, 그녀가 여성이면서도 여성다운 특성을 살리지 못했다고 비판하기도 한다.

보다 구체적으로 박화성이 남성적인 작가이기 때문에 높이 평가한 남성들로는 이광수, 김기진, 백철, 양주동 등이 있다. 박화성을 문단에 추천한 이광수는 "우리는 우리 누이들 중에서 이렇게 정성 있고 힘 있는 이를 만나는 것을 심히 기뻐하지 않을 수 없다."[4]라고 극찬했으며, 김기진 또한 "저널리즘적 명성보다도 그들의 작품이 꾸미는 역량에 있어서 출중하다."[5]면서 박화성과 강경애를 여성 작가 중에서 최고로 평가한다. 백철도 동반자 작가적인 박화성에 주목하면서 그런 특성에 의해 문학사의 주류에 편입시키고 있으며,[6] 양주동 또한 "그의 소설은 선이 굵고 테마가 뚜렷하다. 더구나 사회 현실에 대한 관찰과 해부를 게을리하지 않는 점은 확실히 여류 문단의 한 이채다."[7]라고 극찬한다.

이런 찬사에 반대하는 글이 김문집의 「여류 작가의 성적 귀환론──화성을 논평하면서」[8]이다. 김문집은 '여류 문단의 맏딸'로서의 박화성의 위치를 인정하면서도 박화성에게 '여성성 소실' 혹은 '여성성 기피'에서 벗어나 여성으로 '귀환'하라고 촉구하고 있다. "남성으로선 취급치 못할 면을 남성으로선 향유치 못한 센스로서 표현한 여성의 작품에 정복당하는 것이 남자라는 것이다. '여성적인, 너무나 여성적인' 작품을 위해 '여성 호르몬의 개성적 발로'가 중요하다."는 것이 그의 논

---

4) 이광수, 「소설선후언(小說選後言), ≪조선문단≫, 1924. 12.

5) 김기진, 「구각(舊殻)에서의 탈출」, ≪신가정≫, 1935. 1.

6) 백철, 『조선 신문학사조사』(백양당, 1949).

7) 양주동, 「여류문인 편감촌평」, ≪신가정≫, 1934. 2.

8) 김문집, 『비평문학』(청색지사, 1938).

지이다. 안회남 또한 「박화성론」[9]에서 박화성이 '아들' 같은 작품을 선호하는 남성적 작가이기에 오히려 여성을 모멸하는 작가라고 비판한다. 그런 후 "이쁘고 싸근싸근하고 고요하고 깨끗한 모든 여성의 좋은 점을 소설에서 좀 더 잘 표현하고 보다 옳게 탐구해 나가는 것이 오늘날 여류 작가들의 의무요 또한 권리"라고 강조한다.

그런데 특이한 것은 박화성을 비판할 때 김문집이나 안회남 모두 프로이트의 학설을 그 근거로 삼는다는 사실이다. 예술은 성적인 표현의 양식이고, 여성은 영원히 남성이 될 수 없기에 각자의 특성을 유지·발전시켜야 한다는 것이 그들이 주목하는 프로이트의 이론이다. 하지만 이런 프로이트 이론에 대한 페미니스트들의 비판은 크게 두 가지로 요약될 수 있다. 첫 번째는 그의 생물학적 결정론의 입장이다. 남근 선망이나 거세 콤플렉스는 생물학적인 것이 아니라 사회적 환경에 의한 것인데도 프로이트는 이 점을 간과한다는 것이다. 두 번째는 그의 남성 우월적 입장이다. 그의 이론은 여성을 '불완전한 남성'으로 간주하는 여성 혐오적인 서구 철학의 전통 위에 세워져 있다는 것이 페미니스트들의 분석이다. 프로이트가 여성성을 수동성이고 피학적이며 자아도취적인 것으로 파악하는 데서 이 사실은 증명된다. 이에 입각해 볼 때 김문집이나 안회남의 여성성 옹호는 겉으로 보기에는 여성 고유의 독자성과 특수성을 인정하는 듯하지만 그 이면에는 남성의 특권을 침해받고 싶지 않다거나 남녀 차등적 위계질서를 옹호하려는 남성 심리가 내포되어 있다고 할 수 있다.

결국 박화성에 대한 평가에서 드러나듯이 1930년대의 여성 문학은 외화내빈(外華內貧)의 측면이 있었다고 할 수 있다. 신문이나 잡지 등의 저널리즘에 의해 발표 지면이 확보됨으로써 작품의 양적 증가나

---

9) 안회남, 「박화성론」, 《여성》, 1938. 2.

질적 변화를 이루었지만, 그런 긍적적인 측면 자체가 기득권자들의 선심 쓰기용 배려였을 가능성을 배제하지 못한다는 것이다. 김남천이 지적했듯이 여성 문학은 오히려 그 희소가치로 인해 '지나친 귀여움'을 받은 측면도 있다. 거기에 안주했던 까닭에 '좀처럼 자라질 않는', '백 년이 일 년과 같은' 문학이 되었다는 뼈아픈 지적을 받아야만 했다(김남천, 「구각에서의 탈출」, 참조). 물론 이런 김남천의 의견에는 여성 작가의 작품에 대한 의도적인 폄훼 혹은 급성장한 여성 작가들에 대한 신경질적인 반응이 담긴 것은 아닌가라는 의심도 든다. 하지만 애완물로 취급되기를 바라거나 우선권과 특권을 바라는 여성 문학에 대해 반성의 기회를 주었다는 점에서 의미 있는 구석이 있다. 사실 김명순, 김일엽, 나혜석 등이 남성들의 비난 속에서 힘들게 혼자 싸웠던 것에 비해 1930년대의 여성 작가들은 남성들의 비호 속에서 활동한 측면이 있기 때문이다.

하지만 누구보다도 여성 문학에 대한 관심과 자성의 태도를 뚜렷이 한 독보적 존재가 바로 최초의 여성 평론가 임순득이다. 늦게 등단한 데다가 6 · 25 전쟁 후 북한 문학사에 편입됨으로써 많은 글을 남기지는 못했지만 임순득은 논리적이고 분석적인 태도로 여성 문학을 논하고 있다는 점에서 의의 있는 여성 평론가이다. 특히 그녀는 1940년을 전후로 한 전반적인 문학 침체의 영향을 받아 여성 문학이 하향세를 보이자, 이 시기를 역설적으로 '불효기(拂曉期)'로 명명하면서 여성 문학의 미래를 위해 고언(苦言)을 하고 있다. 이미 「여류 작가의 지위」[10]에서 "진정한 인간의 해방은 부인이 해방되는 것, 부인의 인간으로 복귀하는 것으로써 완성된다."고 주장했던 임순득은 「불효기에 처한 조선 여류 작가론」[11]에서 더욱 비판적으로 여성 문학의 문제점을 객

---

10) 임순득, 「여류 작가의 지위」, ≪조선일보≫, 1937. 6. 30.~7. 7.
11) 임순득, 「불효기에 처한 조선 여류 작가론」, ≪여성≫, 1941. 9.

관적으로 지적하고 있다.

그녀는 우선 기존의 여성 문학에 대해 논의할 때 여성이 우선이고 문학이 나중인 것에 대해 반대한다. 그 후 "이 땅에 있어서의 부인 문학이란 어디까지나 미래를 위한 전망 속에 모셔놓은 우리의 끊임없는 이상에 불과했고 그 명목에 상응할 부인 문학의 근거는 최초부터 없었던 것은 아니었던가?"라고 도전적으로 묻는다. 여성 작가들이 먼저 "시든 카네이션을 가슴에 안고 차 먹는 데를 출입하는 것으로써 진실로 문화적 분위기를 향수하는 양" 잘못 아는 천박한 허영심을 없애야 한다는 것이다. 물론 임순득은 이런 여성 작가 내부의 문제뿐만 아니라 외부적인 문화 현상의 파행성에서도 여성 문학 저조의 원인을 찾고 있다. 여성 작가들에게 베푸는 남성들의 친절한 태도 자체가 "특별히 시설한 자선석(慈善席)"에만 여성 작가들을 우대하는 '왜곡된 페미니즘'이라는 것이다.

이처럼 제1기의 여성 문학은 여성 작가나 그들의 작품이 문학사에 편입됨으로써 코페르니쿠스적 전환이 이루어진 시대라고 할 수 있다. 그리고 '여성답다'라는 것이 남성성의 결핍으로 비난받기도 하고 '남성답다'라는 것이 여성성의 왜곡으로 비난받았던, 그래서 여성다울 수도 없고 남성다울 수도 없었던 혼돈의 시기이기도 했다. 여성다워야 한다는 말이나 남성과 구별되지 않아야 한다는 말이 여성 억압의 기제라는 측면에서 동일하게 사용되었던 시기인 것이다. 또한 이 시기의 남성 평론가들은 여성 의식과 사회의식을 이분법적으로 분리했으며, 여성적 문체에 대해서는 부정적 평가를 내렸다. 한 예로 강경애를 평가하면서 그녀의 소설이 하층민의 궁핍을 그린 것은 높이 평가하면서도 그 하층민이 대부분 여성 인물들이라는 것은 간과했다. 또 그녀의 문체를 감상적이고 기교적인 여성적 문체가 아니라 직선적인 남성적 문체라고 보았기에 높이 평가했다. 때문에 막 형성되기 시작했던 여성적 주체는 1940년 신문이나 잡지의 폐간, 친일 문학의 득세, 태평양 전쟁이나 제2차 세계 대전의 발발로 인한 외풍에 의해 제대로 정착하지 못한다. 채만식이 「인형의 집을 나와서」를 쓰면서 의도했듯이 인형의 집을 나온 노라들이 맞닥뜨린 것은 어둠과 좌절이었기 때문이다.

자유 부인에게서는 비누 냄새가 나지 않는다

1950년대에 등장하여 주로 1960~1970년대에 활동한 제2기는 여성뿐만 아니라 모든 인간이 타자이고 주변인이며 소외인이었던 총체적 비극의 시대였다. 때문에 여성 문학사에서도 이 시기는 침체기나 소강기로 간주된다. 위기 상황에서는 보수화될 수밖에 없는 것이 사회 현실임을 감안할 때 제2기의 여성 문학은 제1기 때보다 가부장적 이데올로기를 기반으로 한 지배 이데올로기가 여성들을 더욱 억압했다고 할 수 있다. 이 시기에 여성 단체의 교육 활동이나 가족법 개정 등에 대한 관심은 고조되었으나 직접적으로 여성 해방의 이념을 표출한 문학 작품을 거의 찾아볼 수 없다는 사실이 이 점을 확인시켜 준다. 특히 1950년대는 신세대 소설이나 실존주의에 대한 논쟁이, 1960년대에는 최인훈의 분단 이데올로기 소설이나 김승옥의 새로운 감수성에 의한 도시 소설에 대한 논의가 문단의 중심에 자리 잡았다. 당연하게도 그에 필적할 작품을 생산하지 못한 여성 작가들은 그들의 그늘에 묻힐 수밖에 없었다. 그래서 여성 작가들은 허무적·소극적·수동적 태도로 여성 문제나 사회 현실에 대응하는가 하면, 체념적인 운명론이나 낭만적 사랑으로 도피하는 경향을 보이게 된다.

이런 배경에서 1920년대에 이어 제2의 정조론이나 자유연애론이 다시 유행함으로써 '자유 부인형' 여성이 등장하게 된다. 여성의 성

해방이 왜곡된 형태로 폭발된 것이 자유 부인형 성 풍조이다. 물론 이런 성 문제에 대한 의식이 그동안 무시되거나 숨겨져 왔던 여성의 성적 욕망을 예각화했다는 점에서 나름대로의 의의가 있는 것도 사실이다. 그리고 진정한 의미에서의 자유 부인이었다면 전통적인 현모양처 이데올로기에 의해 가정 내에서 '집안의 천사'로 안주하는 여성상에 대한 도전이나 전망 없는 미래에 대한 처절한 저항을 보여줄 수 있었을 것이다. 하지만 그 당시의 자유 부인은 너무 낭만적이거나 나약했고, 가부장제는 너무 폭력적이거나 강했다. 더구나 1950~1960년대는 사회 속의 남성과 가정 안의 여성, 집 밖의 창녀와 집 안의 천사라는 이분법적 대립이 가장 첨예하던 시기였다고 볼 수 있다. 때문에 결혼을 통해 가정에 안주하려는 여성들이 강요에 의해서가 아니라 자발적으로 여성다움을 내면화하는 시기이기도 했다.

제2기에 속하는 여성 작가들의 면면을 살펴보면, 가장 여성적인 작가로 평가되는 경우가 한무숙, 한말숙 등이고, 가장 남성적인 작가로 평가되는 경우가 송원희이다. 그 사이에 있는 작가들이 박경리, 손소희, 강신재 등이다. 그중에서 다른 작가들과는 달리 당대에 여성성과 남성성의 사이에서 문제시되었던 작가가 바로 강신재이다. 특이하게도 박화성이 남성적 작가이기 때문에 긍정적·부정적 평가를 모두 받았다면, 강신재는 여성적 작가이기 때문에 긍정적·부정적 평가를 모두 받았다. 최초로 대표작 전집(전8권, 1974)을 출간했던 여성 작가인 강신재의 소설들을 여성 문학으로 간주할 때는 대개 두 가지 이유에 근거했다.

첫째는 그녀의 소설에서는 여성 인물들이 주인공인 경우가 많고, 남성 인물이 주인공이더라도 여성의 눈을 통하여 남성 인물이 해석된다는 것이다. 그래서 조연현은 강신재를 "가장 여류 작가적인 여류 작가"[12]라고 평가한다. 그러나 이에 대한 반론이 정규웅에 의해 제시된다. 스스로 여류 작가라는 한정사를 거부하는 강신재답게 그녀의 소설 속에는 여러 가지 유형의 인간상이 등장하며, "주인공이 남성이든 여성이든 작가가 근본적인 인간 문제에 어프로치했을 때 문제가 되지 않는"[13]다는 것이다. 정규웅이 보기에 강신재는 "유능한 요리사처럼 어떤 제재에서도 작품을 만들어낼 수 있고, 작품마다 그 주제의 방향이 아주 다르게 나타날 수도 있다."고 지적한다. 이런 강신재 문학의 다양성은 조연현도 인정하고 있는 바이다.

반면 평론가가 아닌 시인이지만 고은은 「실내작가론」[14]에서 시종일관 강신재 소설을 강력하게 비판하고 있다. 고은이 강신재의 소설을 비판하는 이유는 그녀의 여성 인물들이 보여주는 생활 기피증, 남성 기피증, 희망 기피증 때문이다. 생활 기피증은 강신재가 지식 계급에 속하는 여성들을 주로 등장시켜 세속성 핍하나 현실과의 유리를 초래한다는 것이다. 남성 기피증은 "강신재에게 있어서 남성과 여성의 만남이라는 것은 그 자체가 파괴의 여신 시바를 수반하고 있고, 사신 데몬을 수반하고 있기 때문에 언제나 남성은 단절되어야 할 외부로 간주된다."는 사실을 의미한다. 희망 기피증이란 강신재 소설 속의 여성들이 어떤 구원도 기대하지 않거나 해결책을 도모하지도 않으면서 패배주의에 빠져버린다는 사실을 지적한 것이다.

이런 고은의 비판에 대해서는 다음과 같은 답변을 제시할 수 있다. 첫 번째로 강신재의 소설은 다양한 계층과 연령의 여주인공이 등장하며, 특히 「관용」과 「해결책」, 「해방촌 가는 길」처럼 양공주가 등장하는 소설에서는 생활 때문에 몸을 팔아야 하는 여성들이 등장하고 있다. 두 번째 그 누구보다도 사랑의 가치와 그 치유성을 믿고 있는 작

---

12) 조연현, 「강신재 단상」, ≪현대문학≫, 1960. 2.
13) 정규웅, 「내밀한 조화의 세계」, ≪문학사상≫, 1975. 1.
14) 고은, 「실내작가론」, ≪월간문학≫, 1969. 11.

가가 바로 강신재이다. 강신재는 「정순이」, 「봄의 노래」, 「여정」, 「젊은 느티나무」 등에서 순수하고 낭만적인 사랑을 이야기하고 있으며, 「강물이 있는 풍경」이나 「이브변신」처럼 사랑의 부정적인 측면을 이야기할 때도 정신적이고 도덕적인 사랑에 대한 열망을 동시에 보여주는 경우가 많다. 또한 강신재가 여성 자체의 자의식에 초점을 맞추었다고 본다면 남성에 대한 증오와 의존심을 보이지 않는 것도 여성의 자아 확대라는 측면에서 긍정적으로 평가될 수 있다. 세 번째로는 염무웅[15]이 지적했듯이 강신재의 여성 인물들은 체념, 탈출, 잠정적 타협 등의 세 가지 유형으로 반응하기에 소극적인 맹종만을 보여주지는 않는다는 것이다. 강신재 소설의 여성 인물들은 아무것도 시도하지 않는 것이 아니라 시도해도 실패하거나 잘못 시도하는 경우가 더 많다. 이런 사실 자체가 당시 사회 상황의 반영으로 읽힐 수 있다.

강신재의 소설에서 여성 문학적 특성으로 간주되는 두 번째 요소는 그녀의 여성적 문체이다. 제1기에 최정희가 「곡상」, 「흉가」, 「인맥」, 「지맥」, 「천맥」 등의 작품을 통해 고백체라는 '여류다운 문체'를 확립시켰다고 평가받듯이 강신재 또한 감각적이고 세련된 여성적 문체로 높이 평가되는 작가이다. 때문에 수십 편에 달하는 장편 소설이나 자신이 생각하는 대표작 『파도』가 아니라 "그에게서는 언제나 비누 냄새가 난다."라는 감각적 문장으로 시작되는 「젊은 느티나무」로 기억되곤 한다. 이런 강신재의 서정적이고 섬세한 문체가 대상에 대해 일정한 거리를 유지했기 때문에 가능하다는 데에는 염무웅과 김주연 모두 의견을 일치시키고 있다. 염무웅은 강신재가 말에 대한 날카로운 감수성을 토대로 대상과 일정한 거리를 유지함으로써 "투명한 이미지의 조형"이 가능했다고 본다(앞의 글). 그리고 색채, 냄새, 명암 등에

---

15) 염무웅, 「팬터마임의 미학」, 『현대한국 문학전집』, 신구문화사, 1968.

대한 날카로운 촉수로 풍경과 감정 상태를 상호 침투시킴으로써 감각적인 문장을 이루었다고 평가한다. 김주연 또한 이런 거리 감각을 "감성의 객관화"[16]로 칭하면서 이것이 강신재를 '가장 여성다운 작가'로 만든다고 지적한다. 대상을 객관적으로 묘사하는 수법을 통해 가냘프고 아름다운 감성을 내보이면서도 대상에 깊이 매몰되는 것을 막고 있다는 것이다.

고은에게서 '감정의 냉장고'나 '박제된 여성'이라고 비난받았던 근거인 강신재의 감정과 대상과의 거리 유지라는 특성을 염무웅이나 김주연이 긍정적으로 평가하는 것은 고무적인 현상이다. 그러나 염무웅은 그로 인한 문체적 특성이 강신재의 문학을 더욱 여성다운 문학으로 만드는 데 기여한다고 보았고, 김주연은 이런 감성의 객관화가 "이 작가를 가장 여성답게 하면서 동시에 여류라는 한정된 테두리 속에 작가를 유폐시켜 버리지 못하게 하는 관건"으로 작용한다고 보았다. 이런 이중적 평가에서 다시 한 번 확인되는 사실은 여성 작가들의 문체란 감정에 토대를 둔 감각적, 주관적, 묘사적인 것이기에 이성에 토대를 둔 논리적, 객관적, 서술적인 남성적 문체와 본질적으로 다르다는 남성적 사고이다.

강신재 소설을 둘러싼 여러 논의들을 볼 때 제2기 여성 문학에서 호평받는 것은 여성적 문체요 혹평받는 것은 사회의식의 부재나 결핍이라고 할 수 있다. 이런 호평과 혹평에는 정반대의 뜻이 숨어 있다. 여성 작가들의 문체를 연구한 대표적인 평론가인 구인환은 여성적 문체의 특징으로 "즉물적, 상태적 표현인 체언형"이나 "감각적인 문체 인상"[17]을 들면서 여성 작가들은 소설 속에서 색채어나 명암의 표현, 직유법 등을 많이 사용한다고 지적한다. 물론 이런 지적 자체가 여성

---

16) 김주연, 「여성성의 발견과 그 현실파탄」, 『문학비평론』, 열화당, 1986.
17) 구인환, 「한국여류소설의 기법」, ≪아세아여성연구≫, 제11집, 1972.

작가이기 때문에 가능한 뛰어난 관찰력이나 예민한 감수성, 탁월한 심리 묘사 등을 인정해 주는 측면도 있다. 그러나 그런 장점이 '기교'나 '기법'의 차원에서 논의됨으로써 내용과 분리된 형식의 문제로만 한정되기에 그 가치가 축소된다.

이런 문제는 대개 여성 작가들이 사회 문제에 관심이 없다는 비난이 가해질 때 더욱 심각해진다. 홍사중이 박경리를 평하면서 "사회적 관심이 그처럼 한정된 것이고 생활 자체가 현실성을 상실해 가며 있을 때에는 다시금 여류 작가로 되돌아갈 수밖에 없다."[18]고 말했을 때나, 고은이 강신재의 소설이 "타이트 스커트안에서만 두 다리를 자유롭게 움직일 수 있는 현실"에 관심을 갖는다고 비판할 때 이런 남성적 무의식이 드러나고 있다. 이와 연관되어 구인환도 "이젠 여류 작가라고 해서 서정의 감미에만 안이하게 젖어 있을 수만은 없고, 휴머니티가 절규되는 현대의 광장에 나아가, 역사의식을 가지고, 좀 더 좁은 여류의 윤리에서 벗어나 작품을 써야 할 때다."[19]라고 힘주어 말하고 있다.

이 당시에 가장 활발하게 활동했던 여성 평론가인 강인숙은 디보데의 이론을 빌려 여성적 문학은 편력, 모험, 행동을 추구하는 남성적 문학에 비하여 정착의 문학이며 내면적 심리 갈등을 추구하는 문학[20]이라고 구별한다. 하지만 이처럼 여성 문학적 주제를 나눌 때 중요한 것은 이런 구별이 수준이나 질의 차이로 환원되지 말아야 한다고 지적한다. 그런데 이 시기의 남성 평론가들은 여성들의 미묘한 심리나 구체적인 생활 감정, 불행한 운명 등을 다루는 작품은 신변잡기적인 경향으로 흘렀다거나 깊이가 없다고 낮게 평가한다. 역사나 사회에

---

18) 홍사중, 「한정된 현실의 비극」, 『현대한국 문학전집』, 신구문화사, 1968.
19) 구인환, 「한국 현대 여류 작가의 기법」, ≪아세아여성연구≫, 제9집, 1970.
20) 강인숙, 「여류 문학의 새 지표」, 『한국현대작가론』(동화출판공사, 1971) 참조.

대해 논하지 않으면 주제가 약한 것이라는 편견은 여성들이 처한 특수한 환경이나 배경을 문학적 소재로 인정하지 않는 데에서 유래한 것이다. 그리고 어차피 여성들은 역사나 사회 문제를 잘 다룰 수 없기에 한계가 있다는 식의 논리를 편다.

때문에 제2기에서도 남성들의 편견이 굳건히 지속되고 있음을 다음의 글에서 확인하게 된다. "여성 작가는 작가인 동시에 철두철미 여자여야 한다는 것이다. 바로 그 여자가 남자 이상으로 타락해서는 안 된다는 것이다. 남자보다는 좀 순결하다고 할 때 여류 작가의 작품을 읽을 의미가 생긴다는 것이다. 그래서 육욕(肉慾)도 좋고 무슨 장면이라도 좋으니 청결하고 위생적인 미학에 의해서 묘사해 달라는 것이다. 그것이 몇몇 비평가들의 의견이다. 나도 그 의견을 지지하는 사람 중의 한 사람이다."[21] 여성은 남성일 수 없으므로 여성다워야 한다는 이 말은 이전의 김문집이나 안회남의 말과 다를 바 없다.

이렇게 보면 여성 작가들의 위치는 이전과 별로 달라지지 않았다. "술맛도 모르고 글을 쓰다니."라고 깔보는 남성들에 대해 "미역국 맛도 모르시구 어떻게 글을 쓰세요."라고 응수할 수밖에 없었던 한무숙[22]의 분노가 바로 당시 여성들이 처한 위치를 알려준다. 때문에 이어령이 1960년대의 문학을 향해 이전의 전통을 버리고 잿더미 위에서 다시 시작해야 한다고 '화전민 의식'을 강조했을 때 누구보다도 자신들의 화전민 의식을 체감한 존재들이 바로 여성 작가들이었을 것이다.

---

21) 정창범, 「여류 작가의 경우」, ≪현대문학≫, 1969. 5.
22) 한무숙, 「책머리에」, 『축제와 운명의 장소』(미문출판사, 1963).

서 있는 여자는 꿈을 꾸지 않는다

"부드럽고, 따뜻하고, 너그럽고, 겸손하고, 남자가 기고만장할 땐 애교 부리고 응석 부려 그 기분을 고조시켜 주고, 남자가 의기소침했을 때는 지혜로운 격려와 꽁꽁 뭉쳐놓은 비상금으로 재기할 수 있는 용기를 주고, 남자가 집에 있을 동안만이라도 철저하게 왕이나 승리자의 환상을 가질 수 있도록 시녀나 패자의 연기에도 능한 여자, 음식 잘하는 여자, 섹시한 여자, 돈 적게 들이고 옷 잘 입는 여자 등등……." IMF 사태를 맞아 남편 기 살리기 운동에 동참하거나 실직 가장 돕기 캠페인을 벌이는 주부들의 슬로건이 아니다. 1980년대에 남성들이 '여자다운 여자'라고 열거했던 사항들이다. 지금 읽어도 시대에 걸맞지 않다거나 과장되었다는 생각이 전혀 들지 않을 만큼 여성 문제에 관한 한 변화가 거의 없다고 할 수 있다. 인용한 앞의 예문은 잿더미에 숨겨져 있던 여성 문학의 불씨를 다시 피운 박완서의 『서 있는 여자』(1985)의 한 구절이기 때문이다. 그렇다면 우리가 통과한 1990년대는 과연 어떤 시대인가. 혹시 여성들만 1990년대를 통과하지 못한 것은 아닌가.

사실 박완서는 제2기 여성 작가들과 가장 밀접하게 연관되어 있는 제3기 여성 작가이다. 박완서가 『나목』(1970)으로 등단한 후 본격적인 여성 소설인 『살아 있는 날의 시작』(1980)을 쓰기 전까지 십 년 동안 그녀는 주로 전쟁과 산업화를 화두로 삼아 6·25 전쟁의 상처나 중산층의 속물주의에 대해 문학화했고, 이런 주제들은 정확히 제2기의 다른 여성 작가들도 몰두했던 주제였기 때문이다. 박완서는 지금까지도 자신이 처한 현실에 끊임없이 눈길을 주면서 당대성과 시의성 있는 문제를 문학화하는 현역 작가이다. 때문에 그런 박완서가 1980년대 중반 이후부터 불거져 나온 여성 문제에 대해 무관심할 수 없었을 것이다. 이미 『살아 있는 날의 시작』을 여성적 시각에서 쓰면서 '앞으로 집요하게 되풀이 시도해 볼 만한' 주제라고 한 말을 실천하듯이 박완서는 『서 있는 여자』(1985)와 『그대 아직도 꿈꾸고 있는가』(1989)를 쓴다. 그 이후 '박완서 신드롬'이나 '박완서 현상'을 만들어낼 만큼 그녀의 여성 소설들은 문단의 '뜨거운 감자'로 부상하면서 여성 문학에 대한 논의를 전면에 부각시켰다는 데에 그 의의가 있다.

그런데 이런 박완서 문학에 대한 문학 비평에서 특이한 현상을 발견하게 된다. 이미 조혜정이 「박완서 문학에 있어 비평은 무엇인가」[23] 에서 자세하고 치밀하게 언급하고 있듯이 박완서와 그의 문학에 관한 담론을 통해 "작게는 한 여성 작가에게 행해지는 의식적, 무의식적 거부와 횡포를, 크게는 우리 사회의 축소판인 문학 비평계 문화의 일면"을 엿볼 수 있다. 그러나 이런 전제가 타당함에도 불구하고 조혜정의 논의는 여성 평론가 부분을 제외하고 여성 문학적 시각으로 다루기에 무리가 있는 작품과 비평마저 논의에 끌어들이고 있다는 점이 문제다. 반드시 작가가 의도적으로 여성 문제를 다룬 작품만이 여성 문학은 아니다. 그러나 중심적인 주제나 작가 자신의 의견, 독자들의 반응을 고려할 때 박완서 문학에 있어서의 여성 문학적 논의는 1980년대 이후의 『살아 있는 날의 시작』이나 『서 있는 여자』, 『그대 아직도 꿈꾸고 있는가』 등으로 모아져야 무리가 없다. 하지만 조혜정이 논의하는 남성 평론가들의 글은 여성 문학적 시각에서 씌어진 평론도 아니고, 그런 작품을 대상으로 한 평론도 아니다. 그런데도 여성 문학적 시각에서 볼 때 부족하거나 부적절한 점을 지적하는 것은 스스로도 경계했듯이 평론가가 쓰지 않은 것으로 평론가를 공격하는 '죽임'의 비평일 수도 있다. 가령 대중 문학적 입장에서 박완서 문학에 접근하

___

23) 조혜정, 「박완서 문학에 있어 비평은 무엇인가」, 『박완서론』(삼인행, 1991).

고 있는 오생근, 이동하, 성민엽 등의 글들에 여성 문학적 시각이 부족한 것은 당연하다.

박완서 문학을 둘러싼 남성 평론가들의 편견은 박완서 문학에 대해 그들이 잘못 접근한다는 사실이 아니라 아예 접근조차 하지 않는다는 사실로 확인된다. 남성 평론가들은 분단이나 중산층 문제를 다룬 1970년대의 소설이나 『미망』(1990)에 대해서는 주목한다. 그러나 그 사이에 발표된 여성 소설들에 대해서는 놀라우리만치 무관심과 침묵으로 일관한다. 이처럼 다른 주제를 다룬 소설들에 비해 여성 문제를 다룬 소설에 대해서는 남성 평론가들이 덜 주목한다는 것이 박완서 문학을 다룬 비평들의 첫 번째 특징이라고 할 수 있다.

매우 드물지만 여성 문학적인 시각에서 박완서를 논한 남성 평론가로는 홍정선과 김치수가 있고, 남성 작가로 유순하가 있다. 이 때문에 박완서의 여성 문학은 주로 '여성사 연구회(한국여성연구회)'의 입장을 대변하는 김경연, 전승희, 김영혜, 정영훈 등과 '또 하나의 문화'의 입장을 대변하는 조혜정 사이에서 벌어지는 여성들 간의 대립으로 축약된다. 때문에 남성과 남성의 대립이 아니라 여성과 여성의 대립 중심으로 치러지는 '여성들만의 리그'가 최초로 등장했다는 것이 박완서의 여성 문학을 둘러싼 논의의 두 번째 특징이라고 할 수 있다.

그 구체적 양상들을 살펴보면, 먼저 홍정선의 글 「한 여자 작가의 자기사랑」은 조혜정의 지적대로 작품보다 작가의 사생활에 더 관심을 가진 남근중심적 글에 해당한다. 홍정선이 박완서를 "무서운 집념을 가지고 자신의 생애를 살아가는 이기주의자"라고 혹평하는 근거는 박완서가 소설 속에서 남편들을 왜소하고 무미건조하게 그리기 때문이다. 아내들이 인간의 처지가 아니라 여성의 처지에서 자신들의 생애를 지나치게 귀중하게 여기기에 남편들을 그처럼 극단적으로 왜곡시켜 그린다는 것이다. 이런 시각은 홍정선이 『나목』, 「맏사위」, 「닮은 방들」 등 여성 소설이 본격적으로 씌어지기 이전의 작품들을 대상으로 했는데도 불구하고 그 후 박완서 소설을 비판적으로 다루는 의견들과 비슷한 것을 지적한다는 점에서 놀라운 데가 있다. 홍정선의 이런 논의와 유사한 지적을 하고 있는 유순하를 논의할 때 이 문제에 대해서는 다시 살펴보도록 하겠다.

홍정선의 비문학적이고 객관성을 상실한 입장과는 달리 김치수의 「함께 사는 꿈을 위하여」는 원래 작품 해설로 씌어지기도 했지만 『서 있는 여자』에 대해 문학 자체를 중심으로 객관적인 접근이 이루어지고 있다. 특히 철민의 남성 우월적 태도에 대해서도 작가의 의도대로 예리하게 파악하고 있다. 그리고 이 작품이 여주인공의 진취적인 태도나 기존의 도덕관념에 대한 강력한 도전이 아니라 '우리의 삶이 가지고 있는 모순의 비극성'을 다루고 있기에 감동적이라고 평가한다. 여성 문제뿐만 아니라 보편적인 인간 문제로 읽힐 수 있음을 긍정적으로 평가한 것이다. 그러면서도 김치수는 이 소설의 결말에 대해서는 다소간의 우려를 표명하고 있다. '혼자 서는' 연지의 모습이 '낭만적인 감동이거나 헛된 꿈의 감동'에 지나지 않거나 현실이 아닌 당위의 세계로 오해되어서는 안 된다는 것이다. 하지만 박완서도 연지의 '서 있음'이 싸움의 '결과'가 아니라 싸움의 '시작'임을 알강조하고 있다. 그리고 그런 결정 자체가 어쩔 수 없는 선택임을 알려주고 있다. 김치수도 지적했듯이 연지는 쉽게 이혼을 결정하지 않았으며, 동등한 '둘'로 제대로 만나기 위해서 우선 '혼자' 서려는 것이다.

다음으로 여성 중심적 시각에서 박완서의 문학을 본격적으로 논의하고 있다는 점에서는 고무적이지만 여성들 내부에서도 존재하는 시각차를 보여주는 경우가 김경연, 전승희, 김영혜, 정영훈 등의 「여성 해방의 시각에서 본 박완서의 작품 세계」(≪여성≫, 2호, 1988)와, 조혜정의 「박완서 문학에 있어 비평은 무엇인가」이다. 두 글 모두 이론적으로는 어느 한쪽에 치우친 입장을 거부하고 있다. 하지만 실제로 김경연 등은 계급적 불평등과 기층 여성 중심적 시각을 보이고, 조혜정은 가부장제와 중산층 여성 중심적 시각을 보인다. 구체적인 예가 『살아 있는 날의 시작』에서의 여주인공 청희의 인물 설정 문제이다. 김경연 등은 청희가 전업 주부가 아니라 경제적 능력이 상당한 직업 여성이므로 중산층 주부의 이혼 문제를 다루기에 부적합하다고 본다. 이런 지적에 대해 조혜정은 리얼리즘적 측면에서 볼 때 작품의 시간적 배경인 1977년에 이혼할 수 있는 여성은 전업 주부가 아닌 직업여성이어야 한다고 반박한다. 또한 김경연 등은 박완서가 중산층 여성의 성적 갈등에 초점을 맞춤으로써 '남성-가해자, 여성-피해자'라는 이분법적 대립의 도식을 만들어냈다고 비판한다. 이런 비판에 대해 조혜정은 그들이 기층 여성의 입장을 드러내면서 여성 문제와 민중·민족 문제가 결합된 특정 소재를 선호하기 때문이라고 해석한다.

오독이나 오해에서 기인한 점도 있지만 근본적으로 여성 문제에 대한 시각 자체가 대립되는 이들에 대해 각각 '여성의 계급 차는 남성들 간의 계급 차보다 크지 않다.'라는 사실과 '개인적인 것이 정치적인 것이다.'라는 반대 논리를 들어 양비론(兩非論)을 펼 수도 있다. 그러나 중요한 것은 이들의 대립을 통해 여성 문학이 처한 문제점을 확인할 수 있다는 사실이다. 여성 문학이 지향하는 바는 다양성과 평등성이기에 그들의 입장 차이는 비판되거나 적대시될 것이 아니라 생산적인 대화를 나누어야 할 것들이다. 하지만 그들이 그렇게 하지 못했기 때문에 나중에 유순하로부터 '여성의 적은 여성'이라는 사실을 실감하게 되었다는 비판을 받게 된다. 또한 그들의 논의 자체가 관념적이고 이론적인 문제 제기에 그쳤기에 정작 구체적이고 본격적인 여성 문학이 생산된 1990년대 이후에 오히려 그 목소리가 작아지는 아이러니가 발생하고 있다. 그들 사이에 자발적인 입장 정리가 이루어진 것이 아니라 1990년대적인 시대 상황 자체가 그들의 대립을 무화시킨 것이다.

이런 '여성들만의 리그'에서 벗어나게 해준 것이 남성 작가 유순하이다. 그는 『한 몽상가의 여자론』(문예출판사, 1994)에서 그때까지 논의된 여성 문학에 대해 적극적으로 비판한다. 그러나 스스로도 고백하고 있듯이 그의 글은 논리적이고 객관적인 '론(論)'이라기보다는 몽상가의 꿈 이야기에 가깝다. 유순하는 그 어떤 남성보다도 솔직하게 이야기한다. "나는 스스로 밥통이나 멍텅구리가 되는, 빤히 손해 보는 장삿길에 나서는 데 선뜻 용기를 낼 수 없었다. 잠자코 있어 본전이나 챙기고 있는 쪽이 나에게는 훨씬 더 마음 편한 일 같아 보였다." 대부분의 남성들은 손해 보는 장사를 하지 않는다. 때문에 유순하처럼 여성에 대한 말을 직접적이고 공식적으로 하기는 쉽지 않다. 그런 면에서 그는 존경받을 만큼 용기 있는 사람이다

유순하는 여성 해방주의적 입장에서 씌어진 박완서의 작품들이 여성 해방 문학으로서의 한계와 가능성을 동시에 담고 있다는 면에서 그 가치를 인정한다. 하지만 『살아 있는 날의 시작』이나 『그대 아직도 꿈꾸고 있는가』에 드러난 인물 형상화의 상투성을 지적하고 있다. 즉 여주인공은 가련화, 성화, 영웅화되는 데 비해 남자 주인공이나 다른 인물들은 철저히 비속화된다는 것이다. 이런 비판을 그는 박완서 이외의 다른 여성 작가들의 작품을 평가하는 데에도 그대로 적용시키고 있다. 이경자의 『절반의 실패』는 남성을 타도의 대상으로 삼았고, 김향숙의 『떠나가는 노래』는 무책임하고 폭력적인 남성을 그렸고, 양귀자의 『나는 소망한다. 내게 금지된 것을』은 병적인 이상 심리의 여성 인물을 부각시킨 것 등을 문제점으로 지적하고 있다.

그의 비판에 대해 다음처럼 대답해 보자. 박완서가 그려내는 남성 인물들의 성격은 주제와의 상관관계에서 평가해야 한다. 최소한 다른

문제가 아닌 여성 문제를 다룬 소설이라면 그런 별 볼일 없는 남성을
설정해야 여성 의식을 문제시할 수 있다는 것이 여성 소설의 딜레마
가 아닐까. 실제로 아내가 여성으로서 느끼는 슬픔에 대해 깊이 이해
하는 멋진 남편들도 많다. 그러나 그런 남성 인물이 등장할 수 있는
것은 미래 지향적이고 바람직한 남녀 관계를 그리는 소설이다. 현재
의 여성이 겪고 있는 억압을 문제시하는 비판적 소설을 쓸 때에는 멋
있는 남성을 등장시킬 수는 없다. 괜찮은 남성에게서 문제를 느끼는
여성이야말로 남성을 무조건 적으로 아는 진짜 비정상적인 여성일 것
이다. 때문에 문제는 단순히 바보 같은 남성을 그렸느냐 아니냐가 아
니라 왜 그런 남성을 그렸으며, 그런 남성적 특성이 개연성을 확보하
면서 작품의 주제 구현에 적절한 효과를 거두었는가에 모아져야 할
것이다. 모든 문학에서 사랑은 비극 아니면 불륜이기 쉽듯이 여성 소
설에서의 남성은 얼마간 문제 있는 남성일 수밖에 없기 때문이다.

　여기서 좀 더 발전적인 논의를 한다면, 박완서 소설의 문제점은 남
성의 비속화에 있는 것이 아니라 오히려 인물들의 극단적인 단순화에
있다. 즉 한 인물을 그려냄에 있어 어떤 전형을 그리겠다는 의욕이
앞서서 상투적인 인물로 단순화시킬 때가 있다는 것이다. 한 예로 박
완서 스스로도 인정하고 있듯이[24] 『그대 아직도 꿈꾸고 있는가』에서
차문경의 상대역으로 나오는 정애숙의 경우, 남편이나 시댁이 원하는
모양에 자신을 꿰맞추는 여성의 모습을 나타내려다가 지나치게 평면
적인 인물이 되었다. 그리고 김혁주의 경우도 그의 못난 성격을 그린
것 자체가 아니라 그런 인물의 리얼리티를 살리기 위해 여성 관계에서
뿐만이 아니라 다른 사회관계에서도 드러나는 그의 복합적인 비인간성
이 확보되지 못했다는 측면에서 비판해야 할 것이다. 결국 남성이 비

---

24) 박완서, 「내 문학의 나무에 돋은 한 작은 가장귀」, ≪사상문예운동≫, 1991년
　　여름호.

속하게 그려진다는 사실은 그 자체가 잘못은 아니다. 다만 주제와 연관되어 설득력 있게 비속화되지 못한 경우에 비판을 받아야 한다.[25]

　다른 쪽에서 이 문제에 접근해 보자. 박완서의 소설에서 모든 여성 인물들이 무조건 미화되거나 성화되지는 않는다. 왜 유순하는 박완서의 『휘청거리는 오후』를 인용하지 않았을까? 박완서는 그 작품에서 결혼을 수단으로 신분 상승을 꾀하려는 허영심에 찬 두 세대의 여성(민여사, 초희)을 신랄하게 비판하고 있다. 때문에 심지어는 '여성학대 소설가'(정영자)라는 평까지 듣는다. 이외에도 중산층의 속물성을 다룬 「조그만 체험기」, 「닮은 방들」, 「지렁이 울음소리」, 「주말농장」, 「도둑맞은 가난」 등의 작품에서는 남녀를 불문하고 혹은 남성보다 여성에게 더 신랄한 비판을 가하고 있다. 그러면 또 유순하는 이렇게 반문할 수도 있을 것이다. 그런 소설들은 상대적으로 여성주의적 시각에서 씌어진 작품이 아니지 않느냐고. 맞는 말이다. 그렇기 때문에 여성주의적 시각에서 작품을 쓸 때는 상대적으로 다른 시각에서 씌어지는 작품보다 남성의 부정성이 부각될 수밖에 없다는 앞의 해명은 더욱 공고해진다.

---

25) 이런 인물의 형상화에 대한 논의는 유순하 자신도 소설가로서 여성 문제에 관한 소설 『여자는 슬프다』(민음사, 1994)를 썼기에 그 소설을 통해 그가 주장하는 이론과 실제 사이의 관계를 확인해 볼 수 있게 한다. 그런데 불행인지 다행인지 유순하가 이 소설에서 그려내는 남성 인물들도 하나같이 볼품없고 비인간적이다. 한 예로 여주인공인 조희남의 남편 양훈민은 자신이 변비 때문에 매일 공복시에 먹는 찬물을 단 하루 잘못 챙겨주었다고 "이런 쌍! 물 달란 말야, 물!"하며 아내에게 쌍소리를 하는 사람이다. 그러고는 자신이 원할 때만 성 관계를 가지면서 성욕이 만족되지 못하면 "에잇 김새!"라는 말을 수없이 내뱉는 사람이다. 더욱 어처구니가 없는 것은 다른 여자와의 성 관계를 너무나 자랑스럽게 아내에게 밝힐 정도로 뻔뻔스럽다는 것이다. 그러면서도 아내가 부정을 저지르자 남성과 여성은 다르다며 너무나 당연히 이혼을 요구한다. 그 밖에도 이 소설에서는 박성부나 심원섭, 양훈철 등 부정적인 남성상이 많이 등장한다.

그녀에게 무슨 일이 일어났었나

20세기를 통과하면서 여성은 여성이면서도 여성이기를 '거부'해야 했고(제1기의 박화성), 그 다음에는 여성이기를 '주저'해야 했으며(제2기의 강신재), 또 그 이후에는 여성이기를 '주장'해야 했다(제3기의 박완서). 때문에 한국 문학사에서 여성 문학에 대한 시각은 여성 문학의 특수성이 아니라 보편적인 문학(남성 문학)과 얼마나 차이가 나는가에 따라 그 질이 평가되는 경향이 짙었다. 이렇게 볼 때 20세기에 들어와 식민지적 억압이나 반공 이데올로기, 자본주의나 민주화 등의 문제에 항상 우선권을 빼앗겼던 여성 문제는 쥐나 바퀴벌레처럼 인간이 멸망하지 않는 한 사라지지 않는 최후의 식민지로 남아 있을 수도 있다.

물론 박화성, 강신재, 박완서 이후 오정희, 이경자, 양귀자, 김향숙, 김채원 등의 작업이 김형경, 공지영, 신경숙, 이혜경, 김인숙, 최윤, 공선옥, 차현숙, 은희경, 전경린 등으로 이어지면서 여성 문학의 커다란 조류를 형성한 것은 사실이다. 그래서 1990년대 문학을 정리할 때 반드시 언급되는 것이 여성 문학이다. 여기에 합리적 이성과 거대 이론에 대한 거부 및 탈위계적 성격을 보이는 포스트모더니즘이 '없음-주변부-타자'를 주장하는 페미니즘에 이론적 근거를 제시해 준 측면도 작용한다. 억압되었던 것이나 주변적인 것의 복귀라는 포스트모던적 감각과 가부장적 헤게모니에 대한 도전이라는 페미니즘적 인식 사이에 교차점이 있기 때문이다. 특히 1990년대의 탈이념·일상성·내면성의 추구가 여성성과 자연스럽게 함수 관계를 맺고 있다.

그러나 이런 현상을 '삐딱하게' 본다면 여성 문학에 대한 지대한 관심은 여성 작가들의 의도와는 상관없이 '위기의 여자들'이 신종 '상품'으로 등장하게 된 데서 오는 상업적 배려일 수 있다. 그리고 문학의 여성화가 우려될 정도로 여성 작가들이 대거 등장했지만 이런 현상

자체도 문학의 주변화에 따라 남성 작가들의 수가 감소한 데서 그 반대급부로 이루어진 것이지 여성 문학 자체에 파격적인 변화가 있거나 여성 문학에 대한 관심이 급증한 것은 아닐 수 있다. 어쩌면 1990년대는 문학의 이런 열악한 상황이 여성의 열악한 조건과 가장 화해롭게 조우한 시대일지도 모른다. 또한 포스트모더니즘의 비교불가능성·다양성·비결정성이 페미니즘을 무분별한 상대주의나 무비판적인 다원주의에 빠지게 함으로써 여성들의 유대감을 감소시키거나 여성 문학을 무장 해제시킨 측면도 있다.

물론 이런 지적이 지나친 의구심이나 회의일 수 있는 근거도 있다. 한강, 배수아, 송경아, 조경란, 하성란, 윤성희 등의 젊은 여성 작가들은 그 이전의 여성 작가들과 차이를 보이며 자신이 여성이라는 사실로부터, 보다 정확하게는 그런 사실로 인한 상처로부터 좀 더 자유로운 글쓰기를 행하고 있는 것처럼 보인다. 긍정적인 의미에서 그들은 어머니로서의 희생이나 의무보다는 딸로서의 특권이나 권리에 익숙한 첫 세대일 수도 있을 것이다. 그래서 21세기의 여성 작가들은 이전의 여성 작가들처럼 여성적인 주제를 남성적으로 쓰거나 여성적으로 쓰지 않고, 인간적인 주제를 여성적으로 쓰거나 인간적으로 쓰게 될지도 모른다.

하지만 아직까지는 이런 변화가 여성들만 사는 레스보스 섬에서 한시적으로 벌어지는 잔치로만 존재하므로 여성 작가들에게는 아무 일도 일어나지 않은 것과 같다. 부메랑처럼 자신들의 이전 자리로 다시 돌아온 것일 뿐이기 때문이다. 아니, 더욱 나빠졌을 수도 있다. 가장 가혹하고 무서운 것은 정해진 한도 내에서만 허용되는 자유이다. 실제 우리들의 삶에서는 잔치는 잔치이고, 일상은 일상이다. 그래서 잔치가 끝나면 일상으로 돌아가야 한다. 물론 잔치조차 없는 삶보다야 그런 잔치라도 있는 삶이 더 낫다고 볼 수도 있다. 그런데 만약 잔치 자체가 온갖 불만과 저항을 잠재우는 안전판으로, 교묘하게 위장된 통치 수단이라면 그것은 없느니만 못한 셈이다. 잔치를 즐기려면 뇌관이 제거된 폭탄이 되어야 하기 때문이다. 심지어 제대로 된 잔치도 아니고 흉내만 낸 잔치 때문에 설거지만 해야 한다면 얼마나 허무할 것인가. 혹시 우리는 그동안 작가보다 여성을, 그리고 여성 문학 자체보다 여성 문학이라는 환상을 더 좋아하며 잔치를 벌였던 것은 아닐까. 때문에 우리는 이렇게 물어야 할 것이다. '여성 문학은 어떻게 변했는가'가 아니라 '여성 문학은 얼마나 변하지 않았는가'라고 말이다.

이제 더 이상 여성 문학에게 이론이 아닌 작품이 중심이 되어야 한다, 외국 이론 중심의 논의에서 벗어나 자생적인 이론이나 문학 전통을 세워야 한다, 여성 문학은 '여성' 문학이지만 여성 '문학'이기에 내용과 형식을 모두 고려해야 한다,[26] 여성과 남성을 지나치게 대립적으로 파악하지 말아야 한다, 남성에서 여성으로 그 주체만 바뀐 전복된 성차별주의를 경계하자거나 기존의 피해자 페미니즘(Victim Feminism)에서 벗어나 여성의 힘과 다름을 강조하는 파워 페미니즘(Power

---

26) 가장 최근의 여성 문학에 대한 논쟁인 이문열의 『선택』(민음사, 1997)에 대한 논의는 내용 위주의 공허한 논쟁의 대표적 예였다. 이 작품에 대한 논쟁은 이 작품의 주인공인 정부인(貞夫人) 장 씨가 양반 가문의 윤리적 규범과 법도를 지녔기에 본보기가 될 만한 존경스런 여성인가 아니면 남성 사회의 권력이나 부, 명예에 기생한 시대착오적 매춘부인가라는 내용의 논의가 중심이 되고 있다. 그러나 여성 문학적 입장에서 이 작품을 제대로 논의하려면 이 작품이 그런 주제를 문학적으로 어떻게 형상화했는가라는 형식적 측면에 대한 고려가 있어야 한다. 이 작품은 1)여성의 내면을 고백체와 회고체로 서술하면서도 교조적·권위주의적·단성적(單聲的)·확정적·규정적인 남성적 언어를 주로 사용했다는 점, 2)행장(行狀)이나 전(傳)의 형식을 택함으로써 갈등 중심의 복합적인 구성이 아니라 배경과 분위기 위주의 평면적·단선적 구성이라는 점, 3)작가 자신과 장 씨 부인 사이의 비판적 거리가 부재하는 전지적·주관적 시점을 남용함으로써 남성 중심적인 시각에서 벗어나지 못했다는 점 등의 한계를 지니기에 문학성 자체에도 많은 결함이 있다. 이런 측면에서의 논의가 보다 구체화되어야 이 작품의 한계가 더 잘 드러날 수 있을 것이다.

Feminism)으로 나아가자, 여성 내에서도 존재하는 지역·계급·인종·나이 등의 차이에 대해 주목하자 등등의 원론적인 이야기를 해결책으로 제시하지 말자. 그렇게 말하기는 너무나도 쉽지만, 오랜 굶주림 후의 갑작스러운 폭식은 소화 불량을 부른다. 그리고 모르거나 중요하지 않아서가 아니라 알고 있어도 실천하기 어렵기 때문에 더욱 괴로운 사람들이 바로 여성 작가들일 것이다.

여기서 이렇게 '딴죽'을 거는 이유가 밝혀진다. 현재의 여성 문학은 자신에게 걸려 있는 마술을 풀거나 필요 이상으로 과대 포장된 거품을 빼야 할 과제를 안고 있기 때문이다. 이를 위해서는 어떤 특수한 영역을 여성들만의 영역으로 절대화시키면서 더욱 그 활동 공간을 좁게 만들거나 여성 문학에 대한 주목을 통해 더욱 효과적인 여성 배제의 장치를 마련하는 것을 경계해야 한다. 하루하루가 모두 잔치인, 아니 잔치 자체가 필요 없는 날들을 위해서는 아마도 '세상의 절반'이 필요할 것이다. 우리가 지금 서 있는 지점이 바로 그 경계이다.

주변에서 쓰기, 중심에서 읽기
해방 이전에도 여성 소설이 있는가?

정전(正典) 있는 시대, 화석화된 소설

그 시절은 '감히' 아름다웠다. 이미 지나갔기 때문이 아니라 많은 것을 남겼기 때문이다. 모든 치열함은 무덤도 파지만 우물도 판다. 우리는 제대로 겪어본 연애의 후유증을 앓는 사람처럼 일제와의 불화를 치열하게 토해 냈던 많은 소설가들을 안다. 그때는 이광수와 김동인이 2인 문단 시대를 형성하면서 근대 문학의 장(場)을 열었고, 이상과 박태원, 이효석과 김유정이 최서해나 한설야, 이기영, 염상섭, 채만식, 현진건 등과 함께 동일한 현실을 다르게 표현하기도 했다. 계급의식이 팽배하고 서구의 모더니즘이나 일본의 식민주의가 옥죄는 위기를 겪으면서 그들의 신경줄은 팽팽히 당겨져 있었다. 우리의 근대 문학사는 그랬던 그들로 인해 빛난다. 진흙 속에서 피어도 연꽃은 꽃이다. 그래서 더욱 아름다운 법이다.

그런데 특정한 사람에게만 가혹한 것이 역사이다. 그래서 역사는 바로 세우는 것이지 그냥 뒤쫓는 것이 아니다. 우리의 근대 문학사도 이러한 이력(履歷)을 그대로 보여준다. 남성 작가들의 소설은 정전으로 인정되면서 끊임없이 논의되고 심지어 재평가된다. 하지만 기이하게도 여성 작가들의 소설은 화석으로만 존재한다. 연속성과 유사성에 대한 향수를 불러일으키지만 지금은 사라져버린, 그래서 흔적으로만 존재하는 것이 화석화된 여성 소설이다. 해방 이전에도 여성 작가들이 있기는 하다. 강경애나 박화성은 여성 작가이다. 그러나 그들은 탈여성화되고 친남성화되었을 경우에만 문학사에 편입되었다. 투철한 사회의식을 문학적으로 형상화했다든가 여성성이 아닌 인간 본성에 관심을 두었다는 이들에 대한 기존의 평가가 이 사실을 뒷받침해 준다. 그들 이외에도 김명순, 나혜석, 김일엽, 김말봉, 백신애, 최정희, 이선희, 장덕조, 임옥인, 지하련 등이 작품 활동을 했고, 그들의 소설 또한 200여 편이나 되는데도 그들은 여전히 문학사의 허튼 시선이라도 한 번 받아보기를 고대하는 의붓자식들로 남아 있다.

이처럼 남성 작가 중심이기에 여성 작가를 차별하는 비평을 남근 비평(Phallic Criticism)이라고 한다. 기존의 문학 전통에서는 남근(penis)과 펜(pen), 사정(射精)과 언어의 방출을 연결시키면서 남성에게 특권을 부여했고 부재나 비가시성과 같은 부정적 징표만을 여성에게 부여했다. 이러한 남근 비평의 기준은 양면적이다. 한편으로는 지나치게 여성답다는 이유로 비난하면서 다른 한편으로는 남성적 특성을 성공적으로 성취했다는 이유로 비난한다. 또한 여성 작가의 작품이 이룩한 문학적 가치는 마지못해 인정하면서도 그것이 의식적으로 성취된 결과물이라는 점은 거부한다. 이러한 남근 비평의 사시안(斜視眼)을 교정하기 위해 여성 소설은 기존의 문학을 다시 보기를 요청한다.

한국 문학사에서 여성 소설이 커다란 조류를 형성한 것은 1930년대와 1980년대 말의 두 시기라고 할 수 있다. 요즘처럼 여성 문학에 대한 조명이 활발해진 것은 바람직한 현상이지만, 당대성과 시의성으로 인해 1980년대 후반 이후의 여성 작가에게만 집중적으로 관심이 모아진다면 해방 이전의 여성 소설은 이중적으로 억압받게 될 것이다. 남성 중심적인 문학사에서 남성 작가의 주변부로 밀려나야 하기 때문에, 그리고 여성 문학 내에서는 1980년대 이후의 여성 작가들에게 자리를 내주어야 하기 때문에 그들을 여전히 바람 부는 황무지에 남아 있게 해서는 안 된다. 억압으로부터의 해방은 억압 자체에 대한 인식 없이는 불가능하다. 때문에 기존의 문학사에서 공백으로 처리되면서 사장되었던 해방 이전의 여성 작가들의 자리를 복원시킬 필요가 있다. '작품 없는 문인'이라는 기존의 평가를 문제 삼으면서 남성의 시각에서만 씌어져 왔던 편향된 문학사에 대해 수정과 보완을 요구하는 '지금 여기서'의 작업이 필요한 것도 이 때문이다.

침략당한 몸, 상실된 모성성

흔히 여성은 외부 자극에 대해 무의식적이고 본능적으로 반응하는 아메바처럼 남성보다 현장 의존적이고 순간 포착적인 능력을 보이기 쉽다. 이러한 능력을 토대로 여성 작가들은 감각적 글쓰기를 하게 된다. 감각적 글쓰기는 추상적이고 간접적인 인식을 배제하고 육체가 느끼는 구체적이고 직접적인 감각을 그대로 표현하는 글쓰기이다. 때문에 남성과 다른 성감대를 지닌 여성의 실제적이면서도 은유적인 경험들(월경, 임신, 출산, 수유)에서부터 새로운 글쓰기를 하려는 시도와 연결된다.

여성만이 가질 수 있는 이런 감각적 경험 중에서 새로운 생명의 탄생과 관련된 육체가 바로 '자궁'이다. 자궁은 생명력과 재생성의 상징

이기에 부푼 배를 갖고 싶은 욕망은 곧 몸으로 글을 쓰거나 세상을
재창조하려는 욕망과 연결된다. 여성의 근원적인 육체로서의 자궁을
최정희는 다음과 같은 화두로 제시한다.

> 나와 어머니의 운명은 누가 이렇게 만들어놓았는지 몰라. 여자의 운
> 명이란 태초부터 이렇게 고달프기만 했을까. 아니 이 뒤로 몇십만 년을
> 두고도 여자는 늘 이렇게 슬프기만 할건가. 그렇다면 그것은 여자에게
> 자궁(子宮)이란 달갑지 않은 주머니 한 개가 더 달린 까닭이 아닐까.
> 수없이 많은 여자의 비극이 자궁으로 해서 생기는 것이라면 그놈의 것
> 을 도려내는 것도 좋으련만. 그렇지만 자궁 없는 여자는 더 불행할 것
> 도 같다. '어머니'는 불행하면서도 그 불행한 중에서 선을 알고 진리를
> 깨달을 수 있으니까 되레 행복할지 모른다.
>
> —— 최정희, 「정숙기(靜寂記)」

'나'는 남성에게 없는 자궁이 여성들로 하여금 슬픈 운명을 영위하
게 하기에 "달갑지 않은 주머니"라고 생각한다. 하지만 자궁이 없어
서 어머니가 되지 못하는 여성은 더욱 불행할 것이라고 고쳐 생각한
다. '어머니됨'의 고통 속에서 선(善)이나 진리를 깨달을 수 있기에 자
궁의 가치를 재평가하는 것이다. 이런 의미에서 여성 소설에서는 육
체적인 자궁이 아니라 심리적인 자궁, 마음의 자궁이 중요하다.

백신애의 「적빈(赤貧)」에서 주인공인 매촌댁은 모성이 지닌 생명력
을 대변하는 인물이다. 배앓이를 해본 적이 없는 창자와 치유 능력을
지닌 약손을 통해 힘과 인내, 대지와도 같은 생산력을 상징하기 때
문이다. 이러한 인물이기에 매촌댁은 자신의 늙은 몸을 대신해서 임
신한 두 며느리의 출산을 도우면서 그들의 자궁을 '자궁다운 자궁'으
로 만든다. 임옥인의 「산(産)」에서도 옥분이는 구름같이 떠돌다가

'원수 같은 애새끼'만 떨구고 간 남편의 자식을 추운 겨울날 밤거리에서 해산해야 할 열악한 상황에 처했어도 침착하게 대처한다. 새로운 생명을 생산하는 일 자체가 모성의 위대함을 보여준다고 생각하기 때문이다.

이렇게 자식의 출산과 양육을 통해 긍정적인 미래나 지위 개선을 문제 삼는 모성은 '자궁 가족(uterine family)'을 형성하게 된다. 무보상의 나눔과 헌신을 보여주면서 생계를 꾸려나가는 어머니가 가장(家長) 역할을 하는 경우가 자궁 가족이다. 이런 가족의 형태는 일제 식민 치하에서 공통적으로 나타나는 '아버지의 부재' 현상과 맞물려 있다. 이때 자식을 낳을 수 있는 자궁이 어머니의 힘과 권력을 상징하는 대표적인 젠더 공간이 된다.

하지만 해방 이전의 여성 소설에서 이렇게 긍정적인 자궁을 보여주는 작품은 거의 없다. 대부분의 여성 인물들이 건강한 자식을 낳는 데 실패하기 때문이다. 자궁이 생명을 잉태하는 충족의 공간이기도 하지만 세계의 불임성이나 공포성을 드러내는 결핍의 공간이기도 하다는 사실을 강조한다. 생명이 움트는 곳도 자궁이고, 온갖 상처들이 자리 잡는 곳도 자궁이라는 것이다. 여성 작가들은 이처럼 잉태와 생산의 자궁보다는 불임과 사산의 자궁을 부각시킴으로써 그러한 육체 공간과 당대의 억압적이고 비생산적인 사회 구조의 상동성을 보여준다.

상실과 결핍의 자궁을 전형적으로 보여주는 소설이 백신애의 「식인(食因)」과 「악부자(顎富者)」이다. 「식인」의 옥남이와 「악부자」의 경춘의 아내는 죽어서 태어난 아이나 낳은 지 얼마 되지 않아 죽어버린 아이들의 어머니이다. 때문에 그들은 자식을 낳았다는 측면에서는 자궁을 가진 여성이지만, 결과적으로 살아남지 못한 생명을 낳았다는 측면에서는 자궁이 없는 여성에 해당한다.

백신애 못지않게 자궁의 불모성을 중심으로 세계의 불임성을 나타내는 데 주력했던 작가가 강경애이다. 강경애는 「지하촌」과 「소금」에서 죽거나 죽어버릴 아이를 해산하는 어머니의 자궁을 제시하고 있다. 「지하촌」에서 칠성이는 자신과 큰년이처럼 병신이 될 아기들을 낳을 바엔 차라리 그 아기가 죽어버리는 것이 더 낫다고 생각한다. 「소금」에서도 팡둥(중국인 지주)의 아기를 임신하게 된 봉염 어머니는 원치 않는 아이를 유산시키기 위해 일부러 때리거나 벽에 부딪힘으로써 자궁의 부정성을 적나라하게 드러내고 있다. 없애버리고 싶은 태아가 들어 있는 자궁은 저주받은 육체의 상징이다.

이처럼 모성을 담는 그릇인 자궁 이외에 모성성을 담보하고 있는 공간이 '유방'이다. 자식은 모유를 섭취하면서 어머니를 마신다고 할 수 있다. 때문에 자식에게 안으로 모유를 전해 주는 어머니의 유방은 쾌락의 원천이 되지만 그렇지 못할 때는 욕구 불만의 원천이 되기도 한다. 즉 어머니의 유방은 자식에 의해 힘차게 빨려나가는 모유를 담고 있으면 정상적이거나 풍요로운 모성성을 상징하지만, 몸 밖으로 나가지 못하는 모유를 담고 있다면 비정상적이거나 쓸모없는 모성성을 상징한다. 모유가 고여야 하고, 고이면 넘쳐나야 할 유방이 고이지 않고 고갈되어 있거나 고여도 밖으로 나오지 못하도록 억제시키는 현실과 부딪히면 억압의 공간으로 변한다.

특히 박화성의 소설에서는 나오지 않는 젖을 통해 모성 체험을 가로막는 현실을 비판한다.

1) 그리고 방금 전에까지 종이(鐘伊)가 물고 늘어졌던 젖통이 별달리도 더 털렁거렸다.

정채는 왼편 손으로 적삼위에 불둑하게 일어난 두 젖통을 어루만지자 갑자기 콧마루가 시큰해지면서 두 눈이 뜨거워졌다.

2) 정채는 또다시 젖을 만지며 불어오는 젖을 처치하기에 근심하고

있는 자신이 과연 그 젖을 못먹어 울면서 여위어 갈 종이의 어머니가 될 자격이 있는가 하고 생각하여 보았다.

　‘아하 모자의 정도 여기서는 파멸이로구나 아 —— 아 ——’

—— 박화성, 「두 승객과 가방」

　「두 승객과 가방」에서는 생계를 유지하기 위해 아들을 떼어놓을 수밖에 없는 정채의 안타까운 현실이 불어 있는 유방을 통해 드러나고 있다. 젖이 나와도 그것을 먹일 상황이 못 될 때의 젖은 나오지 않는 젖이나 마찬가지다. 극악한 현실이 수유(授乳)라는 지극히 당연한 권리마저도 박탈하고 모자의 정도 파멸시키고 있는 것이다. 「춘소(春宵)」에서도 자식의 죽음을 초래한 빈곤이 자식에게 먹일 젖조차 나오지 않는 유방으로 가시화되고 있으며, 「한귀(旱鬼)」에서는 비가 오지 않아 금이 간 땅이 모유가 나오지 않아 고갈된 어머니의 육체와 동위태를 이루고 있다. 「홍수전후」에서도 「한귀」에서의 가뭄이 홍수로 대체되었을 뿐 그 서사 진행이나 의미 구조가 비슷하다. 「신혼여행」 또한 궁핍한 어촌 아낙네들이 뻘에서 잡은 게로 끼니를 떼울 수밖에 없기에 젖이 나오지 않는 것은 오히려 당연하다고 비판한다.

　강경애의 소설에서는 아기에게 젖을 못 먹이는 안타까움이 너무 크기 때문에 자신의 흐르는 눈물이라도 아기의 타는 목을 적셔주기를 바란다거나(「지하촌」), 젖이 나와도 남의 집 유모이기 때문에 제 자식에게 먹이지 못하는 슬픔을 ‘소금들지 않는 음식’을 먹는 괴로움으로 느끼는(「소금」) 어머니들이 등장한다. 그리고 장덕조의 「자장가」에서는 먹은 것이 없어서 ‘가뭄만난 시내’처럼 물기 없는 불모지가 된 어머니의 유방이 제시되고 있다.

　이처럼 자궁과 유방을 중심으로 한 육체적 상상력을 통해 여성 작가들은 이상적으로 추구하거나 성취되어야 할 ‘의식’과 실제로 겪게 되는 '경험' 사이에 화해할 수 없는 간극이 존재함을 문제 삼는다. 여성의 육체는 세계의 축소판이다. 때문에 풍요로움과 생명력, 재생력의 상징이어야 할 어머니의 몸이 결핍과 죽음, 불모성을 보이면 세계의 억압성이 더욱 강조된다. 이러한 상황에서 어머니의 몸은 소유되는 물건이나 상품처럼 취급당하기에, 그리고 남성들의 지배를 받기에 더욱 쉽게 침략당한다는 것이다. 그래서 어머니의 몸은 가장 극단적인 결핍과 상실을 보여주는 '최후의 식민지'일 수밖에 없다.

떠도는 말, 위기의 여성성

여성은 육체를 통해 보다 직접적으로 세계를 감지했던 것처럼 언어도 육체적으로 발화하려고 한다. 냄새를 맡을 수 있고 먹을 수 있는 언어를 지향하기 때문이다. 여성은 이런 언어로 시대를 앞서 가는 '대변인'으로서가 아니라 시대를 아프게 경험하는 '주변인'으로서 말을 한다. 남성 언어를 빌려다 쓰지 않을 수 없는 현실, 하지만 그 언어조차 제대로 쓸 수 없는 현실이 여성 언어의 억압성을 드러낸다. '무엇을' 말하느냐가 아니라 '어떻게' 말하고 '왜' 그렇게 말하느냐가 중요한 이유도 이 억압성 때문이다.

이처럼 자신의 언어를 지니지 못한 여성들에게 가장 어울리는 언어는 말없음, 곧 침묵이다. 남성들의 언어로는 자신의 생각을 전달할 수 없음을 알고 여성들이 입을 다물어버리기 때문이다. 그래서 이러한 침묵의 언어들은 묵종, 의존, 힘없음의 상징이 된다.

"아 저년이 귓구멍이 멕혀 빠졌나? 이년아, 글쎄 돈 오십 전만 내란 말이다."

“……”

“오십 전이 없거든 이십전만 내놓아.”

“……”

“당장에 뱃대지를 푹 찔러 죽여 버릴 년, 돈 십 전만 내놓아라 응.”

“이년이 그래도, 벼락을 맞지 않아서 근질근질하구나, 돈 오 전이라
도 내놓아라.”

“……”

—— 백신애, 「식인」

백신애의 「식인」에서 남편의 욕설과 폭력에 옥남이는 말 한마디 하
지 못한다. 구할 길이 없는 돈을 요구하는 남편의 부당함에 대응할 방
법은 침묵밖에 없기 때문이다, 요구하는 돈의 액수가 오십 전 → 이십
전 → 십 전 → 오 전으로 줄어들수록 옥남이에게 가하는 남편의 폭력
은 그에 비례해서 더욱 강해진다. 그런데도 옥남이는 ‘도적놈’이라는
비난 섞인 말을, 그것도 입 안에서만 중얼거릴 뿐이다. 입 밖으로 발설
되지 못하고 입 안에서만 맴도는 말은 더욱 처절한 울림을 남긴다.

보다 직접적으로 벙어리 여성을 등장시켜 ‘말하지 못함’ 혹은 ‘말없
음’의 상황을 제시하고 있는 소설이 백신애의 「적빈」이다. 벙어리인 매
촌댁의 큰며느리는 먹을 것을 구해 오라고 때리는 남편의 요구에 울음
으로 답할 수밖에 없다. 이와는 달리 후천적으로 실연(失戀)이라는 외
부 요인에 의해 말을 잃은 여성이 강경애의 『어머니와 딸』과 「어둠」의
산호주와 영실이다. 이선희의 「계산서」에서도 ‘나’는 배 속에 있던 아
기와 다리 하나를 잃고서 ‘마음의 표현’인 말을 거부하고 침묵한다.

하지만 그러한 침묵이 극에 달하면 밖으로 터져나올 수밖에 없다.
극과 극은 서로 통하게 마련이다. 그래서 억눌린 채 입 안에서만 고
여 있던 말들의 물꼬가 갑자기 트일 수도 있다. 이때에 튀어나온 말

들이 이해받을 곳을 찾아 공기 중에 떠돌아다니는 상황이 해방 이전의 소설에서는 주로 논리적이고 이성적인 언어로부터 벗어나 있는 구술과 광기의 언어로 나타난다.

구술의 언어는 고백성과 직접성을 지향한다. 구술자들이 말을 풀어놓는 이유는 가슴속에 그냥 담아두기에는 자신의 경험이 너무 고통스럽기 때문이다. 괴로운 이야기에서 벗어나기 위해 여성들은 말을 배설하게 된다. 특히 구술의 언어를 사용하는 것은 기존의 남성 중심적 '쓰기'에서 도외시되었던 '말하기'에 대한 관심과 연결된다.

1) 이 따위 소릴 하면 또 자기변명이나 무슨 캄푸라쥐를 하려는 것 같이 들릴지 모르지만 글쎄 꾹 참고 내 말 좀 들어주시요.

2) 빨리 영해씨를 만나던 이야기부텀 하란 말씀이요? 아닌게 아니라 할 말이 하도 채여서 제가 찾아가려던 판인데 이렇게 언니가 먼첨 오셨으니 이것저것 다 털어놓고 속시원히 지절거리기나 할 작정이라우.

——장덕조, 「어떤 여자」

장덕조의 「어떤 여자」는 화자인 인애가 절친하게 지내는 언니에게 자신에 대한 이해를 구하는 소설이다. 인애는 부부애가 유달리 강했으면서도 그런 남편과 사별한 지 얼마 안 되어 불량자로 낙인찍힌 배우와 재혼했다는 이유로 주변 사람들로부터 비난받는다. 때문에 인애는 언니에게 자신의 진실을 알아달라면서 스스로 이야기를 풀어놓는다.

최정희의 「인맥(人脈)」에서도 화자의 언어를 내면으로부터 끌어내는 것은 자신을 이해시키고 싶다는 욕망이다. 그래서 화자는 자신이 정숙한 여성으로 살고자 했지만 오히려 정숙치 못한 여자로 살 수밖에 없었던 이유를 적나라하게 토로하고 있다. 임옥인의 「고영(孤影)」에서도 약혼자까지 있는 P 선생을 사모하는 '나'의 심적 갈등이 고백적인 구술의 언어로 발화되고 있다. 김말봉의 「망명녀」에서의 '나'는 왜 자신이 최순애에서 기생 산호주가 되었는지, 그리고 다시 최순애로 돌아올 수 있었는지를 직접 이야기하듯이 전달하고 있다.

이러한 구술의 언어 이외에 말의 범람을 느낄 수 있는 또 다른 경우가 광기의 언어이다. 여성이 '결함 있는 남성'으로 정의되어 온 것처럼 광기도 이성이나 합리성이 아닌 것으로 정의되면서 '치료받아야 할 병'이라기보다는 '처벌되어야 할 죄'에 해당했었다. 그런데 이성이나 도덕, 남성이 중심이 되는 서구 역사에 대한 의문이 제기되면서 거기에 대항할 수 있는 고유의 힘이 바로 광기라고 재평가되고 있다. 여기서 여성 작가들의 광기에 대한 애정이 싹트게 된다.

백신애의 「광인수기(狂人手記)」는 미친 여성의 넋두리를 그대로 옮겨놓은 작품으로서, 남편의 외도를 알고 난 후 미쳐버린 '나'의 언어가 광기 어린 욕설로 발화되고 있다.

아—아, 아이고 무서워라. 하느님이 제 욕한다고 벼락을 내려칠라.

히히히! 벼락이라니 나는 입만 욕을 해도 마음속으로는 당신을 그리 믿게 여기지는 않는다오. 용서하시소.

아니다, 네—이놈 하느님아, 에이 빌어먹을 개새끼 하느님아, 네가 분명히 하느님이라면 왜 그 악하고 도둑놈의 년놈을 그대로 둔단 말이야. 당장 벼락전통을 내려 년놈을 한꺼번에 박살시킬 일이지…….

——백신애, 「광인수기」

남편으로부터 버림받아 미쳐버린 여성이 논리적이고 분석적인 이야기를 하는 것이 불가능하다는 점을 인정한다면 이러한 넋두리가 오히려 지극히 감정적이고 솔직한 정상인의 언어라 할 수 있다. '나'가 미친 것이 아니라 그녀를 둘러싼 세계 자체가 미쳤기 때문에 이런 충격적인 언어가 필요하다는 것이다. 여기서 정상/비정상, 이성/광기의 이분법적 대립은 사라진다.

이 밖에도 현실의 억압 때문에 미쳐버린 여성의 욕설과 폭언, 광란의 행동이 나타나는 소설이 강경애의 「어둠」과 김말봉의 「시집사리」이다. 「어둠」에서 영실이는 사회주의 운동을 하던 오빠의 죽음과 믿었던 애인의 배신으로 인해 미쳐버린 후 그동안 억눌렸던 말을 거침없이 토해 낸다. 「시집사리」에서의 을순이도 고된 시집살이와 억울한 누명 때문에 미쳐버린 후 절규와 통곡에 가까운 광언을 쏟아낸다.

흔히 구술과 광기의 언어는 질서 정연하고 진지한 언어에 비해 하찮고 수준 낮은 언어로 간주되었다. 여성들이 이런 비논리적이고 쓸데없어 보이는 언어를 사용하는 것은 억압된 욕망을 분출시키려 하기 때문이다. 이런 까닭에 여성들에게는 어떤 내용의 언어를 얼마나 체계적으로 말하는가보다는 그동안 억눌려 온 언어를 얼마나 튀어오르게 하는가가 더욱 중요해진다. 여성들을 또다시 인어공주로 만들 수는 없다. 어렵게 뱉어진, 그래서 '상처에 바람쏘이기'의 역할을 하는 그들의 말을 물거품으로 사라지게 할 수는 없기 때문이다. 그리고 다리는 없어져도 목소리는 잃지 말아야 울음소리라도 낼 수 있기 때문이다.

생존의 현실, 거부된 정체성

여성들은 세계를 발견하고 세계와 접촉하면서 자아 정체성을 형성해 간다. 세계와 직접 만남으로써 자아를 변화시키거나 세계를 전환시키려 하기 때문이다. 해방 이전의 여성들은 삼중고에 시달리며 존재 자체를 위협받는 삶을 영위했다. 여기서 삼중고란 가부장주의, 식민주의, 계급주의 등으로 인한 억압의 중첩성을 의미한다. 그중에서 특히 남성보다 여성들에게 억압적인 현실을 제공한 것은 가부장제에 뿌리를 둔 인습적인 사고방식이다.

이러한 현실이 피호성(被護性)의 공간이어야 할 집이 여성들에게는 구속과 속박의 의미를 지닌다는 것으로 가시화된다. 일제 식민지 시대 자체가 집의 부재 상태인 실향성(失鄕性) 내지는 비정주성(非定住性) 으로 상징화될 수 있으나 여성들은 이러한 시대적 배경 외에도 여성이기 때문에 가중되는 성적인 핍박 때문에 '집 없는 존재'였던 것이다.

최정희의 「흉가」는 집의 부정성을 통해 정점(定點)없는 삶의 황폐함을 인식시킨다. '나'에게 새로 이사 온 집이 흉가로 변한 이유는 젊어서 남편을 잃고 재산마저 빼앗긴 후 미쳐버린 주인집 여자 때문이다. 그녀에 대한 이야기를 듣고 '나'는 주인집 여자가 자신을 때리는 꿈도 꾸고, 폐병을 얻기도 한다. 집의 길흉 상태가 마음과 몸의 건강 상태로 연결된 것이다. 그래서 그 집에서 벗어나려 하지만 다른 곳으로 옮길 형편이 안 되는 경제 사정 때문에 그럴 수가 없다. 떠나고 싶어도 떠날 수 없는 집은 이미 집이 아니다.

이 밖에 최정희의 「산제(山祭)」, 강경애의 『인간 문제』와 「동정」에서는 원하지 않는 남성에게 자신의 몸을 유린당해야 하기 때문에, 그럼에도 불구하고 그곳으로부터 도망 나올 수 없기 때문에 더욱 억압적인 집이 등장한다. 세계 속의 '둥지'여야 할 집이 '새장'이 되어버린 것이다. 벽이 너무 두꺼운 집은 감옥이 된다. 여성들 스스로는 타인을 위한 집이 되어야 하지만 자신을 위한 집을 짓지는 못한다.

이러한 집의 억압성은 본처 우위의 인습이나 미혼모의 고통, 사생아 문제와 연결될 때 더욱 가중된다. 특히 최정희의 「지맥(地脈)」에서는 본처 우위의 구습으로 인한 설움과 '등록 없는 아내'이기 때문에 받는 냉대가 여주인공인 은영의 살아갈 힘을 잃게 한다. 사생아를 보호하자는 것이나 부모들의 잘못을 자식들에게까지 묻지 않아야 한다는 것은 듣기 좋은 구호에 지나지 않는다. 사회가 그들에게 '안정된 처소'를 마련해 주거나 '따뜻한 애무'를 보내지 않기 때문이다.

또 다른 차원에서 여성의 억압적 현실을 나타내는 것이 왜곡된 여성성이다. 전통적으로 여성은 수동성·소극성·우유부단성·순응성 등의 특질로 규정되었기에 그에 합당한 여성상이 높이 평가되었다. 때문에 이선희의 『여인명령』에서 숙채는 여성을 남성의 '그림자'라고 믿으면서 제 몸을 괴롭히면서라도 남성을 섬기는 것이 모든 여성이 스스로에게 내리는 마음속의 명령이라고 생각한다. 이러한 보수성은 시댁에서 쫓겨나지 않기 위해 첩의 요강까지 부셔주거나(이선희, 「도장」), 남편을 위해 남편이 짝사랑하는 상대를 찾아가 남편의 병문안을 오도록 몸소 부탁하는 행동으로까지 나타난다(강경애, 『어머니와 딸』). 김말봉의 『찔레꽃』과 『밀림』에 나오는 안정순과 주인애는 순종적이고 희생적이며 소극적인 여성의 전형을 보여주면서 천사 콤플렉스를 느끼게 하는 여성들이다.

이러한 왜곡된 여성성은 흔히 왜곡된 남성성과 동전의 양면처럼 서로 결합되어 있다. 여성들의 수동성과 수용성, 소극성과 순응성이 여성들 스스로에게는 체제 안주적인 특성을 재생산하게 함과 동시에 남성들에게는 특권 의식과 이기심을 부추긴다는 것이다. 특히 김말봉의 「고행」에서는 왜곡된 남성성이 자신의 외도를 부인이 무조건 용서하고 이해해 주기를 바란다거나, 유부남의 외도는 큰 죄가 아니라고 생각하는 데서 드러나고 있다.

그러나 내가 왜 이렇게 못난이 짓을 하고 이렇게 곤경을 당하고 있어. 저까짓 계집들이 무엇이관데. 당장에라도 나가자. 그래 남자가 오입 좀 하였기로니 어떻단 말이야. 세계를 정복한 나폴레옹의 궁중생활은 어떠하였으며 더구나 진시황은 삼천 궁녀를, 그리고 솔로몬왕은 일천 왕비를 두지 않았는가? 남자가 이렇게도 담이 없고 기분이 없어 어디다 써?

──김말봉, 「고행」

남성 화자인 '나'는 아내와 애인이 마주 보고 이야기하는 상황이기에 벽장 속에 갇혀 소변이 마려운데도 밖으로 나오지 못한다. 이처럼 골치 아픈 상황은 자신이 자초한 것임에도 불구하고 '나'는 잘못을 뉘우치기는커녕 안절부절못하는 자신의 행동이 "못난이 짓"이라고 생각한다. "남자가 오입 좀 하였기로니 어떻단 말이야."라고 생각하기 때문이다. 그러고는 자신을 나폴레옹이나 진시황, 솔로몬과 동일한 처지로 착각하면서 담이 크고 기분 낼 줄 아는 남자라면 당연히 수많은 여성을 거느려야 한다고 생각한다.

이러한 현실에 처한 여성들은 정체성의 발견이 아닌 거부를 경험할 수밖에 없게 된다. 기존의 남성 지배 이데올로기에 길들여진 여성을 그대로 내버려두는 것이야말로 그들에게 가해지는 가장 가혹한 형벌이다. 때문에 그러한 질곡으로부터 벗어나기 위해 여성들은 반항적으로 '치켜든 고개'를 보이려 하지만 이러한 여성들에게 무조건 '숙여진 고개'를 보이도록 강요하는 것이 당대의 현실이다. 그래서 여성들은 헌것을 헐어버렸어도 새것을 세울 수 없다거나 어차피 여성의 운명에는 길은 없고 늪만 있다는 체념적인 세계관을 보인다.

이선희의 「연지」와 『여인명령』, 최정희의 「지맥」과 「인맥」에서 여성 인물들이 자신의 본능에 충실하면서 사랑을 추구하는 자아 정체성보다는 어머니로서의 의무에 충실하면서 희생과 봉사를 대변하는 모성성을 최종적으로 선택하는 결말이 이런 좌절된 여성 의식을 전형적으로 보여준다. 여성으로서 누릴 수 있는 명예로운 위치는 단지 어머니뿐이라고 생각하기 때문이다. 이러한 모성성의 선택이 문제가 되는 것은 기존의 관습이 여성을 독립적이 되도록 도와주지 않는다거나 그러한 선택이 자발적인 것이 아니라 강요된 것일 수도 있다는 사실 때문이다. 모성 이데올로기나 타인들의 시선이 여성들로 하여금 모성이라는 성(城)으로 들어가 문을 닫도록 만든다는 것이다.

이렇게 모성성을 선택할 수밖에 없었던 여성의 현실은 전통적 여성과 진보적 여성의 갈등이 진보적인 여성의 패배로 끝나는 소설에서도 확인된다. 특히 이선희가 추구하는 바는 신여성의 적극적이고 자유로운 삶이다. 그런데 이선희는 신여성의 미래를 긍정적이고 미래 지향적으로 그려내지 못한다. 「돌아가는 길」에서 례경은 K가 '부모가 정해준 사람'이라는 명분을 내세워 본처에 대해 우유부단한 태도를 보이자 '정당한 아내'가 되지 못함을 알고 스스로 K의 곁을 떠난다. 『처의 설계』에서도 소라는 남편의 경제적 무능력과 외도로 인해 이혼까지 생각하지만 "특별히 비상천(飛上天)하는 재주"가 없기 때문에 다시 남편을 받아들이게 된다. 「매소부」의 채금이도 가족들을 위해 몸을 팔아가며 돈을 벌었지만 그녀가 확인할 수 있는 것은 "여자로 태어나서는 남의 아내가 되고 정절부인이 되는 것이 제일 유복한 팔자인가 보다."라는 사실이다.

이처럼 여성 소설은 도저히 벗어날 수 없는 가부장적 사회 질서에 대한 확인으로 끝나는 경우가 많다. 남성 인물들이 사회와의 조화나 전체성의 개념을 획득해 가는 '발전의 서사'를 경험한다면, 여성 인물들은 가정으로의 복귀나 소극적인 저항에 만족해야 하는 '생존의 서사'를 경험한다는 것이다. 여기나 저기나 다를 바 없기 때문에 여성 인물들에게는 새로운 공간을 찾기보다는 자신의 공간을 빼앗기지 않는 일이 더 중요하다. 이런 이유로 우리는 여성 인물들이 무엇을 이룩했는지에 대해 묻지 말고, 그들에게 어떤 일이 일어났는지 혹은 그들이 어느 정도로 생존의 어려움을 인식시켜 주었는지 물어야 할 것이다. 자신을 발견하려고 노력하면 할수록 더욱더 자신이 누구인지 모르게 되는 것이 바로 여성의 삶이었기 때문이다.

흔적 있는 시대, 틈입의 소설

1917년 김명순이 「의심의 소녀」를 발표한 이래로 전개된 해방 이전의 여성 소설을 통시적인 관점에서 거칠게나마 살펴보자. 우선 김명순과 나혜석, 김일엽 등의 3인이 중심이 되었던 초기에는 관념성과 도식성을 보인다. 어떤 문학이든지 초기에는 주제적 측면이 더 부각되는 경향이 있다. 그래서 여성 소설도 초기에는 남녀 고유의 차별성을 강조하는 측면보다는 남성 중심적인 이데올로기를 의심하고 무자각적인 여성들을 각성시키는 측면이 더 강하게 부각된다. 이와 연관되어 전통적인 조혼이나 가문혼으로 인한 주체성의 상실, 구여성과 신여성의 갈등, 자유연애를 통한 자유 의지의 실현, 신정조관과 신교육 사상의 강조 등이 중심적인 주제로 나타난다. 그리고 이 시기의 여성 문학이 좀 더 활발하지 못했던 것은 당시에 주로 활동했던 김명순이나 나혜석, 김일엽 등이 시나 소설보다 수필이나 논설문, 기타 잡문을 통해 자신들의 생각을 직접 표현했고, 그들이 쓴 작품보다는 그들의 화려한 연애 경험과 불행했던 삶으로 주목받았기 때문이다. 또한 1920년대의 문단 자체가 남성 동인(同人) 중심이거나 프로 문학파와 민족 문학파의 대립이 주를 이루어 여성 작가들의 입지점이 빈약할 수밖에 없었기 때문이다.

이러한 현상은 1935년 KAPF가 해산될 때까지 지속되다가 이후에야 비로소 여성 작가들의 작품 경향도 다양해지면서 구체적인 문제

의식과 수준 높은 문학성을 확보하게 된다. 이선희와 최정희, 지하련이 중심이 되어 식민 치하라는 사회·정치적 문제뿐만 아니라 그 속에서 여성이 겪게 되는 경험의 특수성에도 눈을 돌리면서 여성의 내면적 심리를 추적하는 소설을 쓴 것이다. 이러한 양상들은 앞서 살펴보았듯이 풍요로운 어머니의 몸이 결핍되는 현상, 여성의 말이 침묵과 다변으로 극단화되는 현상, 억압적 현실이 정체성의 자각을 좌절시키는 현상을 통해 형상화되었다.

이와 같은 문학적 지형도를 제대로 읽어내기 위해서는 흔적으로 남아 있는 여성 소설을 재발견할 필요가 있다. 주변에서 웅크린 채 힘들게 썼던 여성 작가들의 소설을 중심에서 다시 읽어야 한다는 것이다. 그래서 항상 구색을 맞추기 위한 양념으로만 다루어졌던 여성 소설들을 제대로 다시 읽으려면 남성 소설들의 틈을 비집고 들어가야 한다. 해방 이전의 여성 작가들은 이상적인 유토피아와 현실적인 디스토피아가 지니는 낭만성과 가혹성, 낙관성과 비관성 사이에서 남성 작가들과 위험한 줄다리기를 했기 때문이다. 그래서 당시의 여성 작가들은 축복과 저주의 틈새에 '소설'이라는 집을 지을 수밖에 없었다.

무엇보다도 여성 작가들은 여성이기도 했지만 작가이기도 했다. 때문에 우리는 굴곡 많았던 그들의 삶을 엿볼 것이 아니라 게토화된 그들의 소설을 먼저 방문해야 한다. 문학적으로 볼 때 우리들은 모두 그들의 딸이고 아들이기 때문이다. 타의에 의해 멀리 떠나 있었어도 어머니는 어머니이다. 그래서 더욱 다시 만나야 할 어머니이다. 그런 후에야 우리는 떳떳하게 혹은 치열하게 그들을 사랑하거나 미워할 수 있다.

신화(神話), 여성을 위한 신화(新話)

아리안 에슨, 『신화와 예술』,
장영란, 『신화 속의 여성, 여성 속의 신화』

여성에 대한 신화(神話)

신화(神話)가 신화(新話)가 되고 있다. 새롭게 읽혀지면서 문화의 새로운 키워드로 떠오르고 있기 때문이다. 복고가 오히려 첨단이 되는 21세기 특유의 전도된 사유 방식을 확인할 수 있는 대목이다. 독자들은 신화를 통해 자기 자신의 모습이나 자신이 몸담고 있는 사회, 그리고 역사를 만나려 한다. '오래된 미래'라는 프리즘을 통해 인간과 세계가 어떻게 재구성되는지 살펴보려고 신화를 재조명하는 것이다. 당연히 이때의 신은 인신(人神)에 가까운 면모이다. 그리고 문화의 주류나 저류에 해당하는 문학이나 영화, 연극, 미술, 정신분석학 등의 다른 장르와 결합하는 양상을 보인다. 신화의 이런 성격은 신화 자체가 특정한 이데올로기를 반영하는 의식 혹은 무의식의 담론일 수밖에 없다는 사실을 다시 한 번 확인시켜 준다.

아리안 에슨(Ariane Eissen)의 『신화와 예술』(류채화 옮김, 청년사, 2002)

과 장영란의 『신화 속의 여성, 여성 속의 신화』(문예출판사, 2001)는 두 여성 학자가 쓴 신화에 대한 해석서이다. 아리안 에슨의 책이 보다 전방위적이고 종합적인 방향에서 서술하고 있다면, 장영란의 책은 보다 특화되고 여성적인 방향에서 서술하고 있다. 즉 아리안 에슨은 그리스 신화들을 시간 순으로 재정리한 후 서양 문화에 커다란 영향을 미친 중요한 사건들을 선택해서 그에 대한 다양한 시각들을 비교하거나 대조시켜 서술한다. 이를 통해 그 의미의 변천사를 한눈에 알아볼 수 있도록 해준다. 신화가 왜 지금의 모습으로 전해지게 되었는지, 혹은 그 이전의 신화는 지금의 신화와 어떻게 달랐는지에 대해서 문학, 영화, 미술 등에 나타난 풍부한 예들을 통해 설득력 있게 제시하고 있다. 지금까지 시대나 작가에 따라 단편적이거나 상호 모순적으로 존재했던 신화에 대해 역사적, 심리적, 철학적, 종교적으로 통찰함으로써 고대-중세-현대에 이르는 통시적 변화를 명쾌하게 제시한다. 그때문에 이 책의 가장 큰 장점은 동일한 신화라도 얼마나 다양한 각도에서 다르게 인식될 수 있는지를 한눈에 확인시켜 준다는 것이다. 반면 장영란의 책은 그리스 신화 자체에 대한 관심이 중심이지만 보다 여성적인 입장에서 전복적인 독해가 이루어지고 있다. 그동안 무시당하거나 비판받았던 여신이나 여성들에게 주목함으로써 왜 여성 위에 여신, 여신 위에 남성, 남성 위에 남신이 있는지에 대해 규명해 보려는 것이 연구의 목적이기 때문이다. 따라서 저자 스스로는 여성주의가 아닌 인간주의를 강조하고 있지만 여성 중심적인 시각으로 기울어져 있는 책이라고 할 수 있다.

물론 이런 차이점에도 불구하고 이 두 책은 첫째 원형적 사유나 상징으로서의 신화뿐만 아니라 신화를 특정한 세계관이나 이데올로기의 산물로서 연구했다는 점, 둘째 단편적이고 비체계적이었던 기존의 신화 해석에서 벗어나 신과 신, 신과 인간, 신과 사회 등의 관계에 대해

체계적인 해석을 시도했다는 점, 셋째 인물이나 사건 중심의 단순한 해석에서 벗어나 역사적이고 철학적인 깊이까지 담보한 해석을 중시했다는 점 등을 공통점으로 찾을 수 있다. 그리고 무엇보다도 이 두 책은 각기 예술과 여성을 강조하는 듯하지만 다른 신화 해석들에 비해 여성 인물들이나 여성성의 변화에 관심을 보인다는 점에서 무의식적인 유사성을 보여준다. 이것이 바로 이 두 책을 통해 신화 속에 존재하는 여성의 모습이 입체적으로 밝혀질 수 있는 이유이다.

여성 옆의 신화(信話)

『신화와 예술』에서 아리안 에슨은 프로메테우스, 헤라클레스, 오르페우스, 테세우스, 오이디푸스, 오디세우스 등의 남신 및 남성들과 그들이 행한 사건들을 중심으로 신화를 재조명한다. 그리고 그들과 연관해서 알케스티스, 메데이아, 안티고네, 이피게네이아, 헬레네, 엘렉트라, 아이네아스, 안드로마케 등의 여성을 살펴보고 있다. 아리안 에슨은 이들을 통해 역사의 지문이 확실하게 찍혀 있는 신화의 존재를 다시 한 번 상기시킨다. 그들은 끊임없이 예술의 소재나 주제가 되어 사라졌다가도 다시 살아나고 있기 때문이다. 이렇게 다시 호출된 인물들은 '창조적 오독'이나 '부드러운 왜곡'을 통해 재생(re-birth)보다는 신생(new-birth)의 과정을 주로 보여주고 있다. 거칠게 일반화하자면 대개의 인물들은 그리스 시대에서 현대로 올수록 덜 종교적으로 변하는 대신 더 도덕적으로 변한다. 그 과정에서 신이나 영웅보다는 고뇌하는 인간의 모습으로 변화한다. 그리고 그 과정 자체가 신화에서 역사나 문학으로 이행되는 예술의 변천사와도 대체적으로 일치한다.

　가령 트로이 전쟁이라는 하나의 사건을 다루더라도 이 허구적인 과

거를 통해 문학은 전쟁 자체에 대해 비판적으로 성찰한다. 전쟁을 하는 이유(지로두), 혹은 전쟁의 본질(셰익스피어)이나 나선형 구조의 폭력성(사르트르), 그리고 되찾을 수 없는 평화로움(에우리피데스, 세네카, 가르니에, 사르트르)과 패자의 비탄(에우리피데스, 세네카, 가르니에, 사르트르) 등이 시대나 작가가 다른 문학에서 다양하게 문제될 수 있기 때문이다.

특정한 인물도 시대와 작가에 따라 그 의미가 달라진다. 인간에게 불을 가져다줌으로써 문명과 진보의 길을 열어주었다고 평가받는 영웅 프로메테우스도 고대의 헤시오도스에게는 제우스를 속이는 사기꾼이나 젊은 망나니에 불과했다. 악의 근원으로 간주되는 판도라를 불러들이거나 염세주의적인 시각을 보여주는 쇠락의 주인공이라는 것이다. 그 후 아이스킬로스에 와서야 비로소 프로메테우스는 제우스의 권위에 맞서는 반항아이자 인류의 진정한 은인이 된다. 그러다가 고대 말기에서 르네상스 초기까지 프로메테우스 신화는 거의 잊혀진다. 프로메테우스의 항거가 중세인들의 사고방식으로는 낯선 일이었기 때문이다. 16세기가 되어서야 프로메테우스는 다시 숭고한 양심이나 자유로운 영혼의 상징으로 부활한다. 그리고 18세기에는 진보를 가능하게 만든 선구자가 되고, 괴테에 이르러 드디어 프로메테우스적 인간의 전형으로서 완성된다. 즉 제우스와의 투쟁에서 인간이 결코 신에 비해 열등한 존재가 아님을 강하게 외치는 '인간 중의 인간'이 되는 것이다. 낭만파 시인 셸리에게는 위대한 사랑을 할 줄 아는 정열적 인간이자 행복과 불행을 스스로 선택할 수 있는 자유인으로까지 설정된다. 하지만 특이하게도 앙드레 지드는 프로메테우스의 독수리에 주목하면서 악의 문제를 다룬다. 독수리로 대표되는 악은 인간을 명예롭게 하는 것과는 거리가 먼, 불행을 야기시키고 스스로를 결박하게 만드는 어떤 것이기 때문이다. 그래서 신이나 진보를 향한 믿음에 조소를 보내게 만든다. 20세기에 들어와서는 반항적 인간의 조상으로 자리 매김되지만, 그 반항이 개인적이고 소박한 수준에 머무는 것으로 축소된다.

아리안 에슨이 가장 성공적이면서도 자신 있게 서술하고 있는 헤라클레스의 이야기도 시대에 따라 커다란 변화를 겪었음이 확인된다. 고대의 플라우투스와 오비디우스가 그리는 헤라클레스는 반신(半神)의 모습으로 나타나며, 베르길리우스의 헤라클레스 역시 현대적 의미에서 영웅의 모습을 띠고 있다. 또 크세노폰은 그를 스승으로 삼으면서 그의 지혜를 따르는 반면, 아리스토파네스는 그의 일탈 행위를 강조한다. 그리고 19세기 후반으로 오면 어둠을 극복하게 해주는 그의 태양신적 면모가 부각된다. 이렇게 볼 때 헤라클레스는 육체적인 힘의 화신이나 구원의 신, 부나 문명을 창조하는 신으로서의 면모를 보이는 진정한 영웅이다. 그래서 기독교적 관점에서 예수 그리스도 혹은 하느님의 상징으로까지 나타나던 헤라클레스는 19세기에 이르러서는 민중의 모습으로도 나타난다. 비천하면서도 숭고한 일꾼이나 영웅적인 노동자로서의 역할을 담당함으로써 하층민의 영웅으로서 다시 자리 매김된 것이다.

또한 흔히 '어머니를 사랑하는 아들'이기에 부친 살해와 근친상간으로 괴로워하는 주인공인 오이디푸스도 새로운 모습으로 재발견되고 있다. 아리안 에슨에 의하면 오이디푸스 콤플렉스를 이론화한 프로이트는 신화 자체가 아니라 소포클레스의 희곡을 가지고 자신의 이론을 펼친 것이다. 때문에 그의 이론에 신화 자체는 없다. 심지어 그의 이론은 소포클레스의 희곡과도 서로 모순된다. 오이디푸스는 어머니와 결혼하기 위해 아버지를 죽인 것이 아니다. 오히려 역사적 관점에서 보면 5세기경의 그리스에서 오이디푸스는 모든 죄를 뒤집어쓴 희생양의 이미지였다. 때문에 근친상간이나 부친 살해 모티프는 그가 정당한 입장에 놓일 수 없음을 강조하기 위해서 필요했던 부차적인 계기이자 장치라는 것이다. 혹은 오이디푸스의 부친 살해는 실제적인 시역(弑逆) 행위로도 해석된다. 또한 그의 근친상간은 인물들의 가장 비밀스러운 열망이나 욕구로 환치됨으로써 자유를 구가하는 개인주의적인 색채가 가미되기도 한다.

여성 뒤의 신화(辛話)

아리안 에슨에 의해 주로 남신이나 남성들을 중심으로 새롭게 다가왔던 신화의 세계가 장영란의 『신화 속의 여성, 여성 속의 신화』에 오면 더욱더 분명하게, 그러나 다소 제한적인 범위에서 다시 읽혀지게 된다. 장영란은 그리스 신화 속에서 특히 여신과 여성들을 새롭게 보게 된 계기를 미인 대회 이야기에서 찾는다. 대개의 신화에서는 아무리 트로이 전쟁의 발단을 설명하기 위한 것이라 해도 아프로디테와 아테나, 헤라 같은 그리스 최고의 여신들이 자신들의 아름다움을 과시하기 위해 일개 목동인 파리스에게 온갖 선물을 바치거나 자신의 알몸을 보여주는 한심한 여성들로 비춰지고 있다. 장영란이 보기에 여신들에 대한 이러한 폄훼는 제우스가 너무 많아진 인간의 숫자를 줄이기 위해서 혹은 자신의 지배력을 강화하기 위해 트로이 전쟁을 일으켰음을 감추기 위한 것이다.

이처럼 그리스 사회는 남성들에게는 천국인 가부장제 사회였다. 때문에 여성에게 순결과 정절을 강요할 수 있었다는 사실이 여신들을 이분법으로 대립시켜 파악한 데서도 확인된다. 결혼한 여신인 헤라와 아프로디테는 각기 악처와 간부의 전형으로 등장한다. 헤라는 남편인 제우스가 바람둥이인 탓도 있지만 질투나 간계를 일삼으면서 다른 여성들을 괴롭히는 일에만 몰두하는 여신으로 등장한다. 그리고 아프로디테는 자신의 미모를 무기 삼아 혼외정사를 일삼는 유혹녀나 창녀의 이미지로 그려진다. 이들과는 다르게 처녀 여신들인 아테나나 아르테미스는 순결과 정절을 상징하면서 여신으로서의 권위와 품위를 유지하고 있다. 그러나 아테나는 어머니의 자궁이 아니라 아버지의 머리로부터 나온 '아버지의 딸'로서 전쟁을 담당하는 여신이다. 그리고 아르테미스는 피의 제사를 받는 잔혹한 면이 있어 아무도 쉽게 접근하지 못하는 사냥의 신이다. 때문에 이들은 '남성화된 여성'에 해당하므로 그녀들에게 여성성은 부재한다.

물론 이런 여신에 대한 불평등한 대우는 신화상 최초의 여성인 판도라에게도 계속되고 있다. 흔히 인간 세상에 모든 재앙과 질병을 들여놓은 악의 원천으로 낙인찍힌 판도라의 호기심 자체는 나쁜 것이 아니다. 오히려 무언가를 알고 싶어하는 욕구 때문에 인간의 역사나 문명은 발전할 수 있었다. 때문에 판도라가 상자를 열어본 것보다 모든 허물을 판도라에게 뒤집어씌우는 것이 더 문제이다. 이런 차별은 성경에서 남성의 부속물로 만들어진 이브가 뱀의 유혹에 빠졌다고 비난받는 것에서도 발견된다. 때문에 판도라는 이런 차별에서 벗어나 그 이름 자체에 담긴 '모든 선물을 받은 여성' 혹은 '선물로 주어진 여성'이라는 본래의 뜻을 회복해야 할 필요가 있다.

더욱 심각한 것은 이런 가부장적 시선이 다른 여성들에게도 동일하게 적용된다는 점이다. 아니 인간이기 때문에 더 극단화되면서 비도덕적이라고 비난받는다. 신들의 세계에서는 불가피한 일이지만 인간 세계에서는 감정이나 의지가 개입된 것이기 때문에 더 비난받아야 한다는 것이다. 여성에 대한 이런 불공평한 잣대는 그리스 신화에서 가장 비난받는 여성들인 메데이아와 클리타임네스트라를 통해서 확인할 수 있다. 흔히 그녀들은 자식이나 남편을 죽인 악녀로 그려진다. 장영란은 그녀들에 대한 이런 평가에서 가부장적인 시선을 목격한다. 그래서 가장 비난받는 여성들이 왜 그런 행동을 보였는지, 또 왜 그런 모습으로 존재할 수밖에 없었는지에 대해 역사적이고도 논리적인 근거를 제시함으로써 그녀들을 복권시키려 한다. 그리스 비극에서 가장 잔인하고 악랄하다고 평가받는 여성들에게 면죄부를 부여할 수 있다면 여성에 대한 오해에서 이해로의 이동폭이 가장 클 것이기 때문이다.

먼저 메데이아는 그리스의 영웅 이아손에 대한 사랑 때문에 조국과 아버지를 배반한 딸이자, 남동생까지 토막 내어 죽인 잔인한 누나이며, 복수심 때문에 자식들까지 죽인 비정한 어머니로 등장한다. 사랑에 눈이 멀어 자신의 모든 것을 바친 여성이 감내해야 할 불행의 최고치가 바로 메데이아를 통해 보여지고 있는 것이다. 메데이아의 도움으로 자신이 원했던 황금 양털을 얻은 이아손은 메데이아를 데리고 떠난다. 그러나 메데이아가 이아손의 왕권을 되찾아 주기 위해 이아손의 삼촌 펠리아스를 죽임으로써 그들은 다시 코린토스로 추방당한다. 그런데 코린토스의 왕인 크레온은 이아손에게 자신의 딸인 크레우사와 결혼할 것을 제안한다. 이에 이아손은 메데이아와 자식들을 버리고 크레우사와 결혼하려고 한다. 이처럼 자신과 자식들을 배신하려는 이아손에게 복수하기 위해 메데이아는 독이 든 드레스를 선물해 크레우사를 죽이고 자식들마저 제 손으로 죽여버린다는 것이 일반적인 이야기이다.

하지만 이토록 잔인하게 그려지는 메데이아는 후대의 에우리피데스에게서 정형화된 인물이다. 그 당시 유행하던 '유아 살해'라는 신화의 전통적인 요소를 도입하기 위해 에우리피데스가 만들어낸 극적 효과일 뿐이라는 것이다. 그나마 에우리피데스는 메데이아에게 연민의 시선을 보내며 그녀를 변호하기 위해 코린토스 사람들의 손에 잡혀 더 처참하게 죽을 상황이 되자 할 수 없이 그녀가 죽인 것으로 그린다.

일설에 따르면 메데이아가 아이들을 불멸의 존재로 만들려다가 실수로 죽였다고 하고, 다른 설에 따르면 메데이아에게 분노한 코린토스인들이 그녀의 자식들을 죽였다고 한다. 또 다른 설에 따르면 메데이아가 크레온을 죽이고 헤라 신전에 자식들을 남기고 떠났는데 크레온의 친족들이 아이들을 죽이고 메데이아가 죽였다는 소문을 퍼뜨렸다고도 한다.

여기서 장영란은 메데이아가 자식들을 죽이지 않았다는 근거로 그녀가 친족 살해를 응징하는 복수의 여신들인 에리니스에 의해 아무런 처벌도 받지 않았음에 주목한다. 자의가 아니었음에도 불구하고 어머니를 죽인 오레스테스나 아버지를 죽인 오이디푸스는 에리니스의 형벌을 받았다. 그러나 메데이아가 아무런 처벌을 받지 않은 것은 그녀가 무죄임을 증명해 준다는 것이다. 오히려 메데이아는 자식을 불멸하게 만들려고 했지만 이아손의 실수로 실패했다는 설도 있다. 어떻게 보면 메데이아는 지식과 지혜, 의지력과 예언력을 지닌 탁월한 여성이었지만 여성으로 태어났기에 가정이라는 울타리에서 자신보다 모자란 남성에게 자신의 감정과 능력을 모두 쏟아야만 했던 비운의 여성이라고 볼 수도 있다. 가부장적인 그리스 남성들이 보기에 마법을 부릴 줄 아는 메데이아는 두렵고도 무서운 존재였을 것이다. 이런 점들로 인해 메데이아에 대한 마녀 사냥이 일어나게 되었다는 것이다.

다음으로 클리타임네스트라는 미케네의 왕 아가멤논이 트로이 원정을 떠난 틈을 타서 아이기스토스와 정분이 나서 남편을 죽인 부도덕한 여인으로 알려져 있다. 남편을 죽이기 위해 십 년을 하루같이 기다렸던 영악한 여인이었으며, 도끼로 내리쳐서 단숨에 남편을 죽일 만큼 무서운 힘을 지닌 여인으로 묘사된다. 왕권을 차지하기 위해 남편을 살해하고 결국에는 자식들에 의해 죽임을 당함으로써 그 죗값을 치른 탐욕스러운 여성으로 등장하는 것이다.

　그런데 장영란은 왜 클리타임네스트라가 그런 행동을 했는지 문제 삼음으로써 그녀의 실체에 다가간다. 원래 클리타임네스트라는 아가멤논의 아내가 아니었다. 그녀는 온화한 성품을 지닌 피사의 왕 탄탈로스와 결혼하여 자식도 낳고 행복하게 살고 있었는데, 아가멤논이 쳐들어와 그녀의 가족들을 모두 죽이고 그녀와 강제로 결혼한 것이다. 그녀에게 이런 과거가 엄청난 상처로 남아 있었음은 물론이다. 더구나 아가멤논은 트로이 전쟁에 나가기 위해 자신과의 사이에서 낳은 딸인 이피게네이아마저 제물로 바친다. 자신이 저지른 말실수로 화가 나 있는 아르테미스 여신을 달래줄 희생양이 필요했기 때문이다. 더군다나 아가멤논은 트로이 전쟁 중에도 여러 명의 첩을 둔다. 그리고 전쟁에서 승리한 후에도 전리품으로 카산드라까지 데리고 귀환한다. 이에 클리타임네스트라는 아가멤논에게 원한을 가지고 있던 아이기스토스와 연합하여 아가멤논이 전쟁에서 돌아오자마자 죽여버린다. 이 때문에 클리타임네스트라는 남성의 지배 자체를 거부하면서 직접 남편을 죽인 '남성적 여성'이라고 비난받는다.

　그러나 이런 클리타임네스트라에 대한 평가를 보면 정의롭고 용감하게 권력을 쟁취하려는 것이 남성만의 영역이라는 잘못된 전제가 깔려 있음을 알 수 있다. 그리고 클리타임네스트라는 충분히 모성적이었다. 그녀는 누구보다 자식을 사랑해서 그 자식들을 죽인 아가멤논에 대한 분노를 참지 못한 것이다. 또한 그녀는 아이기스토스를 진정으로 사랑했었기에 방탕하고 지조 없는 여성만은 아니다. 그런데도 어머니를 오해한 딸 엘렉트라와 아들 오레스테스에게 죽임을 당한 가장 비극적인 어머니이기도 하다. 더구나 이런 어머니 살해가 아버지 살해보다 더 미약한 죄로 평가받음으로써 클리타임네스트라는 두 번 죽임을 당한 꼴이 된다.

　이처럼 장영란에 의해 여성주의적 시각에서 새롭게 조명된 메데이아와 클리타임네스트라의 이야기는 아리안 에슨에 의하면 후대에도 여러 예술가들의 창조적 상상력의 원천으로 작용했다. 그래서 장영란의 책에 등장하는 모습과 동일한 모습도 볼 수 있지만, 그와 다르게 확대되고 변형된 그녀들의 모습을 확인하게 된다. 가령 메데이아는 에우리피데스를 지나 세네카에 오면 파괴 본능 때문에 폭력적이고 야만적인 행동을 보여주는 비인간적인 인물이 된다. 그리고 사랑보다 증오 때문에 살인을 하거나, 어머니가 되기를 거부함으로써 자신의 처녀성을 복구하려는 여성으로까지 그려진다. 1980년대에 와서는 노력해도 벗어날 수 없는 재앙의 의미와 연결된다. 자식들에게 생명을 준 어머니지만 동시에 죽음을 안겨준 자식 살해범으로서 그녀는 역사 자체가 폭력적인 죽음으로 나아가기 위해 진보할 뿐이라는 사실을 알려주는 잔혹한 괴물이자 희생자라는 것이다. 즉 자신의 파괴 본능 때문에 자멸할 것을 알면서도 행할 수밖에 없는 폭력의 의미로 메데이아의 이야기는 재구성된다.

그리고 클리타임네스트라의 경우는 주로 그의 딸인 엘렉트라나 아들 오레스테스의 입장을 강조해 '어머니 살해'의 드라마 속에 수용되고 있다. 그래서 엘렉트라나 오르페우스가 아버지의 자식들로서 부정한 어머니에 대해 응징을 가했는가 아니면 자신들의 왕권 계승을 위해 살인을 저질렀는가에 따라 그녀의 위치와 의미 또한 달라지고 있다. 이런 맥락에서 부정한 어머니, 남근적 어머니, 딸의 혐오의 대상인 어머니, 에로스와 타나토스의 이중적 모습인 어머니 등으로 다양하게 변주되어 나타나게 된다. 아니면 그녀는 아이기스토스가 아버지의 원수를 갚기 위해 아가멤논을 죽일 수밖에 없었던 복수극 속에서 주로 등장한다. 이렇게 볼 때 신에게 불경할 정도로 위험한 인간의 권력욕이나 잔인하고 비합리적인 폭력의 문제와 결합되었던 클리타임네스트라의 담론은 점차 인간의 자유나 존엄성 문제와 관련해서 등장하고 있다.

여성을 위한 신화(新話)

『우리속에 있는 여신들』(또 하나의 문화, 1992)의 저자 진 시노다 볼
린은 융의 원형 심리학과 여성주의적인 시각을 종합해서 여신들을 크
게 처녀 여신들, 상처받기 쉬운 여신들, 창조적 여신들 등의 세 가지
로 분류한 바 있다. 먼저 아르테미스, 아테나, 그리고 헤스티아가 속
하는 처녀 여신들은 자율적이고 독립적인 여성들을 대표한다. 사랑이
나 감정적 애착 때문에 중요하게 생각하던 것을 포기하지 않으며, 여
성들도 자기 자신에게 의미 있는 일에 집중할 수 있다는 것을 보여준
다. 헤라, 데메테르, 페르세포네가 상처받기 쉬운 여신들로 불리는 이
유는 이들이 다른 사람과의 관계를 중시하기 때문이다. 그래서 이 세
여신들은 아내나 어머니, 딸이라는 전통적인 역할에 충실하면서 애정
과 유대감을 중시하는 여성들을 대표한다. 아프로디테는 창조적 여신
에 속한다. 그녀는 사랑과 미, 성적 매력과 창조성을 대표한다. 그리
고 처녀 여신들처럼 자율성을 중시할 뿐만 아니라 상처받기 쉬운 여
신들처럼 관계성 또한 중시한다.

　장영란은 이처럼 긍정적이고 적극적인 의미를 지녔던 그리스 여신
들이 여신 중심적 문화로부터 남신 중심적 문화로 넘어가면서 점차로
이전의 주요한 기능을 박탈당하거나 제거당했다고 본다. 이런 시각은
사에구사 가즈코의 『여성을 위한 그리스 신화』(시아출판사, 2002)에서
도 주목하는 바이다. 사에구사 가즈코에 의하면 그리스 신화를 가장
먼저 기록했던 헤시오도스(기원전 750～680년)의 『신통기』 이후에 씌어
진 신화들 속에서 여성의 지위가 많이 하락했다고 한다. 지모신으로
서 풍요로움이나 아름다움, 순수, 지혜를 상징하던 여성들이 가부장적
이데올로기에 침투당하면서 격하되거나 왜곡되었기 때문이다. 이와
연관되어 장영란은 자신의 책 『신화 속의 여성, 여성 속의 신화』 후

반부에 위대한 여신들의 원래의 모습을 복원시키려고 한다. 우주 창조자로서의 가이아, 하늘과 땅의 여왕으로서의 헤라, 사랑의 여신으로서의 아프로디테, 여전사로서의 아마존 등을 통해 여성의 긍정적 측면을 강하게 부각시키는 것도 이 때문이다. 이와 동시에 여성의 본성을 짐승에 비교하거나 악마적이고 파괴적인 괴물로 정형화하는 예를 반박하기도 한다. 가부장적인 그리스 신화에서는 하르피아나 세이렌, 스핑크스, 그라이아이, 메두사, 라미아 등과 같은 괴물의 형상에 여성의 이미지를 결합시킴으로써 여성에 대한 혐오감을 간접적으로 드러낸다는 것이다. 이런 면은 여성을 열등한 동물로 간주해서 남성들 간의 동성애를 용인했던 그리스의 성 문화에서도 확인된다.

그러나 이처럼 다산성, 생산성, 창조성으로서 여성성을 지나치게 강조하는 여성 학자들의 입장은 남성에 대한 역차별일 수 있고, 여성성의 절대화라는 덫으로부터 자유롭지 못하게 된다. 남성과 자리만 바꾼 여성의 우월한 위치는 진정한 의미에서의 여성주의적 시각을 대변할 수 없다. 여성을 남성처럼 살게 하는 것이 아니라 여성으로 살아도 억압받지 않는 것이 진정한 여성 해방이기 때문이다. 혹은 지나치게 여성의 상처나 억압만을 강조한다면 그 또한 피해자 페미니즘에 머무를 위험이 있다. 남성을 적으로 만들면서 여성들만의 한풀이를 하려는 것이 페미니즘은 아니다. 진정한 페미니즘은 '차별'이 아닌 '차이'를 강조하는 것, 그리고 그 '차이'의 강조가 다시 여성에게 덫으로 작용하지 않는 것이다.

이런 여성 중심적인 신화 해석이 지닌 위험에서 벗어나 보다 통성적, 양성적, 중성적인 관점에서 그리스 신화에 접근하고 있는 책이 바로 아리안 에슨의 『신화와 예술』이다. 아리안 에슨은 종합적이고 역사적인 관점에서 신화가 예술에 어떻게 흡수되고 변용되었는지에 대한 구체적인 사례들을 보여준다. 때문에 이 책에 의하면 여신이나 여성들만 변한 것이 아니라 남신이나 남성들도 변하기는 마찬가지이다. 시간의 흐름에 따라 신에서 인간으로, 집단에서 개인으로, 자연에서 문화로 이동하는 과정을 밟기 때문이다. 이런 과정에서 신화가 얼마나 풍요롭게 재발견될 수 있는지 확인된다. 여성이기 전에 인간이고, 남성이기 전에 인간인, 그래서 모든 예술의 주체인 인간들의 좌절과 희망을 고스란히 느낄 수 있기 때문이다.

그러나 그럼에도 불구하고 아리안 에슨의 작업은 예술의 근원과 신화를 보다 직접적으로 연결시키는 접점이 다소 약하다고 할 수 있다. 보기 드물게 다양하고 풍부한 예술들을 근거나 예시로 제공하고 있지만, 이미 보편화된 철학적 사유나 문학 이론들 속에서 신화의 상징이 좀 더 심층적으로 제시되지 못한 한계점이 있다는 것이다. 가령 오디세우스의 탐험은 아도르노와 호르크하이머의 『계몽의 변증법』에서 이성이나 진보의 개념과 연관되면서 계몽의 자기 파괴성을 상징하는 비유로 등장한다. 모든 유혹을 뿌리치면서 아무런 회의나 반성 없이 자신을 스스로 결박하면서까지 앞만 보고 달리는 오디세우스의 탐험은 진보가 오히려 퇴보가 되는 역설을 강조하기 위해 효과적으로 사용되고 있다. 이후 오디세우스는 모더니티에 대한 비판적 담론의 중심에 있게 된다. 그리고 모리스 블랑쇼는 『미래의 책』에서 오디세우스와 세이렌의 만남을 작가와 작품의 만남, 현실 세계와 공상 세계와의 만남으로도 간주한다. 작가는 상상의 목소리를 듣긴 들어야 하지만 그 목소리에 몸을 완전히 내맡겨서는 안 된다는 것이다. 이것 외에도 남편 오디세우스를 기다리기 위해 구혼자들을 뿌리치면서 행하는 페넬로페의 천 짜기는 쥬네트를 중심으로 하는 서사 이론에서 『천일야화』에서의 샤흐라자드의 이야기처럼 소설의 플롯이나 담론의 전개 양상으로 비유된다. 짰다가 다시 풀고, 다시 짜기를 반복해야 하는 페넬로페의 행위 자체가 서사를 진행시키거나 유지시키는 힘을 상징한다는 것이다. 이런 비근한 예들을 통해 볼 때 인간이나 문명, 예술의 운명은 신화 속에서 이미 예언되고 있었다고도 할 수 있다.

또 다른 측면에서 욕심을 낸다면 장영란의 작업에서 보다 발전적이고 미래 지향적인 '대항 신화'를 더 많이 발견하고 싶다는 것이다. 그래야만 소극적이고 방어적인 여성적 독해에서 벗어나 여성의 힘과 다름을 강조하는 파워 페미니즘적 독해로 발전할 수도 있기 때문이다. 가령 마르그리트 유르스나르가 아리아드네를 적극적으로 되살려낸 것이 그 예에 해당한다. 그에 의하면 아리아드네는 테세우스에게 버림받았다는 이유로 소멸하고 마는 여성이 아닌 독립적이고 당당한 여성으로 자리 매김된다. 테세우스를 미궁에서 빼내준 그녀처럼 사람들에게는 누구나 자신의 내부에 자신의 한계를 극복할 위대함을 지니고 있음을 알려주는 선지자라는 것이다. 이렇게 여성의 힘에 대한 의미 부여가 보다 적극적으로 행해진다면, 프랑스의 페미니스트 엘렌 식수가 흔히 남성적인 시각에서 거세 공포증을 유발하는 괴물로 취급되는 메두사를 아름답고 힘 있는 여성으로 되살려낸 작업이 더욱 자연스럽게 이해될 수 있을 것이다.

결국 신화의 해석에 있어 중요한 변수는 신화를 바라보는 시각이다. 아리안 에슨이나 장영란은 남성과 여성을 아우르는 인간들을 위해 이런 변수를 '따로 또 같이' 적극적으로 고려한다. 신화와 예술, 여성이 시대나 사회와 만나 일으키는 화학 반응과 그 결과를 알기 쉽게 설명해 주고 있기 때문이다. 이런 소중한 작업이 한때의 유행이나 시류에 영합하는 '팬시상품'에 머물지 않기 위해서는 신화와 예술, 여성에 씌워져 있는 가면을 더욱더 치열하게 벗겨내야 할 것이다. 어떤 대상의 맨 얼굴을 보기가 얼마나 두려운지, 그러나 그것이 얼마나 매력적인 일인지를 아는 자만이 그 이면을 볼 수 있기 때문이다. 이 책들은 바로 그런 작업을 위한 소중한 출발점이다.

제 2 부

GENDER

여성과 여/성

인어공주와 아마조네스, 그 사이

여성의 몸, 남성의 권력

이제 몸은 더 이상 몸이 아니다. 몸 '이상'이거나 몸 '이하'이다. 그
래서 다시 몸을 몸 자체로 보자는 담론이 생산되기도 한다. 몸을 마
음보다 열등하게 간주했던 근대의 시각·논리·이성·계몽 중심주의
에 대한 탈근대적 저항[1]으로 몸의 복원을 강조할 때의 몸 자체도 이
미 또 하나의 권력이기 때문이다. 이렇게 몸이 지나치게 강조된 나머
지 생산이 아닌 소비, 즐거움이 아닌 쾌락, 관계가 아닌 소외와 연결
될 때의 몸은 다시 정신이 '전족(纏足)'을 한 상태라 볼 수 있다. 때문
에 몸을 몸 자체로 다루자는 말은 이처럼 이처럼 몸 자체이기가 쉽지
않다는 것, 몸이 몸으로 다루어지지 않고 있다는 것, 그럼에도 불구하
고 몸은 몸이어야 한다는 일련의 의미를 내포한다.

---

1) 정화열, 박현모 옮김, 『몸의 정치』(민음사, 1999), 9∼10쪽, 266쪽 참조.
　　이거룡 외, 『몸 또는 욕망의 사다리』(한길사, 1999), 2쪽 참조.

여성의 몸 또한 그 이상으로 격상되거나 그 이하로 격하된다는 점에서 여전히 몸에 관한 이데올로기의 중심에 있다. 한편에서는 여성의 몸이 과학적인 '기계'로 인해 피폐해진 세상을 구원할 자연적인 '대지'로 간주되면서 그 자체가 풍요와 치유의 상징으로 격상된다. 그리고 남성의 몸을 '만물의 척도'로 삼는 현실을 비판하게도 한다. 하지만 그 반대편에서는 여전히 여성의 몸을 영혼이 부재하는 '텅 빈 그릇'으로 보아 부족하거나 불완전한 남성의 몸으로 간주되기도 한다. 가부장적인 서구 문화에서는 텍스트의 작가가 흔히 아버지, 조상, 산출자, 가장(家長)으로 비유되는데, 이때 펜(pen)은 그의 성기(penis)와 같이 생식력의 도구로 치환되어 왔다.[2] 이때 남성이 아닌 여성의 성기는 감춰야 할 치부가 되고, 월경의 피는 더럽혀진 정액이 된다. 여성의 몸은 '나쁜 곳'이라는 죄의식과 부끄러움을 동반한다.[3]

이처럼 여성의 몸은 아직도 모든 문제의 해결책으로 이상화되거나 동물적인 본능을 배설하는 장으로 폄하됨으로써 양극화된 반응을 보이게 한다. 아직도 몸이 문제인 것이다. 성소이기도 하고 전쟁터이기도 한 여성의 몸을 통해 생산/소비, 주체화/대상화, 자유/억압, 즐거움/고통, 당위/존재, 전체/일부 등의 대립이 첨예화되기 때문이다. 이성 중심이었던 근대에 대한 반동으로 남성의 몸은 일반적인 인간의 몸을

---

2) S. Gubar & S, Gilbert, *The Madwoman in the Attic : The Woman Writer and the Nineteenth ——Century Literary Imagination*(New Heaven : Yale UP, 1979) 서문 참조. Susan Gubar, "'The Blank Page' and the Issues of Female Creativity", *Critical Inquiry*(1981, Winter), 247쪽 참조.
3) 남성의 몸은 생리적, 도덕적, 사회적인 차원에서 적극적으로 배려하고 있다. 여성의 몸은 침묵된 채 선택과 거부의 대상일 뿐 스스로의 권리를 가진 것으로 인식되지 않았다. 짐승과 병렬로 위치되거나 사랑과 같은 오락의 차원에서 이해되었다.
이숙인, 「유가의 몸 담론과 여성」, 한국여성철학회(엮음), 『여성의 몸에 관한 철학적 성찰』(철학과 현실사, 2000), 130쪽 참조.

대표하는 데 반해 여성의 몸은 아직도 금기시되거나 초월해야 할 대상으로 간주되고 있다. 혹은 자유와 권리라는 미명 하에 더욱 교묘하게 지배나 착취의 대상이 되고 있다. 때문에 권력이 행사되는 기본적인 영역으로서의 여성의 몸, 성애화(性愛化)와 경제적 착취의 대상으로서의 여성의 몸, 성적 욕망을 산출해 내는 지식과 권력의 특수한 장치들을 발전시키기 위한 전략으로서 여성의 몸에 관한 논의는 아주 중요하다.[4] 왜 여성의 몸은 지금도 몸 그 자체일 수 없는가. 여성의 몸이 특히 더럽기 때문인가. 아니면 반대로 너무 순수하기 때문인가.

인어공주의 다리, 몸의 순응

오정희의 「중국인 거리」[5]는 전쟁과 휴전 직후의 인천 차이나타운을 배경으로, 한 여자아이가 세상과 접촉하는 과정을 그린 성장 소설이다. "모든 삶에서는 음험한 냄새가 난다."는 사실을 알게 되는 '나'의 정신과 육체의 이력이 드러나기 때문이다. 이때 '나'가 앓게 되는 성

---

4) 푸코의 논의와 페미니즘이 결합될 수 있는 지점은 네 가지이다. 양자는 몸을 권력의 저장소로, 즉 순종성이 확보되고 주체성이 구성되는 지배의 거점으로 파악한다. 또한 양자는 국가의 권력을 배타적으로 주시하기보다는 국지적이고 근접한 권력의 작동을 지적한다. 또한 양자는 담론이 헤게모니적 권력을 생산하고 유지하는 능력을 가지고 있다고 보고 그것에 비중을 두며, 주변화된 혹은 인식되지 않은 담론의 내부에 존재하는 도전을 강조한다. 그리고 서구 휴머니즘이 서구의 남성 엘리트들의 경험을 진리, 자유, 인간 본성의 보편성인 양 주장한 점들을 양자는 공히 비판한다.
  I. Diamond & L. Quinby, *Feminism and Foucault*(Boston : Northeastern Univ. Press, 1988), 황정미, 「푸코/페미니즘/모더니티」, 미셸 푸코 외, 『미셸 푸코, 섹슈얼리티의 정치와 페미니즘』(새물결, 1995), 253쪽에서 재인용.
5) 오정희, 『유년의 뜰』(문학과 지성사, 1981).

장롱은 곧 음험한 세상으로 나가게 하는 통과 의례에 해당한다고 할 수 있다. 세상과 삶의 이면을 너무 일찍 알아버린 조숙한 아이의 시선으로 전쟁과 가난, 성의 문제를 성장 체험과 연결시키고 있다. 이때의 성장은 알지 못할 슬픔이나 비애에 감염되는 것, 일그러진 세상과 접촉하지 않고서는 성장할 수 없다는 것, 성장하지 않고서는 이 세상에서 살 수 없다는 것을 의미한다.

그런데 이 소설 속에서는 이런 '나'의 정신적 성장이 육체적 성장과 그 궤를 같이 하며 맞물려 있다. '나'의 언니가 막 생긴 젖 망울 때문에 아파하듯이, 그리고 양갈보가 되는 것이 꿈인 '나'의 친구 치옥이가 자꾸 기어오르는 작은 스웨터를 끌어내려야 하듯이, '나' 또한 키도 한 뼘이나 컸고 보폭도 커져 몰래 숨겨놓은 할머니의 유품을 찾아갈 때 65발자국이던 거리가 60발자국으로 줄어들 만큼 성장했다. 하지만 보다 중요한 것은 이런 '나'의 가시적 성장이 양공주로서 몸을 파는 매기 언니나 아이 낳는 기계처럼 살고 있는 어머니를 통해 여성의 삶이 어떤 것인지 알게 된다는 사실이다. 이런 이유로 이 소설은 여성의 몸 자체가 여성의 자의식이 형성되는 곳이자 상실될 수도 있는 곳임을 알려준다고도 볼 수 있다.

먼저 매기 언니를 통해서는 미국에 의해 정치·경제적으로 식민지화된 우리나라의 현실이 드러나고 있다. 치옥이네 집에 세 들어 사는 매기 언니는 백인 혼혈아인 딸을 기르면서도 흑인 병사와 동거한다. 그러면서 그와 결혼해 미국에 가는 것이 꿈인, 그 자체가 식민지화된 영토인 여성 인물이다. 더구나 나중에는 술 취한 흑인 병사의 손에 이층에서 내던져져 죽음을 당하는 매기 언니의 몸은 그 자체가 침범당하는 식민지의 상징으로 작용한다. 여성이 지배해야 할 대상이거나 지배당해도 되는 물체라면, 그래서 침략 가능한 영토와 다름없다면 여성의 몸은 그 자체가 영원히 사라지지 않을 '최후의 식민지'라 할 수 있다. 특히 미국에 종속될 수밖에 없었던 우리나라의 처지가 지배자인 미국 남성과 피지배자인 한국 여성으로 육화되어 나타나는 것이다.

이런 매기 언니의 몸보다 더 직접적이고 더 여성적으로 침략당하는 몸이 어머니의 몸이다. '일개 소대 병력'을 낳고도 일곱 번째 아이를 임신한 채 심한 입덧을 하는 어머니를 보며 '나'는 여성들의 '동물적인 삶'에 대해 처음으로 동정심을 느낀다. "어머니의 구역질에는 그렇게 비통하고 처절한 데가 있었다. 또 아이를 낳게 된다면 어머니는 죽게 될 것이다." 이럴 때 여성의 임신과 출산은 축복이나 풍요의 상징이 아니다. 그래서 '나'는 어머니가 여덟 번째 아이를 낳으며 지르는 산고(産苦)의 비명을 "차라리 죽여줘."라는 절규로 듣는다. 그리고 바로 그때 시작되는 '나'의 '초조(初潮)'를 통해 어머니의 그런 삶이 '나'에게도 시작되었고 반복될 것임을 암시한다. 어머니에서 딸로 이어지는 질곡의 삶이 예견되는 것이다. 이때의 초조란 여성성의 개화이자 파열이라고 할 수 있다.

> 어머니는 일곱 번째 아이를 배고 있었다. 가난한 중국인 거리에 사는 우리들 중 아기는 한밤중 천사가 안고 오는 것이라든지 배꼽으로 방긋 웃으면서 나오는 것이란 것을 믿는 아이는 아무도 없었다. 여자의 발가벗은 두 다리 짬에서 비명을 지르며 나온다는 것쯤은 누구나 다 알고 있었다.
>
> —— 오정희, 「중국인 거리」

여성만이 가질 수 있는 몸의 경험 중에서 임신과 출산은 새로운 생명의 탄생과 연결되기에[6] 여성의 몸이 경험하는 가장 구체적이면서

---

6) 이홍탁, 『여성사회학』(법문사, 1986), 33쪽 참조.

현실적인 성(gender)의 실천이 된다.[7] 이러한 생명의 탄생과 관련된 여성적 몸이 바로 '자궁(배)'이다.[8] 자궁은 생명력과 재생의 상징이기에 부푼 배를 갖고 싶은 욕망은 곧 세상을 재창조하려는 욕망과 연결된다.[9] 그리고 자궁이 어떠한 기능을 하느냐에 따라 여성성의 추구가 성공하기도 하고 좌절되기도 한다.[10] 이런 자궁을 문제 삼을 수 있게 해주는 것이 바로 여성의 성행위이고, 성행위를 가능하게 해주는 몸이 바로 여성들의 다리 사이에 있는 여성의 성기라고 할 수 있다.

여성에게 자궁은 자신의 몸에 대한 자의식이 형성되는 현장이자 세상을 받는 그릇이다.[11] 그런데 본래는 풍요로움과 생명력의 상징이어야 할 자궁이 이 소설 속에서는 현실적인 경제 원리나 가부장적 이데

A. 선천적 性(sex)	여성(female)	남성(male)
——유전적·생물학적 요인	임신 및 출산 가능	임신 및 출산 불가능
B. 후천적 性(gender)	여성다움(feminity)	남성다움(masculinity)
——사회적·문화적 요인	연약함, 시기심	거칠음, 관대함

7) 김은실, 「발전논리와 여성의 출산력」, ≪또 하나의 문화≫, 제8호, 1991, 150쪽 참조.
8) 복부(腹部)의 여신인 보보(Baubo)는 머리가 없고 젖꼭지가 눈이며 성기가 입인 모습을 하고 있다. 이 세상과 대지, 그리고 여성들의 배가 풍요로움을 되찾게 된 것은 보보의 덕분이다.
   클라리사 P. 에스테스, 손영미 옮김, 『늑대와 함께 달리는 여인들』(고려원, 1994), 363쪽 참조.
9) 글자 자체에서도 갑골문의 한자 '女'의 모습은 아이를 낳는 모습을 본뜬 것이라는 주장이 있으며, 갑골문에서 동일한 형상을 취하는 '母'의 경우도 아이를 품에 안고 젖을 주는 모습을 상형문자로 나타내고 있다고 한다. 그렇다면 한자 문화권에서 '女'와 '母'는 여성의 생명을 탄생시키고 양육하는 속성을 가리키는 글자라고 할 수 있다.
   정순진, 『한국 문학과 여성주의 비평』(국학자료원, 1982), 231쪽 참조.
10) 김경수는 현대의 여성 시인인 김승희, 최승자, 김혜순을 중심으로 잠재적인 모성성의 한 특징으로서의 '분만'의 상상력이 어떻게 전개되었는지 살펴보기도 했다.
   김경수, 「여성시의 원천과 분만의 상상력」, ≪작가세계≫, 1990년 겨울호 참조.
11) 김성례, 「여성의 자기진술의 양식과 문체의 발견을 위하여」, ≪또 하나의 문화≫, 제9호, 1992, 115쪽 참조.

올로기에 의해 궁핍함과 비생명력의 상징으로 변하고 있다. 이를 통해 오정희는 자궁이 생명을 잉태하는 풍요의 공간이지만, 그와 동시에 세계의 불임성이나 죽음의 공포성을 드러내는 결핍의 공간이기도 하다는 사실을 나타내고 있다.

이렇게 볼 때 여성의 육체적 성장은 성행위나 임신, 출산이 불가능한 몸에서 그런 것이 가능한 몸으로의 변화라고 할 수 있다. 본능의 배설이나 만족, 혈육의 재생산을 위해 제공되는 여성의 몸은 도구나 수단으로서의 의미만을 지니게 된다. 그리고 그렇게 물상화될 때 여성의 몸은 대지가 아닌 식민지가 된다. 침범할 수 있고 지배할 수 있는 몸은 노예의 몸이지 주인의 몸이 아니다.

이처럼 식민지화된 여성의 몸을 안데르센의 동화에 등장하는 인어공주의 몸에서 확인할 수 있다. 사랑하는 왕자를 얻기 위해 인어공주가 잃은 것은 자신의 목소리였고, 얻은 것은 두 다리였다. 목소리는 자신의 존재를 알릴 수 있는 몸이기에 자아 정체성을 상징한다. 반면 다리는 반인반어(半人半魚)에서 완전한 인간이 되기 위해 필요한 것이다. 그러나 다리는 남근과 비슷했던 인어의 꼬리 대신 여성 성기가 생겨났다는 징표가 된다. 하나의 다리인 '꼬리'로는 남성의 몸이 들어갈 수가 없다. 때문에 피부를 갈라 두 개의 다리를 만들어야 한다.

이때 다리가 갈라짐으로써 생긴 여성의 성기를 통해 인어공주가 비로소 성적인 여성이 되었음을 확인할 수 있다. 때문이 인어공주의 피부는 그냥 갈라진 것이 아니라 처녀막처럼 찢어진 것에 더 가깝다. 그런 상실(꼬리, 가족, 목소리)과 육체적 고통(걸을 때마다 칼날 위를 걷는 것과 같은 고통)을 겪은 후에야 인어공주는 어린아이가 아닌 성숙한 여성으로 성장한다. 몸의 안과 밖을 구분지으면서 외부의 침입으로부터 몸을 보호해 주는 것이 피부이지만 강요된 접촉은 피부를 피부 같지 않게 만들어버리기 때문이다. 원하지 않는 접촉은 여성들의 피부를 상실하게 한다. 이때 안과 밖의 경계를 상실하게 하는 피부는 여성의 억압을 나타내는 젠더 공간이 된다.[12]

원하지 않는 성행위는 사랑의 표현이 아니라 비인간화된 동물적 행위에 불과하다. 더욱이 이 과정에서 남성은 성적 정복의 쾌감을 맛보지만 여성은 강한 모멸감과 처참함을 맛보게 된다. 대개의 경우에 성행위는 여성에게 성적 만족이나 사랑이 아니라 공포심, 불쾌감, 수치감, 모멸감 등을 유발시키는데, 이것은 남성의 일방적이고 자기중심적인 성욕 때문이라고 할 수 있다. 성행위의 일방성과 남성 중심성은 가부장제의 여성이 처한 물신화와 대상화의 상징이 된다.[13] 이러한 성 관계에서 여성의 피부는 남성의 육체적 침투로 인해 상실된다.

여성이 이처럼 피부를 상실하고 다리(성기)를 가질 때 느끼는 고통은 성행위나 출산 시에 겪는 육체적 고통이나, 사회적 열등감에서 나오는 심리적 고통과도 연결된다. 자신이 몸의 주인이어야 할 상황에서 희생과 상실을 통해 남성의 침범과 침략을 당할 수밖에 없는 여성의 운명이 인어공주의 다리를 통해 드러나는 것이다. 인간이기 이전에 여성이 되어야 하는 현실을 갈라지고 찢겨지는 여성의 몸을 통해 확인할 수 있다.

모든 인간은 불가침의 육체를 가지고 있다. 그리고 그것이 침해당할 때는 학대받는 경우이다. 그런데 여성은 성행위를 할 때 관통되는 침투성의 육체를 가지게 된다.[14] 더욱 심각한 문제는 이러한 관통이

---

12) 수잔 헤이트, 「갈라진 피부 : '인어공주'에 나타난 힘과 육체적 훼손」, 김소영(책임편집), 『시네 —— 페미니즘, 대중영화 꼼꼼히 읽기』(과학과 사상, 1995), 141~162쪽 참조.

13) 송명희, 『여성 해방과 문학』(지평, 1988), 94쪽 참조.

14) 성행위는 보통 소유의 한 형태, 혹은 소유하는 행위로 묘사되고 이해된다. 남자가 여자의 상위나 안에 위치한다는 성행위의 관계는 남자 측에서 볼 때는 여자 소유인 것이다. 남자는 성교라는 여자 소유에 의해서 여자를 점령하고, 지배

‘학대’가 아닌 ‘정상적인 사용’이라고 간주되면서 타당하게 여겨진다는 사실이다. 이것은 곧 세계의 폭력이 여성의 몸에 가하는 억압을 정당화하는 것이다. 사랑하는 대상과의 행복한 성적 결합으로 인한 파열, 하나가 되기 위한 일시적인 분리의 피부가 아니라 원하지 않는 대상과의 강압적 성행위로 인한 파열, 하나가 될 수 없는 영원한 분리가 이루어지는 피부의 상실이 무시되기 때문이다.

오이디푸스의 배꼽, 몸의 방황

지배당하는 몸이 있다면 지배하는 몸이 있게 마련이다. 육체적인 권력 관계에서 여성이 피지배자라면 남성은 지배자이다. 그래서 남성의 몸은 여성의 몸을 누르고, 쳐들어오고, 찌른다. 때문에 크고 강할수록 더 남성답다고 간주된다. ‘크기’나 ‘힘’에 대한 경도는 바로 이런 지배력의 강화와 상관있다. 남근이 권력의 상징이 되는 것도 이때이다. 그래서 프로이트에 의하면 남성은 남근이 있기 때문에 권력이 있고, 여성은 남근이 없기 때문에 권력이 없다.

라캉(J. Lacan)[15]은 이때의 남근을 생물학적 기관이 아닌 하나의 기표로 설정함으로써 남녀 모두에게 똑같이 작용하는 상징으로 간주한

하고, 여자에 대해 기본적 우위를 나타낸다. 때문에 톨스토이의 견해에 의하면 성행위는 반드시 여자를 물체화하고 그로 인해 바로 착취가 이루어지기 때문에 여자를 열등하게 만드는 요소는 모두 성행위에서 비롯된다.
  안드레아 도킨, 홍영의 옮김, 『여자는 무엇으로 사는가』(문학관, 1990) 37쪽, 106쪽 참조.
15) 라캉의 페미니즘 논의에 대해서는 마단 사럽, 김해수 옮김, 「성, 사랑 그리고 페미니즘」, 『알기 쉬운 자끄 라깡』(백의, 1995), 신명아, 「라깡과 페미니즘」(≪현대시사상≫, 1991년 봄호)과 권택영(엮음)의 『욕망이론』(문예출판사, 1994) 중 「페미니즘이론」 등을 참조할 것.

다. 따라서 라캉은 남성과 여성의 관계를 단순히 남성 성기의 소유/
비소유의 대립 구조로 환원시킬 수 없다고 주장한다. 이런 이유로 라
캉은 남근을 'penis'라고 쓰지 않고 'phallus'라고 쓴다. 'penis'는 여
성에게는 없고 남성에게만 있는 것을 가리키지만, 'phallus'는 남성과
여성 모두에게 결핍되어 있는 특성의 기표이다. 이런 맥락에서 라캉
적 페미니즘의 특징은 기존의 생물학적 남녀의 대립을 욕망의 자리바
꿈으로 설명한다는 것이다. 하지만 아무리 라캉이 부인한다고 하더라
도 그의 이론에서 'penis'와 'phallus'가 뚜렷하게 구별되지 않는다는
데에 현실적 문제가 있다. 남성들은 그들의 'penis' 덕분에 상징적인
질서 내부에서 권력과 통제를 열망할 수 있지만, 'penis'가 없는 여성
들은 자신의 자리를 차지할 수 없기에 페미니스트들은 라캉을 비판하
기도 한다.[16]

그런데 과연 남성의 몸은 그 자체로 온전한가. 그래서 흔히 오해되
듯이 아무런 문제가 없는가. 혹시 그들의 몸도 여성의 몸처럼 상처받
거나 억압받는 것은 아닌가. 오히려 모든 것의 기준이 된다는 바로
그 사실 때문에 남성의 몸도 탐구의 대상이 되지 못한 것이 아닌가.[17]
전경린의 소설 「남자의 기원」[18]에서는 이런 의문을 제기하면서 그 답
을 구하고 있다. 여성들이 성적인 대상이 됨으로써 남성의 지배를 받
는다면 남성들은 거세 콤플렉스에 시달림으로써 스스로 억압받는다.
그리고 이렇게 거세를 두려워한다는 점에서 남성의 몸도 자유롭지 못
함을 알 수 있다. 메두사처럼 강한 여성은 '이빨 달린 질(膣)'로 자신

---

16) 엘리자베트 바댕테, 최석 옮김, 『XY, 남성의 본질에 대하여』(민맥, 1993), 214~
    215쪽 참조. Margaret Homans, *Bearing the Word*(Chicago and London : The
    University of Chicago Press, 1988), 6~9쪽 참조.
17) 피터 부룩스, 이봉지·한애경 옮김, 『육체와 예술』(문학과 지성사, 2000), 49쪽
    참조.
18) 전경린, 『염소를 모는 여자』(문학동네, 1996).

을 물어 죽일 것 같아 두려움을 느끼게 하고,[19] 부드러운 여성은 어머니의 따뜻했던 자궁에 대한 그리움을 불러일으킴으로써 자신을 나약하게 만든다. 때문에 여성의 몸이 주는 공포나 위안 모두 거세를 불러올 수 있다는 점에서 남성들의 적이 된다.

이런 남성들의 두려움이 여성을 마리아적인 여성과 이브적인 여성으로 대립시키면서 거기에 순수/관능, 천사/마녀, 성녀/악녀의 이분법적인 경직성[20]을 부여한다. 마리아적인 여성은 순수, 천사, 성녀의 축으로 연결되면서 순종, 의무, 희생, 순수성 등의 의미를 형성한다. 반면 이브적인 여성은 관능, 마녀, 악녀의 축으로 연결되면서 반항, 권리, 독립, 관능성 등의 의미를 형성한다. 이러한 이분법적 대립에 의한 여성의 분리가 사실은 교묘한 여성 억압의 기제일 수 있다. 여성은 마리아이기도 하고 이브이기도 한 존재이지 마리아 아니면 이브이어야 하는 존재는 아니기 때문이다.

전경린이 보기에 이처럼 여성들을 이분법적으로 나누는 남성들은 연어와 비슷하다. 때가 되면 모천으로 회귀하는 연어들처럼 남성들도 자신이 태어난 곳인 어머니의 자궁 속으로 다시 들어가려는 모성 회귀 본능이 있기 때문이다. 이브가 아닌 마리아 같은 여성에 대한 남성들의 집착이나 경도가 이를 증명해 준다. 그래서 남성들은 이브에게서도 마리아를 발견하려 한다. 전경린은 남성들의 이런 모성 콤플렉스가 거세 콤플렉스와 동전의 양면을 이룬다고 본다. 따뜻하고 부드러운 어머니에 대한 추구는 아버지와의 경쟁이나 아버지의 규제라는 벽에 부딪힌다. 그때 '아버지의 법'에 대한 도전은 거세에 대한 두려움 때문에 좌절되고, 이로 인해 '어머니의 몸'에 대한 아들의 욕망

---

19) 이수연, 『메두사의 웃음』(커뮤니케이션북스, 1998) 3쪽 참조.
20) 잉에 슈테판, 「마녀 아니면 성녀?」, ≪여성과 사회≫, 제6호, 1995, 225~265쪽 참조.

도 좌절된다. 하지만 이렇게 좌절되었기 때문에 그 유예된 욕망은 더욱 간절해지고 증대된다. 그래서 전경린에 의하면 세상의 모든 아들이나 연인, 남편들은 모두 '상실한 나라', '결코 갈 수 없는 나라'를 지닌 고독한 존재가 된다.

어린 남자아이는 누구나 한때 엄마를 빙빙 돌며 자신이 다시 들어갈 수 있는 틈을 찾는 것 같다. 자신이 나와버린 천국이 엄마의 몸속에 있다는 사실을 알고 있다는 몸짓이다. 아이는 그것을 찾고 싶어 엄마의 몸을 뒤지지만 결국 찾지를 못한 채 아빠와의 싸움에서 지쳐간다. 그것은 영원히 닫혀버린 방이기 때문이다. 그리고 아이는 어느날 깨닫게 될 것이다. 자신이 자신의 여자가 아닌 다른 남자, 요컨대 자기 아버지의 여자의 몸에서 태어난 존재라는 것을. (……) 어미의 몸 안에서 누구나 한때는 고통 모르는 담수어였던 모든 아들들…….

──전경린, 「남자의 기원」

여성 화자인 '나'의 아들은 "엄마, 난 아빠야."라며 '엄마는 내 것'임을 강하게 주장한다. 심지어는 장난감 칼과 총이 생기자 호전적이 되어 아버지를 내쫓고 엄마의 침대 옆 자리를 차지함으로써 오이디푸스 콤플렉스를 전형적으로 보여준다. 남편의 첫 직장 선배인 D 또한 집요하게 '나'에게 집착한다. D는 유복자로 태어났고, 일찍 재가한 어머니 때문에 모성 결핍증을 앓고 있는 인물이다. 때문에 직접 경험해 보지 못한 따뜻한 모성에 대한 그리움으로 연어가 돌아올 때마다 전화를 걸어 '나'를 갖고 싶다고 말한다. "난 네가 너무 보고 싶고, 어찌할 바를 모르겠고, 가질 수가 없어서……"라는 D의 말은 '나'를 D의 어머니로, D를 '나'의 아들로 치환시킬 수 있게 한다. 반면 '나'의 남편은 '나'를 '전속 계약한 포주'처럼 성적으로 이용하고 관리한다. '합법적인 존재'로서 '나'에 대한 자신의 성적 권리를 정당하게 행사하려고 하기 때문이다.

이처럼 '나'를 둘러싼 남성들을 통해 남성의 공격성에 대한 의문이 해결된다. "정복자들은 마더 콤플렉스가 많았다더군."이라는 말에 나타나듯이 엄마를 좋아하는 아들은 아빠를 적으로 생각하기 때문에 아빠를 무찌르려고 한다. 더 커서 애인의 몸에 집착하는 남성은 사라진 모성 공간에 대한 대리 만족을 추구하는 것이다. 결혼한 후 아내의 몸을 소유하고 있는 남편은 이제 스스로 아버지가 되어 전리품으로 아내를 전시하려 한다. 이렇게 볼 때 남성의 공격성은 좌절된 모성 추구에 대한 보상 심리에서 연유한다고 할 수 있다. 때문에 남성들이 갖고 있는 강한 정력에 대한 부담은 바로 여성을 정복하려는 남성다움이 지니는 강박의 다른 모습이라는 것이다.[21] 그래서 그들은 "나라를 정복하듯이 한 여자를 정복하려는 사람들"이다. 전쟁을 직접 일으키지 못할 상황이면 그 흉내라도 내야 하는 사람들이다. 때문에 남성 또한 상처 입은 존재들인 셈이다.

남성의 이런 공격적인 성향에서 벗어나 있는 특이하고 예외적인 경우가 이 소설 속에서는 바로 남편의 친구이자 나의 선배인 정해형이다. 똑같이 모성의 결핍을 경험했어도 정해형은 "남자로서 핵심적인 한 부분" 즉 "상대를 덮칠 듯한 폭풍"이 결핍되어 있는 남성이다. 그래서 그에게는 공격성이 없다. 그는 D나 남편처럼 강간하듯이 여성의 몸을 탐하지 않는다. 그러나 이처럼 부드럽고 섬세한 남성은 호모로 오인되거나 호모가 되기 쉬운 것이 남성의 비공격성을 인정하지 않는 현실의 모습이다.

물론 전경린은 남성들의 이런 가학적 공격성을 유지시켜주는 것이

---

21) 장필화, 『여성/몸/성』(또 하나의 문화, 1999) 117쪽 참조.

바로 "포장된 선물처럼 열리기를 기다릴 뿐"인 여성들의 피학증과 수동성이라는 지적도 빼놓지 않는다. 그래서 남성들로 하여금 강간을 저지르는 것처럼 억지로 밀어붙이게 하면서 공격성을 부추긴다는 것이다. 그래서 '나'는 D와의 성적 위반을 통해 자신만만함이나 성취감을 맛보려던 계획을 수정한다. D에게 여성을 '정복'할 기회를 주지 않으려 하기 때문이다.

이렇게 볼 때 남성에게 있어 여성의 몸은 플라톤의 '이데아'와 유사하다고 할 수 있다. 여성의 몸은 깊은 동굴처럼 아무도 그 속을 알 수 없다. 그림자만 볼 수 있을 뿐 그 실체를 확인할 수도 없고, 거기에 도달할 수도 없다. 그리고 그곳에 대해 알려고 하면 할수록 더 멀어지고 더 모호해진다. 남성과 근본적으로 다르고, 남성에게 원천적으로 봉쇄되었다. 그러나 그림자처럼 남성들을 따라다닌다. 그런 점에서 여성(어머니)의 자궁과 동굴은 동위태라고 할 수 있다.[22] 여기서 자궁으로의 회귀를 추구할수록 자궁에 대한 욕망이 더 커질 수밖에 없는 남성들의 육체적인 딜레마를 확인하게 된다.

'남자의 기원'은 어머니라는 여성의 몸속이다. 그러나 그 몸은 전유(專有)할 수 없고, 머무를 수 없으며, 되돌아갈 수 없는 공간이다. 여기에 결핍된 몸, 채워지지 않는 몸, 분리된 몸, 고립된 몸으로 존재하는 남성의 태생적 비극이 있다. 이런 결핍, 부재, 분리, 고립을 극복하기 위한 모성 회귀 본능이 오이디푸스 콤플렉스[23]를 부르고, 오이디푸스 콤플렉스는 거세 콤플렉스를 부른다. 이런 거세의 위협으로부터

---

22) 태혜숙, 「몸의 정치, 성차의 윤리 ─ 뤼스 이리가라이」, 《여/성이론》, 1999년 겨울호, 232쪽 참조.

23) 이때의 오이디푸스 콤플렉스는 더 이상 아버지와 어머니와 자식의 실제적 상황을 나타내는 정적인 신화가 아니라 한 개인이 자신의 욕망과 관련하여 어느 자리에 위치하는가라는 문제와 관련되는 하나의 유동적 구조가 된다. 피터 브룩스, 앞의 책, 44쪽 참조.

자신의 몸을 보호하기 위해 남성들은 여성의 몸을 억압한다. 오이디
푸스 콤플렉스에서 벗어나는 길은 거세될 가능성을 인정하는 것, 즉
여성은 거세되었다는 사실을 인정하는 것이다.[24] 남성들은 자신이 거
세당하지 않기 위해서나 거세당할지도 모르기 때문에 오히려 여성의
몸을 훼손시킨다. 두렵기 때문에 두려운 존재가 되려는 것이다. 그러
면서도 여성의 몸을 전유하지는 못하기에 남성의 몸 또한 슬프고 아
프다.

아마조네스의 유방, 몸의 저항

"세상의 남성은 딸에게 바라지 않는 것은 아내에게서도 바라지 말
아야 한다." 이런 말을 할 수 있는 남성이 바라보는 여성의 몸은 어
떨 것인가. 남성과 여성뿐만 아니라, 아들과 딸뿐만 아니라, 아내와
딸을 차별하지 않는 페미니스트 남성에게 남아 선호나 남존여비, 간
음은 남성 중심적이거나 남성 우월적인 권력의 행사와 다름없다. 그
래서 그런 남성은 상대방이 '단지 여자라는 이유만으로' 함부로 여성
의 몸에 낙인을 찍지 않는다. 여성의 몸은 '또 다른 나'의 몸일 수도
있기 때문이다.

이윤기의 「진홍글씨」[25]에서 'A'는 '간음(Adultery)'의 'A'가 아니라
'아마존(Amazon)'의 'A'이다. 아마존은 고대 여인국(女人國)의 여전사
를 의미한다. 그런데 어원적으로 보았을 때 아마존은 '젖이 없는 여인
들, 무(a) 유방(mamos) 여인들'이다. 원래부터 없는 것이 아니라 활을
쏠 때 시위에 걸린다고 오른쪽 유방만 잘랐기 때문이다. 이윤기는 이

---

24) 조셉 브리스토우, 이연정·공선희 옮김, 『섹슈얼리티』(한나래, 2000), 111쪽 참조.
25) 이윤기, 『두물머리』(민음사, 2000).

이야기 속에 심층적인 상징이나 의미가 있다고 본다. 그래서 왜 그녀들이 스스로 자수형(刺繡刑)이나 자자형(刺字刑)을 받으려 했는지, 왜 오른쪽 유방이 없는 여자로 살 수밖에 없었는지 문제 삼고 있다.

여성만이 소유하고 있는 신체 일부인 유방은 여성의 몸이 지니는 생산적인 분출성과 아이에게 제공할 모유로 대표되는 모성성을 담고 있는 상징적인 젠더 공간이다. 그런데 이처럼 모유가 고여야 하고, 고이면 넘쳐야 할 유방이 훼손된다면 현실적 조건과 부딪히는 억압의 공간으로 변한다. 이윤기는 이처럼 변화된 유방의 의미를 통해 현실을 느끼게 하고, 거기에 반응하게 한다.

자발적으로 아마존이 된 이 소설 속의 여주인공 '나'는 남녀 동권주의에 관한 한 다른 남성들보다 앞서가던 남편과의 사이에서 딸만 둘을 둔 여성이다. '나'의 남편은 '돌연변이'로 불릴 정도로 남녀평등에 대해 진보적인 생각을 가지고 있다. 그래서 아들 없이 딸만 둔 자기 가족이 받는 처가로부터의 불평등한 대우에 분노하기도 하고, 제사나 가사에서의 여성들의 고충도 잘 이해해 준다. 그리고 두 딸도 끔찍하게 사랑하는 믿음직한 남편이다.

그러나 "지진 다발 지역에 선 내진 설계가 잘된 구조물"이라고 자부했던 남편이 뒤늦은 단독 유학 생활 중에 일본 여자와 외도를 저지른다. 이런 외도의 배후에는 민주적이고 평등주의자인 남성일지라도 '수컷'이 지닌 '관성'을 극복하기는 어렵다는 인식이 깔려 있다. 대를 이을 아들을 보고 싶다는 가부장적 욕구가 남편의 외도의 중요한 동기로 작용했기 때문이다.

이윤기는 이런 남성 중심적 사회에 반기를 들기 위해 아마존의 의미를 재해석한다. 그가 보기에 유방은 "수유(授乳)하는 기관인 동시에 그 수유의 원인 제공 노릇을 감당하는 작은 성기"이기도 하다. 이처럼 모순되는 의미를 모두 가지고 있지만 '나'와 같은 지금의 여성들에게 필요한 것은 남성에게 애프터서비스를 제공하기 위한 '마마플라스티[乳房整形手術]'가 아니라 아마존이 되기 위한 '마스텍터미[乳房切除手術]'이다.

　　아마존의 오른쪽 젖 자르기는 병원의 무영등(無影燈) 아래서 벌어지는 현대의 '마스텍터미[乳房切除手術]'가 아니다. 그것은 모성을 부분적으로 포기하는 한이 있더라도 남성의 노예 노릇만은 거절하겠다는 피눈물나는 선택의 산물이 아닐 것인가. 나날이 확산되어 가던 가부장(家父長) 사회에 대한 모권 사회의 마지막 저항의 처절한 몸무림은 아니었을까.

——이윤기, 「진홍글씨」

아마존은 대개 남자를 붙잡아 씨를 받고 죽여버린다. 그리고 여자아이가 태어나면 그냥 기르지만 사내아이가 태어나면 죽여버리거나 불구로 만들어버린다는, 그도 아니면 바깥 세상에 내다버린다는 잔인한 '무인 족속(武人 族屬)'들이라고 알려졌다. 그러나 그런 평가는 남성 중심적인 '히스토리안(historian)' 즉 남성 역사가들이 의한 편견과 왜곡일 뿐이다. 만약 여성적 시각을 지닌 '허스토리안(herstorian)'들이 본다면 아마존은 모성의 완전한 포기가 아닌 부분적 희생을 통해서라도 남성의 예속으로부터 벗어나겠다는 처절한 의지와 투지의 상징이라고 할 수 있다. 약탈과 사냥을 위한 유방 절제가 아니라 모성의 포기를 통한 더 큰 자아의 획득을 추구한다는 것이다.

　　이렇게 볼 때 아마존의 복수형인 아마조네스의 잘린 오른쪽 유방들은 저항하는 여성의 몸을 상징한다고 할 수 있다. 남성의 성적 대상이 되는 '아름다운' 유방이나 인위적으로 '만들어진' 유방이 아니라 '일그러진' 유방이나 '있는 그대로'의 유방을 통해 자기 몸의 주인이 되려는 여성의 몸짓을 보여주기 때문이다. '정형(整形)'이 아닌 '절제(切除)'를 통해 두려움이 없는 자유인으로 살아가면서 수유로 대표되는 유방의 신화에 도전하는 것이다. 이를 통해 여성의 몸에 부여된 특권을 누리기보다는 그것이 해야 할 저항에 충실하려는 실존적 결단을 보여준다고 할 수 있다.

모성 이데올로기는 여성의 위치는 가정이며 여성의 임무는 가족 구성원을 돌보고 이들에게 정서적 안정을 제공하는 것이라는 사회적 통념[26]을 의미하는데, 이러한 통념이 헌신과 희생 뒤에 오는 여성의 자아 상실 현상을 간과하게 한다. 그러한 모순을 인식한 여성들은 어머니로서의 역할에 회의를 느끼면서 갈등을 일으킨다.[27] 모성애는 철저하게 비이기적이고 마땅히 비이기적이어야 한다는 검토되지 않은 학설 때문에 여성들 스스로 징역살이를 하기도 한다는 것이다.[28]

물론 긍정적인 모성이 나타나는 여성 소설들을 통해 알 수 있듯이 여성은 어머니일 때 큰 힘을 발휘할 수 있다. 그러나 어머니도 어머니이기 전에 인간이고 여성이기에 그런 일방적이고 맹목적이며 희생적인 관계에 회의를 품을 수 있다. 특히 모성성이 사랑의 성취나 자아 발전처럼 중요한 정체성의 문제와 부딪힐 때 문제는 더욱 심각해

---

26) 이연정, 「모성론에 관한 비판적 고찰」, 서울대학교 사회학과 석사학위논문, 1984, 42쪽 참조.

27) 가부장제가 그 자체를 영속시키기 위해서는 자식들이 필요하기 때문에, 그리고 자식들의 근본적인 원천은 여성이므로 모성은 본질적인 여성다움의 궁극적인 운명으로 구축되어진 것이다. 이것은 여성의 가정에 대한 종속에 협력하는 다른 억압적인 신화들과 결합하는데, 이것을 샤롯트 퍼킨스 길먼(Charlotte Perkins Gilman)은 '카이저의 4K' ― 요리(Kuchen), 육아(Kinder), 교회(Kirche), 의복(Kleider) ― 라고 이름 붙였다.
   K. K. 루스벤, 김경수 옮김, 『페미니스트 문학비평』(문학과비평사, 1989), 104쪽 참조.

28) 아드리엔느 리치, 김인성 옮김, 『더 이상 어머니는 없다』(평민사, 1995), 21쪽 참조.

진다. 기존의 관습 체계에서는 모성 거부를 악(惡)이나 타락, 비윤리적인 것으로 간주한다. 그러나 여성들에게만 희생적인 모성을 일방적으로 강조하는 것도 억압 이데올로기일 수 있다.[29] 이윤기는 스스로 자른 한쪽 유방을 지닌 아마조네스들을 통해 이런 억압적인 모성을 문제 삼고 있다.

여성의 몸, 남성의 몸

여성의 몸은 여성 경험의 가장 문학적인 토대이자 그에 대한 은유이다.[30] 몸을 통해 세계와 접촉한다면 몸은 지울 수 없는 진실이 되며, 이해해야 할 비밀스런 지식의 저장소이자 세계와 만나는 접점이 된다. 몸 자체가 탐구의 능력을 갖기 때문이다. 여성이 몸을 지닌 존재라는 것은 그들이 미완성의 존재이며 세계를 향해서 열려 있고, 몸을 매개로 타인과 주변 세계와의 상호관계의 장(場)을 연다는 의미이다.[31]

그런데 세상은 여성의 몸을 그대로 내버려두지 않는다. 어떤 것을 강요하거나 배제시킨다. 덧붙이거나 없애버린다. 그래서 여성들의 몸은 훼손된다. 여성들은 없던 다리가 생김으로써 성적인 대상이 된다.

---

29) Susan Rubin Suleiman, "Writing and Motherhood", (ed) Shirley Nelson Garner, Claire Kahane, Madelon Sprengnether, *The (M)other Tongue*(London : Cornell UP, 1985), 352~377쪽 참조.
30) 헬레나 미키, 김경수 옮김, 『페미니스트 시학』(고려원, 1992), 189쪽 참조.
31) C. A. 반퍼슨, 손봉호, 강영안 옮김, 『몸·영혼·정신』(서광사, 1985), 28쪽, 134쪽 참조.
    물체로서의 몸과 체험된 몸을 구별해야 한다. 물체로서의 몸은 밖에서 본 육체성이다. 그러나 체험된 몸은 본질적인 육체성을 나타내면서 정신적인 것과 분리되지 않고서 '나'의 체험과 관련되는 것이다. 때문에 3인칭이 아닌 1인칭의 입장에서 몸을 보는 것이라고 할 수 있다.

그럴 때 잃어버리는 것은 자신을 찾거나 알릴 수 있는 목소리이다. 또 여성들은 자신의 오른쪽 유방을 잘라냄으로써 억압적인 모성성을 거부함과 동시에 인간성을 강화시킨다.

때문에 여성에게 몸은 순응의 최후방이자 저항의 최전방이 될 수 있다. 이런 순응의 극단에 인어공주가 있고, 저항의 극단에 아마조네스가 있다. 인어공주는 다리의 '첨가' 자체가 순응이 되는 몸을, 아마조네스는 유방의 '훼손' 자체가 저항이 되는 여성의 몸을 보여준다. 하지만 둘 다 온전한 몸이 아닌 훼손된 몸이라는 점에서 여성의 몸이 처해 있는 비정상적인 현실을 보여주고 있다. 그리고 남성의 몸 또한 여성(어머니)의 몸과의 분리를 통해 결핍을 경험한다는 점에서 그들의 몸 또한 온전하다고 할 수 없다. 이것이 바로 여성 작가가 바라본 여성의 몸(오정희, 「중국인 거리」), 여성 작가가 바라본 남성의 몸(전경린, 「남자의 기원」), 남성 작가가 바라본 여성의 몸(이윤기, 「진홍글씨」)을 통해 내릴 수 있는 '몸의 정치학'이다.

여성의 몸에 대한 이러한 논의들을 토대로 할 때 여성의 몸은 두 가지의 의미를 지닌다. 권력의 현실적인 작용점으로서의 몸과 저항의 시발점으로서의 몸이 그에 해당된다.[32] 우선 여성의 몸은 억압받는 현실의 가장 가시적인 형태일 수 있다.[33] 기존의 상상력에서 여성의 몸은 풍요로움의 상징일 수 있었다. 그런데 그러한 여성의 몸이 어떻게

---

32) 미셸 푸코, 이정우(해설), 『담론의 질서』(새길, 1993), 169쪽 참조.
　　이정우, 「미셸 푸코에 있어 신체와 권력」, ≪문화과학≫, 1993년 가을호, 93쪽 참조.
33) 장필화는 여성의 몸이 여성학의 연구 과제와 어떤 관련을 갖는지 검토하기 위하여 여성과 억압이라는 범주와 접맥시켜 보면 다음과 같은 두 가지 연구 문제를 설정할 수 있다고 본다. 1. 여성의 몸과 여성의 억압과의 관계는 무엇인가? 2. 여성의 동질성 문제에서 여성의 몸은 어떤 위치를 차지하는가?
　　장필화, 「몸에 대한 여성학적 접근」, ≪한국여성학≫, 제8집, 1992, 12쪽 참조.

변화되었는지를 통해 변화된 현실을 효과적으로 제시할 수 있다는 것이다. 이와 동시에 여성의 몸은 권력의 지배에 저항하면서 새로운 세계를 잉태하는 현실을 비판하는 역할도 담당할 수 있다. 이런 의미에서 여성의 몸은 생물학적 차원을 떠나 문화적이고 사회적인 구성물이 된다.

여성들의 몸이 처한 이런 양 극단을 대변하는 인어공주와 아마조네스 사이에는 남성들의 몸을 대변하는 오이디푸스가 있다. 그래서 인어공주의 다리와 아마조네스의 유방 사이에는 탯줄이 잘린 흉터나 상처와 다름없는 오이디푸스의 '배꼽'이 있다. 흔히 몸과 우주의 중심이라고 간주되었던 배꼽이 오이디푸스에게는 어머니의 자궁으로부터 떨어져 나올 때 끊어진 연줄인 셈이다. 이미 잘린 탯줄과 배꼽을 이을 수 없는 것처럼 다시는 어머니의 자궁 속으로 되돌아갈 수는 없다. 그래도 어머니의 몸을 포기하지 못하는 남성의 몸은 잃어버린 어머니의 자궁으로 회귀하기 위해 인어공주의 다리 사이를 침범하기도 하고, 아마조네스의 유방을 탐하기도 한다.

물론 남성의 경우에는 보다 강해지기를 요구당하고, 여성은 더욱 부드럽고 약해지기를 강요받는다. 이때 남성에게는 결핍이 문제이고, 여성에게는 훼손이 문제이다. 그래서 남성의 몸이 '채움'이나 '결합'을 추구한다면 여성의 몸은 '복원'이나 '재생산'을 추구한다. 남성의 몸은 어머니의 몸과 그대로 연결되면 끝이지만, 여성의 몸은 꿰매지거나 다시 붙여져야 한다. 그래서 더 아프고 시간도 오래 걸린다.

그럼에도 불구하고 여성의 몸은 '사이'의 시공성을 통해 이런 차이의 '지양'이 아니라 '통합'을, '대립'이 아니라 '조화'를 지향할 수 있다. '이것 아니면 저것'이라는 이분법적 대립이 아니라 '이것이기도 하고 저것이기도 한' 보완적이고도 다양한 결합을 이룰 수 있다. 여성의 몸은 남성의 몸을 만남으로써 인어공주도 되고 아마조네스도 된다. 남성의 몸 또한 인어공주 같은 여성의 몸을 만나면 공격적인 오이디푸스가 되고, 아마조네스 같은 여성의 몸을 만나면 두려움에 떠는 오이디푸스가 된다.

이렇듯 여성과 남성이 반대의 성인 것처럼 여성의 몸과 남성의 몸도 상반된다. 그러나 이 세상에 존재하는 그 무엇보다도 여성의 몸과 남성의 몸과 가장 비슷하다는 것만은 분명하다.[34] 그래서 여성과 여성 사이에 남성의 몸이 있는 것이다. 인간 사이의 성교는 동일한 성들만으로는 성립할 수 없다. 이런 이유로 여성의 몸에 가해진 '훼손'을 '해체(deconstruction)'로 바꿀 수 있다면, 그 단어가 지닌 '파괴(destruction)'와 '구성(construction)'의 합성어로서의 본분을 다하게 될 것이다.[35] 파괴됨으로써 다시 구성될 수 있는, 파괴되지 않으면 다시 구성될 수 없는 것이 바로 여성의 몸이라면 이런 저주를 축복으로 바꾸는 축제와 제의 또한 여성의 몸에서 일어날 수 있을 것이다. 인간은 '이성적' 동물이지만 이성적 '동물'이기도 하다.[36] 그렇다면 여성도 '말(言)을 하는 몸'을 지닌 인간이다. 그런 당연한 사실을 알리기 위해 여성들의 몸은 지금도 힘들게 움직이고 있다.

---

34) 토마스 라커, 이현정 옮김, 『섹스의 역사』(황금가지, 2000), 13쪽 참조.
35) 정화열, 앞의 책, 266쪽 참조.
36) 마크 존슨, 이기우 옮김, 『마음속의 몸』(한국문화사, 1992), 19쪽 참조.

다시 쓰는 소설, 덧칠하는 언어
패러디 소설에 나타난 여성 의식

패러디 소설과 겹침의 언어

패러디는 과거의 풍요로우면서도 위협적인 유산을 가진 텍스트들과 연관되는 양식으로서, 전통에 대한 창조적이고 생산적인 접근을 통해 '비평적 거리를 둔 반복'을 행하는 양식을 말한다.[1] 즉 패러디는 현재의 패러다임과 과거의 패러다임을 서로 대립시키고 그 양자에 대한 독자의 기대를 전환시켜 문학 전통과 사회 관습에 근거한 독자의 선입관을 교정함으로써 텍스트의 불확실성을 탐구하는 것이다.[2] 과거의 것을 빌려 기존의 담론에 깃든 권력을 되돌아보게 하는 반성적 양식이 바로 패러디이기 때문이다.[3] 이때 원전과 패러디 텍스트는 서로

---

1) 린다 허천, 김상구·윤여복 옮김, 『패러디이론』(문예출판사, 1992), 12~17쪽 참조.
2) 퍼트리사 워, 김상구 옮김, 『메타픽션』(열음사, 1989), 93쪽 참조.
3) 권택영, 「패러디, 패스티쉬, 그리고 독창성」, ≪현대시사상≫, 1992년 겨울호, 178쪽 참조.

대화적 관계를 형성하게 된다.

그런데 이런 대화 관계에서 원전이 남성 작가의 작품이고, 패러디 텍스트가 여성 작가의 작품일 때는 남성과 여성이라는 대립항이 그런 대화성을 더욱 증폭시킨다고 할 수 있다. 여성 작가의 패러디 소설은 초맥락화(transcontextualize)나 재맥락화(recontextualize)를 통해 남성 작가의 작품을 창조적으로 오독(誤讀)하거나 변형시킨다. 이를 통해 본래의 의미나 가치를 변화시킴으로써 남성 언어에 대해 반기를 드는 것이다. 때문에 새로운 여성적 시각을 확보하거나 기존의 남성 작가들의 작품을 낯설게 만듦으로써 억눌려 왔던 여성의 목소리를 복원해 내는 데에 패러디가 일조할 수 있게 된다. 남성 작가의 목소리에 대해 비판적 거리를 가지면서 다르게 반복하는 것이 바로 여성 패러디 소설인 것이다.

따라서 이런 여성 패러디 소설의 언어는 남성 언어를 그대로 되비추는 '거울(mirror)'이 아니라 볼록한 표면으로 대상을 왜곡, 분열, 수정시키는 '반사경(speculum)의 언어'에 해당한다고 할 수 있다.[4] 그리고 기존 텍스트의 토대를 뚫고 들어가 그 논리를 와해시키거나 훼손시키면서 자신의 터널을 파는 '두더지의 언어'와도 가깝게 된다.[5] 또한 이런 반사경과 두더지의 언어를 사용하면서 기존의 문학적 관습을 거부하고 문체의 혼란을 야기시키는 패러디적 위반은 '위장의 언어'이자 '가면의 언어'가 중심이 될 수밖에 없을 것이다.[6]

이러한 언어를 사용해 여성 작가들이 쓴 패러디 소설 중에서 이남희의 「허생의 처」[7]와 은희경의 「빈처」,[8] 김연경의 「다시 쓰는 '날개'」[9]

---

4) Luce Irigaray(1974), (trans) Gillian C. Gill, *The Speculum of the Other Woman*(New York : Cornell Univ. Press, Ithaca, 1985) 143쪽, 팸 모리스, 강희원 옮김, 『문학과 페미니즘』(문예출판사, 1997), 215쪽에서 재인용.
5) 팸 모리스, 같은 책, 207쪽, 230쪽 참조.
6) 정끝별, 『패러디시학』(문학세계사, 1997), 45~46쪽 참조.

의 공통점은 (1)여성 작가들의 소설이기에 의식적 혹은 무의식적 차원에서 직접적이거나 간접적으로 여성 의식을 문제 삼을 수 있다는 점, (2)남성 작가들이 쓴 원전을 패러디해서 '과거의 현재화'가 이루어지고 있다는 점, (3)액자 소설의 형식을 취함으로써 원전과 패러디 텍스트, 허구와 현실, 남성과 여성 간의 경계를 문제 삼는다는 점, (4)남녀 간의 문제를 부부 관계를 중심으로 풀어간다는 점 등을 들 수 있다. 이런 공통점을 지니고 있기에 이 소설들은 남성 작가들의 텍스트와 긴장 관계를 형성하면서 여성 정체성을 살펴볼 수 있게 한다. 자신의 의도나 목적에 따라 원전에 이질적인 요소들을 도입함으로써 두 텍스트 간의 차이나 변화를 문제 삼게 만들기 때문이다. 따라서 여성 패러디 소설을 통해 독자들은 남성 작가들의 원전이 지니고 있는 자명한 진리를 의심하면서 그 위에 자신의 목소리를 겹쳐 서술하는 여성 의식을 확인하게 된다. 바로 이 때문에 여성과 패러디스트 사이에 의미 있는 만남이 가능해진다.

단성적 언어와 남성성

이남희는 「허생의 처」에서 연암 박지원이 쓴 '허생 이야기'[10]를 허생 처의 입장에서 재구성함으로써 당시에는 불가능했던 목소리를 전면에 내세운다. 이처럼 이남희가 원전을 패러디하는 목적은 허생이 선비나 양반으로서 지닌 허위의식을 조롱하거나 비판함으로써 그 어

---

7) 이남희, 『지붕과 하늘』(문예출판사, 1989).

8) 은희경, 『타인에게 말걸기』(문학동네, 1996).

9) 김연경, 『고양이의, 고양이에 의한, 고양이를 위한 소설』(문학과 지성사, 1997).

10) 박지원의 『열하일기』 중 '옥갑야화(玉匣夜話)' 부분에 삽입된 이야기.

리석음과 악을 치유하려는 것이다. 이남희는 풍자적 거리를 확보함으로써 독자들로 하여금 현재의 현실에 대해 비판적 시각을 갖도록 종용한다.[11] 풍자 자체가 지닌 치료하고 처벌하는 힘[12]에 긍정적인 미래를 건설하고 싶다는 여성의 욕망을 겹쳐 보여줌으로써 남성 중심적 세계의 위선, 자만, 자신감에 찬 우행, 합리화, 허영을 폭로하려는 것이다. 이런 언어를 통해 독자들은 현실과 이상의 차이를 날카롭게 인식하게 된다.[13]

　물론 연암의 '허생 이야기'와 그것을 패러디한 이남희의 「허생의 처」는, (1)단 한 번뿐이었음에도 불구하고 처가 불평을 한다고 허생이 분연히 집을 나갔다는 점(허생의 처가 불평하는 부분의 대화가 거의 그대로 이남희의 소설 속에 다시 등장한다.), (2)변부자에게 만금을 꾸어 간 후 5년 만에 십만금을 벌어와 돌려준 점, (3)벼슬 제의를 받았으나 그것을 거절했다는 점 등이 공통적으로 드러난다. 특히 이남희가 패러디 소설에서 액자로 삼은 '허생 이야기'는 원전에 실린 '許生後識 其二'의 내용을 거의 그대로 가져온 것이다. 그 후지의 내용은 허생과 그의 이야기를 전한 윤영 혹은 신색의 정체에 대한 이야기이다. 이남희는 이런 액자 이야기를 내용 자체의 황당성이나 허구성에 진실성이나 신뢰감을 부여하기 위한 구체적인 논거로써 사용하고 있다.

　그런데 원래 연암의 '허생 이야기'는 허생이 변부자의 돈 만 냥을 가지고 여러 가지로 재물을 시험해 본 이야기와 이완 대장이 제시한 벼슬을 물리치면서 제시한 현실 타개책이 중심 내용이다. 이를 통해

---

11) 이순옥, 「풍자와 패러디」, 김준오(편), 『한국 현대시와 패러디』(현대미학사, 1996), 191쪽, 205쪽 참조.
12) 아서 폴라르, 송낙헌 옮김, 『풍자』(서울대학교출판부, 1979), 6쪽 참조.
13) Nancy A. Walker, *Feminist Alternatives : Irony and Fantasy in the Contemporary Novel by Women*(Jackson & London : UP of Mississippi, 1990), 4~8쪽 참조.

연암은 '실사(實事)'나 '경세제민(經世濟民)'의 역량을 갖춘 이상적 선비상을 창조해 내고 있다. 봉건적 이상과 현실 사이의 괴리를 문제 삼으면서 새로운 인간 유형을 통한 사회 변혁을 구체화시킨 것이다.

하지만 이남희는 재물이 도(道)를 망친다거나 장사치와 선비는 근본이 다르다는 생각을 포기하지 못하는 연암의 한계점을 극대화시킨다. 원전에서 허생이 변부자에게 "돈 만 냥이 어떻게 도(道)를 살찌게 할 수 있겠소."라거나 "당신은 어찌 나를 장사치로 여기는 거요?"라고 말함으로써 양반층의 상업 천시 풍조를 철저하게 극복하지 못한 점을 남성이나 가장, 남편의 입장에서 재평가한 것이다. 이것이 바로 이남희가 허생 이야기를 패러디한 목적이라고 할 수 있다.

때문에 이남희는 '허생 이야기'의 후지에서 허생 이야기를 전해 주는 기인의 "허생의 아내 말씀이요, 참 가엾더군. 그러고도 그 여잔 여전히 굶주렸던 거요."라는 말에 강조점을 둠으로써 원전과 갈라서고 있다. 이 부분을 중심으로 이야기를 끌어나감으로써 액자 이후에 이어질 내부 이야기가 허생 이야기가 아니라 허생 처의 이야기라는 점, 그리고 그녀에 대해 동정적이고 동일화된 시점에서 이야기하리라는 점을 암시하고 있다.

시점이 바뀐 내부 이야기에서의 1인칭 '나'는 허생 처이다. 이남희는 1인칭 주인공으로 허생 처를 내세워 허생의 삶 속에 가리워져 있던 그녀의 삶을 밖으로 끌어낸다. 여성으로서의 삶에 대한 허생 처의 자각은 병자호란으로 인해 수모를 당하게 되자 자결한 어머니의 삶과 욕을 당했어도 살아남아 자식을 돌본 서모의 삶을 대비하는 데서 시작된다. 정절 이데올로기가 현실적인 삶의 원리보다 중요한지에 대해 의문을 제시하는 것이다. 이런 회의는 실속 없이 '선비 타령'을 하고 있는 남편에 대한 비판으로 발전한다. "할 줄 아는 거라곤 배고픈 것 참고 위세 떠는 거하고 책 읽는" 것밖에 없는, 그리고 항상 '용(用)'을 말하면서도 과거나 벼슬자리를 마다하고 ‘신선놀음’만 하는 남편의 무능력과 이상주의를 부정하는 것이다. 심지어 백중날 절에 갔다가 변을 당해 임신을 하게 된 상황이 더욱더 여성으로서 허생 처의 삶을 위태롭게 한다. 그래서 그녀는 그런 자신의 삶을 팔자로 여기는 숙명론적 태도와, 남편과 절연하고 보다 나은 세상을 위해 실천적 행동을 행하는 적극적 태도 사이에서 심각하게 갈등한다. 그런 갈등 후에 허생 처는 소설의 끝부분으로 가면서 “사람이 살고 자식을 낳고 그 자식들을 보다 좋은 세상에서 살게 하려는” 이치를 위해 살겠다는 자기 선언을 한다.

인륜? 예의? 염치? 그게 무엇이지요? 하루 종일 무릎이 시도록 웅크리고 앉아 바느질하는 게 인륜입니까? 남편이야 무슨 짓을 하든 서속이라도 꾸어다 조석 봉양을 하고, 그것도 부족해 술 친구 대접까지 해야 그게 예의라는 말입니까? 하루에도 열두 번도 더 청소하고 빨래하고 설거지하는 게 염치를 아는 겁니까? 아무리 굶주려도 끽 소리도 못하고 눈이 짓무르도록 바느질하고 그러다 아무 쓸모 없는 노파가 되어 죽는 게 인륜이라는 거지요? 난 터무니없는 짓 않겠습니다. 분명 하늘이 사람을 내실 때 행복하게 살며 번성하라고 내셨지, 어찌 누구는 밤낮 서럽게 기다리고 굶주리다 자식도 없이 죽어버리라고 하셨는가 말예요.

——이남희, 「허생의 처」

이런 허생 처의 직접적인 목소리는 그동안 무시되었거나 억압되었던 여성의 목소리를 풀어놓아 기존의 가부장적 이데올로기의 권력을 해부한다는 측면에서 의의가 크다. 황무지나 주변부에 존재하면서 ‘침묵’이나 ‘비가시성’으로 규정되어 왔던 여성의 목소리를 복원해 냄으로써 '말하는 주체(speaking subject)'로서의 여성을 더욱 부각시키는 것이다. 이런 과정을 통해 기존의 남성 언어를 의심하고 뒤집어보게 한다는 점에서 이때의 언어는 도발적이거나 반항적인 언어가 된다. '타인의 목소리에 의존하지 않는, 남성 중심의 가부장 이데올로기에 의한 지배를 벗어난 각성의 목소리'[14]에 해당하는 것이 바로 허생 처의 언어이다.

그런데 중요한 것은 이남희의 소설에서 허생 처는 원전에서 허생이 변부자나 이완대장에게 통상(通商)이나 정치에 대해 연설하는 것과 똑같이 일방적이고 교조적인 목소리로 허생에게 이야기한다는 점이다. 허생에서 허생 처로 주체만 바뀌었을 뿐 그 어조나 위치에는 변화가 없다. 그래서 청자와의 갈등이나 긴장을 형성하지 못한 채 일방통행적이고 웅변적인 단성적(單聲的) 목소리만 들린다는 것이다. '체험'의 차원이 아닌 '구호'나 '주장'의 차원에 머무를 위험성도 이때 발생한다.

이런 단성적 목소리를 지닌 이남희 소설의 여성 화자는 남성 언어를 포섭하여 자신의 목소리 안에 가둔다. 그래서 허생의 언어는 통제되면서 제 힘을 발휘하지 못하고 있다. 자신의 의도만을 직접적으로 표현함으로써 타자와의 상호 작용이나 침투가 차단되고, 의심의 여지나 반박의 가능성이 전혀 없게 된다.[15] 이런 여성 화자의 단성적 목소리에 의해 여성의 입장이나 작가의 의도만이 지나치게 강조됨으로써 허생 처와 허생은 동등한 관계를 맺지 못하며, 허생 처 또한 작가 이남희의 단일한 의식이나 목소리를 전달하는 수동적 매개체에 머물게 된다.[16]

결국 이남희의 단성적인 목소리가 갖게 되는 맹점은 페미니즘 자체

---

14) 박혜주, 「글읽기와 글쓰기 ── 다시 쓰는 '허생전'」, 김현실 외, 『한국패러디 소설연구』(국학자료원, 1996), 256쪽 참조.
15) 미하일 바흐찐, 전승희·서경희·박유미 옮김, 『장편 소설과 민중언어』(창작과비평사, 1988), 94~97쪽 참조.
16) 김욱동, 『대화적 상상력』(문학과 지성사, 1988), 165쪽 참조.

를 '인간'이 아닌 '여성'의 문학으로 만들어버림으로써 그 입지점을 좁게 만든다는 것이다. 그 자체가 남성에서 여성으로 그 주체만 바뀐 '전복된 성차별주의(inverted sexism)'의 소산일 수 있기 때문이다. 이 남희는 주체적인 언어로 여성의 고통에 대해 이야기하고 있지만, 남성과 여성이라는 이항 대립적인 범주들을 여전히 강조하고 있다. 지금까지 페미니스트들이 남성 언어를 자기만족적이고 득의만만하며 모든 것을 다 알고 있는 듯한 전지적인 언어라고 비판했으면서 그런 남성 언어와 닮은 언어를 그대로 사용한 격이 되어버린 것이다.[17]

이렇게 볼 때 이 소설은 여성을 억압하는 적대적인 존재로서의 허생을 그림으로써 남성을 배제시킨 '여성만을 위한 문학'에 더 가까워졌다. 이런 당파적 시각으로서의 여성 문학은 대부분의 작품들이 여성 문제를 '여성=피해자, 남성=가해자'라는 피상적이고 도식적인 대립 구도의 차원에서 접근해 왔다거나, 남성 지배적인 사회 속에서 여성이 겪는 피해 의식이나 사회적 불이익의 부당성을 지극히 감정적이고 원론적인 측면에서 표출해 왔다는 사실을 상기시켜 준다.[18] 그러나 여성 해방의 목표가 남성과 동등한 위치에 있는 여성을 통한 인간 해방이라는 점을 생각할 때[19] 남성과 여성을 극단적인 대립 관계에서 파악하거나 여성들의 피해의식만을 강조하는 것은 여성 문학의 본질을 축소시킬 위험이 있다.

---

17) 조세핀 도노반, 「페미니스트 문체비평」, 김열규 외(편역), 『페미니즘과 문학』(문예출판사, 1988), 95쪽 참조.
18) 클라우스 미하엘 보그달(편저), 문학이론 연구회 옮김, 『새로운 문학 이론의 흐름』(문학과 지성사, 1994), 279~290쪽 참조.
19) 여성 해방론은 여성의 경험이나 여성이 처한 상황 혹은 여성의 신분과 같이 주로 여성에 관한 것을 다루지만, 바로 그러한 점에서 여성 해방론은 기본적으로 남성에 관한 학문이자 사회 변동에 관한 학문이다.
　헤스터 아이젠슈타인, 한정자 옮김, 『현대여성해방사상』(이화여자대학교출판부, 1989), 21~22쪽 참조.

이중적 언어와 양성성

현진건의 「빈처」는 경제력이 없는 남성 문학가가 예술인이나 지식인으로서 느끼는 자괴심과 자신의 아내가 겪는 경제적 궁핍을 1인칭 서술로 전하는 작품이다. 그런데 이 작품에서 여러 가지 현실적인 어려움에도 불구하고 그들 부부가 화해로운 관계를 유지하는 것은 주로 아내의 맹목적인 희생이나 사랑 때문이다. 아내는 '예술가의 처'로서 고매한 영혼을 지녀야 한다는 생각에 물질적인 가난을 정신적인 만족으로 극복하려 한다. 이처럼 "없으면 없는 대로 살아도 의좋게 지내는 것이 행복이야요.'라는 생각에 남편을 믿고 따르는 아내의 모습은 전형적으로 남성의 입장에서 본 이상적인 여성상이라 할 수 있다. 때문에 남성 화자인 '나'가 그런 아내를 자신에게 '위안을 주고 원조를 주는 천사'로 여기는 것은 당연하다.

은희경은 이런 현진건의 작품을 패러디한 「빈처」에서 원전처럼 남성 화자를 1인칭으로 내세우지만 남성 중심적인 시각에서 벗어나 보다 중립적인 입장에서 아내의 내면까지 문제 삼고 있다. 그래서 경제적으로 가난한 빈처가 아닌 마음이 가난하고 사랑이 고픈 빈처를 창조해 낸다. 물질적인 결핍이 아니라 심리적인 억압이나 정서 장애의 문제를 다루는 것이다.

여기서 은희경의 작가 의식은 앞에서 다룬 이남희와도 다르다. 이남희가 제도적인 입장에서 정절 이데올로기나 현모양처 이데올로기를 문제 삼았다면, 은희경은 심리적이고 본성적인 차원에서 발생하는 일상성을 문제 삼기 때문이다. 따라서 은희경의 소설은 현진건의 「빈처」에서 제목을 따오고 갈등에서 화해에 이르는 부부간의 관계를 가져오지만 서술 방식이나 구체적인 내용에 있어서 상당한 차이를 보여준다. 은희경은 균형 감각이나 확대된 시야를 통해 넋두리나 투정이 아닌 냉정한 관찰이나 절제력을 보여줌으로써 여성적인 피해 의식이나 특권 의식 모두를 거부하면서 동일한 인간으로 대우받는 평등성을 강조하고 있다.

이런 이유로 은희경은 삶의 이면을 엿보거나 허위를 벗기게 해주면서 상이한 가치나 목소리를 동시에 보여주는 언어를 사용하려 한다. 즉 은희경은 흔히 여성 소설에서 채택하는 1인칭 여성 주인공 시점이 지닌 주관성이나 몰아적 태도를 견제하려는 문학적 장치로 1인칭 남성 관찰자 시점을 선택한다. 다른 여성 작가들에 비해 은희경의 여성 문제에 대한 시각이 공격성과 수동성의 양 극단에서 벗어나 균형 감각과 적절한 거리를 확보하는 것도 이 때문이라고 할 수 있다. 은희경은 이런 중립적 태도를 성취하기 위해 시치미를 떼면서 말하는 것과 생각하는 것 사이의 거리를 강조하는 아이러니의 언어[20]를 주로 사용한다. 이것을 이야기하면서 저것을 이야기하는 것, 직설법으로 가능한 것보다도 더욱 광범위하고 풍부한 의미를 표현하는 것, 지나치게 단순하거나 독단적이 되기를 피하는 것[21]에 기여하는 아이러니의 언어를 통해 남성과 여성의 입장을 동시에 고려하는 것이 은희경의 서술 전략이다.

먼저 은희경은 「빈처」에서 남편인 '나'의 서술에 아내의 일기를 삽입시킴으로써 '이야기 속의 이야기'를 구성하고 있으니 이 소설을 액자 소설로도 볼 수 있다. 이때 액자에 해당하는 것이 남편의 이야기이고, 내부 이야기에 해당하는 것이 일기를 통해 중개되는 아내의 이야기이다. 때문에 아내는 남편을 중심으로 하는 액자 이야기에서는 3인칭으로 존재하지만, 내부 이야기인 자신의 일기 속에서는 1인칭으로

---

20) D. C. 뮈케, 문상득 옮김, 『아이러니』(서울대학교출판부, 1980), 19쪽, 36쪽 참조.
21) 같은 책, 44쪽 참조

110

존재하고 있다. 그래서 이 소설은 3인칭과 1인칭 사이를 오가면서 아내가 자신의 일기를 읽는 남편과 직접 대화하고 있는 듯한 상황을 연출하게 된다. 이런 상황이기에 독자들은 이 소설을 통해 남편과 아내 중 어느 한쪽만의 이야기가 아니라 양쪽 모두를 1인칭 화자로 느끼면서 균형 잡힌 시각을 가질 수 있다. 이때의 균형감은 내면 심리의 주관적 표출이나 고백을 통한 직접적 반응이라는 함정을 피해 보다 중립적인 반응을 유도해 내려는 작가 의식에서 연유한 것으로 보인다.[22]

이 소설 속의 아내가 일기를 통해 뒤돌아보는 자신의 삶은 여성으로서의 자아를 인식하는 과정과 맞물려 있다. 일기에 나타나는 (1)나는 독신이다, (2)아침 여섯시부터 밤 열시까지 근무하는 직장에 다닌다, (3)일주일에 한 번도 못 볼 때가 많지만 애인도 있다 등의 정보는 현재 자신이 처한 상황과 상반되는 것이다. 앞의 말들은 사실상 (1)결혼은 했지만 과부와 다름없다, (2)아이들 돌보고 집안 살림하는 일상은 힘든 노동이다, (3)남편은 직장일로 인해 가정사에 소홀하다라는 말의 역설적인 표현인 것이다. 애인/남편, 연애/결혼/, 사랑/일상, 꿈/현실 등의 대립에서 전자를 포기하고 후자에 안주시키려는 억압적 이데올로기를 뒤집어 표현해 본 것이기 때문이다.

1) 나는 연애하고 싶다. 남자에게 심각한 얼굴로 헤어지자고 한 뒤 술을 마시고 싶다. 같이 자자고 요구하는 남자에게 눈물만으로 사랑을 확인해달라며 폼잡고 싶다. 누구든 애태우고 싶다. 누구도 내 환심을 사려 들

---

22) 은희경 스스로도 "글만 봐서는 이게 여성이 쓴 건지, 남성이 쓴 건지 구별이 안 갈, 그런 성별적인 것을 떠나서 보여줄 수 있는 문체나 구성을 갖고 싶다." 고 밝히고 있다.

　은희경·황병하(대담), 「내 소설은 내가 파악한 세상이야기」, 《문학정신》, 1996년 여름호 참조.

지 않을 뿐더러 나 때문에 마음 졸이지 않는다. 나는 하찮은 존재다. 나는 소박만 맞는다. 그이는 이제 내 얼굴을 똑바로 쳐다보는 일조차 없다.

  2) 내가 나쁜 놈일까. 별로 그런 것 같진 않다. 바람을 피운 것도 아니고 월급을 안 갖다주는 것도 아니다. 세상에 자기 아내와 자식 귀하지 않은 놈 있겠는가. 밖에서 술을 먹고 돌아다니는 게 내 아내나 자식 새끼가 싫어서 집에 안 들어가려고 버팅기는 게 아님은 모든 술꾼들은 다 안다.

── 은희경, 「빈처」

첫 번째 글은 아내의 일기 중 한 토막이고, 두 번째는 그런 아내의 일기를 읽고 남편이 하는 말이다. 이처럼 이 소설 속의 남성 화자는 자신의 말 속에서 아내의 말을 그대로 반복하면서 그 주장에다 새로운 평가를 덧붙이거나 자신의 감정을 첨가함으로써 아내와 대화적 관계를 형성하고 있다.[23] 이렇게 도입된 타자의 말이 이중적인 목소리를 내면서 독자들의 새로운 이해와 평가를 요구한다. 두 개의 의식과 두 개의 시점, 두 개의 평가가 두 개의 언어를 통해 전달되고 있기 때문이다. 은희경의 이런 이중적 언어는 여성들에게는 '보호색의 언어'가 된다. 남성들의 언어로부터 살아남기 위해서 여성들은 자신의 언어를 숨겨야 하고, 그렇게 숨긴다는 사실을 은연중에 드러내야 한다. 이런 보임/숨김, 공격/순응/, 앎/모름 등을 동시에 나타내면서 보호 기능과 해방 기능을 동시에 획득하려는 것이 바로 이중적인 아이러니의 언어이다.[24]

또한 은희경의 이런 이중적인 언어는 '보여지는 나'와 '바라보는 나', '아내인 나'와 '여성인 나', '여성인 나'와 '인간인 나' 등을 모두

---

23) M. 바흐찐, 김근식 옮김, 『도스또에프스키시학』(정음사, 1988), 281쪽 참조.
24) 같은 책, 108~109쪽 참조.

고려할 때 가능한 것이다. 그런 분리 의식이 이중적인 목소리를 내면서 냉철한 통찰과 성숙한 화해를 낳고 있다. 은희경에게 있어서 남성과 여성은 서로에게 '그'도 아니고, '나'도 아니며, 완성된 '너', 즉 '나'에게 낯선 자이면서도 '나'와 대등한 다른 하나의 '나'인 것이다.[25] 그리고 '나 또는 너'가 아니라 '나 그리고 너'인 것이다. 이 같은 인식은 단 하나의 진리나 지식, 정체성을 강조하는 권위적이고 지배적인 언어를 거부하는 데에서 나온다.[26]

이처럼 은희경은 인물과 인물, 남성과 여성이라는 이중적인 서술자 사이를 오가면서 서술함으로써 세계 자체가 한 가지 언어에 의해 파악될 수 없을 정도로 복합적이고 다층적이라는 것, 각 개인들의 삶은 혼자만으로는 완결된 의미를 지닐 수 없다는 것을 보여준다. 때문에 이 소설의 끝에서는 남편과 아내가 이 세상에서 힘겹게 살아가는 일 자체에 대한 연민이나 긍정을 통해 남성과 여성이라는 이분법을 극복하고 서로 가족이나 인간으로 다가서는 화해를 이루게 된다. 마치 자신의 몸에서 나온 '똥'처럼 더러워도 부인할 수 없거나 궂고 수고로운 일을 도맡는 엄연한 존재로서 상대방을 받아들이기 때문이다. 이런 이유로 이 소설의 결말에서는 "살아가는 것은 진지한 일이다. 비록 모양틀 안에서 똑같은 얼음으로 얼려진다 해도 그렇다. 살아가는 것은 진지한 일이다."라는 긍정과 화해의 목소리가 들려오는 것이다.

---

25) 츠베탕 토도로프, 「시학에 있어서의 구조주의」, 프랑스와 발르 외, 민희식 옮김, 『구조주의란 무엇인가』(고려원, 1985), 181쪽 참조.
26) 팸 모리스, 앞의 책, 207쪽 참조.

해체적 언어와 중성성

소위 '신세대 작가'에 속하는 김연경의 소설 「다시쓰는 '날개'」는 작가가 작품의 말미에 밝히고 있듯이 이상의 「날개」나 「종생기」, 「공포의 기록」을 그대로 인용하거나 패러디했으며, 김윤식의 『이상연구』에 많은 빚을 지고 있는 작품이다. 그리고 마치 이상의 「날개」에서 그 서두가 전체 이야기의 주제나 사상을 요약하고 암시하듯이 김연경의 소설에서도 '안해의 말-남편에 의해 매개된 아내의 말-다시 안해의 말'로 삼분(三分)된 구성 중에서 내부 이야기를 감싸고 있는 앞뒤의 아내 이야기가 내부 이야기를 유추 해석하게 만들고 있다. 그리고 이상과 김연경 모두 서두와 액자 이야기에서 지적하고 있는 것은 남녀 사이의 애정 문제와 문학에서의 창조성 문제이다. 남녀 사이의 애정 문제는 '존재의 집'을, 창조성의 문제는 '언어(시)의 집'을 짓거나 찾는 일과 연관된다. 두 작가 모두 이 두 가지의 집을 찾는 과정을 소설화한 것이다.

먼저 남녀 사이의 애정 문제를 볼 때 주로 행동성이 결여된 지식인(문학인)을 통해 세계의 폭력성이나 인간관계의 물화를 비판하고 있는 것은 이상과 김연경 모두 마찬가지이다. 이들에게는 남녀, 특히 부부 사이는 '숙명적으로 발이 맞지 않는 절름발이' 관계라는 점에서 별다른 차이가 없다. 그러나 이상에게 있어서는 그런 불균형성이 돈이나 성(sex)의 우열 관계에 기인하지만, 김연경에게는 언어 문제와 더 긴밀하게 연결된다는 점이 다르다. 김연경이 볼 때 권력이나 지배 관계는 누가 말을 많이 하고, 누가 누구의 말을 가로막으며, 남의 말을 어떻게 중개하느냐의 문제와 연결된다. 이런 맥락에서 보면 이 소설 속의 남편과 아내의 관계는 다음처럼 정리된다.

나(열세)	VS	아내(우세)
밤(비현실)		아침(현실)
침대		책상
냉담, 권태, 허무,		열광, 분주, 저돌성
불구(절름발이)		건강(잘 맞는 다리)
인간(신도)		신(교주)
말없음표, 말줄임표		느낌표, 물음표
침묵		수다, 다변
파지(破紙)		펜

이런 우열 관계가 언어의 침투성이나 혼합성을 통해 드러난다는 데에 김연경 소설의 특징이 있다. 아내는 "아마도 말을 못해서 죽은 귀신의 후예인 듯", "언제나 내 옆에서 종알종알 거린다." 이에 걸맞게 아내는 몸을 팔지 않고 말을 파는 직업을 가진 여성이다. 그래서 아내는 자신의 말뿐만 아니라 '나'의 말 속으로도 침투해 들어온다. 그런 아내에게 '나'는 아무런 저항을 할 수 없다. 때문에 이상처럼 비유해서 말해 보면 모든 여성은 '여왕봉'이자 '미망인'이다. 웅봉(雄蜂)은 여왕봉과 교미하면 죽어버리므로 모든 여성은 미망인이 될 수밖에 없다는 것이다. 이처럼 기존의 전통적인 우열 관계를 전도시킨 남녀관이 언어 속에서도 그대로 드러나고 있다.

1) 어쩌면 문제는 나에게 있는지도 모른다. 그래, 나는 왜 여태 아내의 말을 모조리 큰따옴표에다 옮기고 있는가. "……"? 너무 빽빽하다. 작은따옴표로도 충분하지 않았을까. '……'? 차라리 아내만의 표지를 드러내지 말아야 했는지도 모른다. 아내는 내가 왜 우는지 안다는 것이다. 돈이 없기 때문에 그러는 것이 아니냐는 것이다 쩜쩜[點點]. 이렇

게 아내의 말을 깡그리 숨겼어야 했다. 그래야 능력 있는 내 아내와 능력 없는 나 사이의 파행성이 역설적으로 두드러질 터이니. 아내의 말을 내가 삼켜버리는 것이다. 옳다. 지금부터, 이 천재적인 아내의 음색을 다 먹어치우자.

일어나라는 아내의 소리가 한 번 더 들렸을 때 나는 눈을 떴다.

2) 아내의 눈엔 '생기'가 동동 떠다닌다. 아내는 뭔가 중요한 말을 하려 한다. 나는 더 이상 간접화법을 쓸 수 없다. 평면적인 문장 속에 가두어 두기에는, 아내의 말이 너무도 생생하기 때문이다.

"부탁이에요, 떠나지 마요."

"기다려줄 거죠, 내가 올 때까지?"

──김연경, 「다시 쓰는 '날개'」

예문에서 확인할 수 있듯이 1)처럼 '나'와 아내 사이가 긴밀하거나 '나'가 덜 위축되었을 때, '나'는 아내의 말을 따옴표 없이 간접 인용하면서 그나마 적극적으로 그녀의 말을 중개한다. 그러나 2)처럼 '나'와 아내의 사이가 소원하거나 '나'가 열세일 때는 '나'의 말 속에 아내의 말을 가두어둘 수 없어서 '나'는 아내의 말을 아무런 중개 없이 직접 화법으로 그냥 옮기게 된다. 이런 말의 상호 침투 양상에 따라 인간관계의 양상을 확인할 수 있다. 끊임없이 타자의 말 속으로 침투함으로써 진정한 만남을 이루려 하지만, 아내의 입장에서도 "남편의 소리는 남편의 장(場)을 벗어나지 못하고 내 소리는 내 장(場)을 벗어나지 못" 하기 때문에 진정한 의사소통은 이루어지지 않는다. 자아와 타자의 세계가 본질적으로 닫혀 있기 때문에 그 간극을 극복할 수 없다는 것이다. 둘은 둘이어서 하나가 될 수 없다는 사실의 확인으로 상처 입는 소설이 바로 이 소설이다.

그런데 문제는 이 소설이 이런 애정의 불구 상태에서 끝나지 않는다는 데에 있다. 이런 남녀 사이의 관계가 선배 작가와 후배 작가 사이의 영향 관계로 발전하기 때문이다. 남녀 간의 대립은 무화되고 선배 작가와 후배 작가 사이의 대립을 새롭게 설정해 창조성의 문제를 고찰하고 있다. 애정 관계에서 아내가 차지했던 위치를 창조성의 문제에서는 선배 작가가 차지한다. 때문에 후배 작가인 아내도 선배 작가의 영향권에서 벗어날 수 없기는 마찬가지이다. 아내가 서두에서 이상의 소설에서부터 다시 '제이의 잡설(雜說) 혹은 담론(談論)'이 펼쳐진다고 밝히고 있는 것도 이와 연관될 수 있다.

이상의 소설에 대한 패러디를 중심으로 전개되는 내부 이야기 속에서 남편인 '나'는 아내와의 애정 관계에서 '존재의 집'을 짓지 못했듯이 시인이면서도 시집(詩集), 즉 시의 집〔宅〕을 짓지 못한다. 남편은 박제가 되기는 했지만 천재는 아니기 때문이다. 날개를 돋게 해 다시 날아보려 한 이상과는 다르게 그는 날아보려던 다리를 다시 내려놓는다. 그런 비상은 이미 이상이 이전에 시도해 본 것이므로 식상함과 구태의연함만을 준다는 것이다. '나'는 이상과의 그런 인식론적 단절을 통해 문학사를 '뚝' 끊어버림으로써 독창성을 확보하려고 한다. 선배 작가의 영향으로부터 벗어나려는 것이다. 그러나 문학사는 연속과 진보의 역사이다. 때문에 과거나 전통과의 절연이 아닌 극복이 후배 작가들의 운명이자 의무가 된다. 김연경은 이를 이상의 목소리를 빌려 이렇게 이야기한다. "나처럼 '한 번만 더 날아보자꾸나'하고 외치는 데서 그쳐서는 안 된다. 그럴 바엔 아예 시작도 하지 말아야 한다. 나야 그런 외침에서 끝을 낼 수가 있었다. 왜냐면 난 그런 발작(發作)의 원조(元朝)였으니까. 하지만, 당신은 처음이 아니니 적어도 일 센티미터라도 더 나가야 할 의무(義務)가 있다. 사실, 당신 같은 아류(亞流)가 무슨 수로 박제가 되버린 천재의 발악(發惡)을 이해하겠는가."

　이렇게 볼 때 김연경에게는 남녀의 차이나 구별이 중요한 것이 아니라 거기서 더 발전한 선배 작가와 후배 작가 사이의 갈등과 긴장이 더 중요하다고 할 수 있다. 그래서 김연경은 오히려 성차로부터 자유로운 글쓰기를 한다. 그녀는 선배 작가들의 흔적을 파편화시키거나 균열시킴으로써 전통이나 질서를 거부한다. 선배 작가들이 쓴 기성품이 마치 '아버지의 법'처럼 존재하면서 후배 작가들을 괴롭히기 때문이다. 이것은 남성의 언어가 여성의 언어를 가로막고 방해했던 것과 유사한 양상이다. 이런 맥락에서라면 '선배 작가＝아버지＝권위＝중심', '후배 작가＝아들＝위반＝주변'의 등식을 세워볼 수도 있을 것이다. 후배 작가인 김연경은 선배 작가들의 글에 침투해 권위나 중심을 해체시킴으로써 새로운 텍스트를 만들어내고 있다. 때문에 이런 김연경에게 중요한 것은 근원이나 독창성에 대한 재고이다.

　김연경은 가치나 의미, 통제, 이분법적 대립이나 고정된 성 정체성을 전복하고 부정한다. 이런 이유로 김연경은 마치 아버지를 부정하는 오이디푸스처럼 선배 작가들의 작품을 통해 익숙해진 문장들을 두려워한다. 때문에 문학사는 이런 아버지와 아들 간의 갈등 관계로 이루어진다는 것이다.[27] 이처럼 권위적이고 억압적인 아버지로부터의 도주와 해방을 꿈꾸는 오이디푸스의 언어로 채워진 것이 바로 김연경의 소설이라고 할 수 있다. 따라서 그녀에게 중요한 것은 남녀 사이의 이분법적 대립이나 우열 관계가 아니라 현실/소설, 원전/패러디 텍스트, 과거/현재, 창조/모방 간의 경계를 허무는 해체적인 글쓰기의 언어들이다.

---

27) 헤럴드 블룸, 윤호병 옮김, 『시적 영향에 대한 불안』(고려원, 1991), 220～237쪽
　　참조.

여성적 글쓰기와 틈입의 언어

여성 언어를 탐구할 때의 어려움은 본질적으로 여성적인 언어가 과연 존재하는가라는 점이다.[28] 하지만 여성만을 위한 언어가 불가능함을 폭로함으로써 오히려 여성 언어라고 주장할 수 있는 언어를 탐색할 수 있다. 남성 언어를 빌려다 쓰지 않을 수 없는 불가능성, 남성 언어를 제대로 쓸 수 없는 불가능성이 여성 언어의 억압성을 드러내주기 때문이다. 이런 맥락에서 여성 언어에 대한 논의는 여성만이 사용하는 여성 고유의 언어를 규명하려는 작업이 아니라 여성들이 그러한 언어들을 사용하는 목적이나 빈도를 규명하려는 작업이 되어야 할 것이다. 남성의 언술 행위 안에서 작용하되 끊임없이 그것을 어떻게 변형시키느냐와 남성 언어를 가져오되 어떻게 '다르게' 사용하려고 노력하느냐에 초점을 맞추어야 한다는 것이다. 이러한 방향은 곧 '무엇을' 말하느냐가 아니라 '어떻게' 말하고 '왜' 그렇게 말하느냐 하는 점을 문제시한다는 측면에서 여성적 글쓰기의 양상을 규명하는 것과 상통한다.[29]

이때 남성의 언어 속에 있으면서 그 언어를 변형시켜 자신의 언어를 만들어내거나 이미 익숙해져 있는 언어의 의미를 바꾸어버리는 것이 바로 여성 패러디 소설이라고 할 수 있다.[30] 지배적이거나 권위적인 기존의 남성 언어에 저항하는 여성 언어의 움직임이 마치 원전의 기득권이나 창조성에 저항하면서 새로운 텍스트를 만들어내는 패러디의 운명과 유사하기 때문이다. 여성 패러디스트들은 남성들의 언어

---

28) K. K. 루스벤, 김경수 옮김, 『페미니스트 문학비평』(문학과 비평사, 1989), 144쪽 참조.
29) 김미현, 『한국여성 소설과 페미니즘』(신구문화사, 1996), 60쪽 참조.
30) 이명호, 「분노와 웃음의 미학 —— 페미니즘시에 대한 몇 가지 생각」, ≪시와 사회≫, 1994년 봄호, 218쪽 참조.

속으로 틈입해서 그것들을 전복시키거나 균열시킨다. 그리고 패러디 텍스트가 원전을 부정하거나 차이를 두면서도 그것과 공존하거나 유사성을 지닐 수밖에 없듯이, 여성 언어도 남성 언어와 차별화를 꾀하면서도 남성 언어로부터 완전히 벗어날 수는 없다. 하지만 다시 생각해 보면 이처럼 다른 언어를 빌려와 쓸 수밖에 없다는 면에서 다시 한 번 여성 언어와 패러디 언어 사이에 공통점이 존재한다.

그런데 이런 여성 패러디 소설 속에도 다양한 스펙트럼이 존재하고 있다. 비판적이고 공격적인 풍자의 언어로 가부장적 이데올로기를 비판함으로써 오히려 남성 언어를 닮은 단성적 목소리를 내는 경우(이남희), 긴장과 대화 관계를 유지하는 아이러니의 언어로 균형과 조화를 추구하면서 양성성의 세계를 보여주는 경우(은희경), 혼합적이고 불확정적인 해체적 언어로 탈중심적이고 비이분법적인 중성성(무성성)의 세계를 보여주는 경우(김연경)가 공존하기 때문이다. 그들은 이런 다양한 언어 의식을 통해 각각 남성성을 비판하거나(이남희) 포용하고(은희경), 무화시킨다(김연경). 이런 과정들을 통해 그들은 여성 정체성을 재구축하거나 탈구축하고 있다.

이와 연관되어 엘렌 식수는 이렇게 이야기한다. "여성적 글쓰기를 규정하는 것은 불가능하다. 바로 이 규정 불가능성만이 남게 될 것이다. 왜냐하면 여성의 글쓰기는 이론화될 수도 약호의 형태로 한정될 수도 없기 때문이다. 그러나 이 말은 여성적 글쓰기가 존재하지 않는다는 뜻은 아니다."[31] 흔히 여성들은 여성들만의 언어를 지니지 못한 채 남성들의 언어를 빌려 쓴다. 그런 의미에서 여성들의 언어는 '없다.' 그러나 여성들은 기존의 남성 언어를 가져와 비틀거나 뒤집고, 바꾼다. 이렇게 남성 언어에 자신들의 여성 정체성을 덧칠한다

---

31) 엘렌 식수, 「메두사의 웃음」, 고미라 옮김, 『포스트모더니즘과 철학』(이화여자대학교출판부, 1995), 343~371쪽 참조.

는 의미에서 여성 언어는 '있다.' 이런 부재와 존재의 경계나 문턱에
서 불안정하면서도 생산적으로 글을 쓰는 사람들이 여성들이라고 할
수 있다.

서정성 · 감각성 · 여성성
강신재론

서정적 내용과 형식

1949년 「얼굴」과 「정순이」로 등단한 이래 1994년 『광해의 날들』을 발표하기까지 90여 편의 중·단편과 30여 편의 장편을 꾸준히 발표했지만 강신재는 단편 소설 「젊은 느티나무」로 기억되는 작가이다. 그래서인지 강신재 소설에 대한 기존의 연구 또한 이 작품을 중심으로 그녀의 섬세하고 감각적인 문체에 초점을 맞춰왔다. 지성적이고 세련된 문장을 사용하면서 감각적인 표현이나 구체적이고 정신적인 이미지를 선호한다는 것, 그리고 서정적인 이미지의 구현을 통해 시적인 소설을 주로 창작했다는 것이다.[1]

---

1) 염무웅, 「팬터마임의 미학 —— 강신재론」, 『현대한국 문학전집』(신구문화사, 1967).
   천이두, 「비누냄새의 이미지 —— 젊은 느티나무」, 같은 책.
   권영민, 『한국현대문학사』(민음사, 1993), 166쪽.
   정한숙, 『한국현대문학사』(고려대학교 출판부, 1982), 263쪽.
   신동욱·조남철 공저, 『현대문학사』(한국방송통신대학교 출판부, 1992), 198쪽.

하지만 이런 소설 미학적인 성과에 대한 호평과는 다르게 여성 문
학적 견지에서는 인식이 협소하다는 혹평을 받았다.[2] 특히 고은은 강
신재가 여성성을 왜곡시킴으로써 다른 여성 작가들보다 더 치명적인
한계를 지닌다고 비판한다. 강신재처럼 내면세계에 침잠해 남편이나
가정 살림에 무관심하다면 자기 자신으로부터도 격리되고 현실 상황
을 민감하게 인식할 수도 없다는 것이다. 이에 비해 조연현은 보다
긍정적으로 강신재를 가장 '여류 작가적인 여류 작가'로 규정하면서
그 이유를 작가 자체가 여성이라는 감성과 생활을 떠나서는 인생이나
현실을 생각할 수 없다는 사실에서 찾는다.[3] 하지만 이런 시각도 여
성 작가로서 강신재가 지니는 현실 인식에 있어서의 한계를 전제로
하기는 마찬가지이다.

　이러한 맥락에서 이 글은 우선 강신재 소설의 특성을 작가론의 입
장에서 규명한 후 그 특성이 어떻게 여성적 글쓰기와 연결될 수 있는
지를 살펴보는 것이 목적이다. 강신재 소설에 대한 기존의 논의들이
대부분 내용과 형식을 분리시킨 채 일관된 기준을 적용하지 않았다는
혐의가 있기 때문이다. 특히 여성 문학적인 입장에서 접근할 때는 그
러한 혐의가 더욱 강해진다. 이를 위해 강신재 소설에서 '서정성'이라
는 주된 특성을 추출해 내었다. 이미지나 내용, 시점의 측면에서 볼
때 강신재 소설에 가장 지배적으로 나타나는 것이 바로 시 같은 소설,

　　김윤식・정호웅 공저, 『한국소설사』(예하, 1993), 342쪽.
　　강인숙, 「한국여류 작가론」, ≪현대문학≫, 1968. 1. 357쪽.
　　구인환, 「한국현대여류 작가의 기법」, ≪아세아 여성연구≫, 제9집, 1970.
　　＿＿＿, 「한국여류소설의 문체」, ≪아세아 여성연구≫, 제11집, 1972.
　　정영자, 「강신재소설연구」, 『수련어문논집』, 제11집, 1984.
2) 김현, 「감정의 점묘화가」, 『한국단편문학대계』(삼성출판사, 1969).
　　고은, 「실내작가론 —— 강신재론」, ≪월간문학≫, 1969. 11.
3) 조연현, 「강신재 단상」, ≪현대문학≫, 1960. 2.

위장된 서정시로서의 소설, 소설 같지 않은 소설인 서정 소설(lylic novel)의 면모라고 할 수 있기 때문이다. 그리고 이런 서정성이 여성성과 결합되면서 문체에도 반영되고 있기 때문이다.

기존의 서정 소설에 대한 논의는 이효석이나 김유정, 이태준, 황순원, 오영수, 김동리 등의 남성 작가들을 중심으로 내용적 측면에서 애수나 향수, 향토성, 순수성, 원시성, 낭만성, 감상성(感傷性) 등과 연결되는 경향이 강했다.[4] 그러나 서정 소설은 이러한 소재나 주제를 중심으로 한 내용적 차원에서만이 아니라 그것들을 다루는 방법이나 기법, 미의식의 차원과 더불어 논의되어야 할 필요가 있다. 중요한 것은 서정적인 내용을 서정적인 형식으로 어떻게 형상화했으며, 성차에 따라 차이가 있느냐의 문제일 것이다. 이를 위해 이 글은 내용과 형식이 맞물리는 지점에서의 서정적 특성을 검토한 후 이런 서정 소설의 특성이 여성성과 어떻게 결합되는지를 살펴보는 것이 궁극적인 목적이다.[5]

이러한 목적을 위해 강신재의 등단 이후 1970년대까지의 단편을 모은 『희화(戲畵)』(계몽사, 1958), 『여정(旅情)』(중앙문화사, 1959), 『파도(波濤)』(대문출판사, 1970), 『젊은 느티나무』(대문출판사, 1970) 등에 실린 43편의 중·단편을 중심으로 서정성과 여성성이 맞물리는 지점을 규명해 보도록 하겠다. 이처럼 연구 대상을 한정하는 이유는 (1) 강신재

---

4) 송하섭, 『한국현대소설의 서정성 연구』(단국대학교 출판부, 1989), 13쪽 참조.
   김현종, 「이상, 이효석 소설의 서정성 연구」, 충남대학교 석사학위 논문, 1992, 1쪽, 17쪽 참조.
5) 슈타이거는 특히 여인들의 편지 양식의 관례에 주목하면서 너무나 많은 구두점이 있는가 하면, 명확히 분리시키는 표지를 하는 소심함을 중심으로 그 '음악성'에 초점을 맞춘 후 이런 것을 '계집 근성'이라고 명명하면서 서정적인 작품의 여성적인 특성 혹은 여인의 서정적인 특성에 대해 지적한다.
   E. 슈타이거, 이유영·오현일 옮김, 『시학의 근본개념』(삼중당, 1978), 64쪽 참조.

가 1950~1970년대까지는 주로 단편을 창작한 반면 그 이후부터는 대
하 역사 소설을 창작한 점, (2) 기존의 평가에서 대표작으로 취급되는
「젊은 느티나무」와 자신이 대표작이라고 내세우는 「파도」가 이 시기
에 모두 포함되므로 그것을 중심으로 작품 세계를 규명해 볼 수 있다
는 점, (3) 서사성이 강할 수밖에 없는 장편 소설보다는 상대적으로
예술적인 의도나 심미적 태도가 분명한 단편 소설을 중심으로 서정성
을 살펴보는 것이 더 효과적이라는 점[6] 등을 고려했기 때문이다.

대상의 내면화와 감각의 여성성

강신재 소설의 대표적인 특징은 정밀하고 인상적인 묘사에 의하여
외적 행동이 아닌 내적 심리가 주로 제시된다는 점이다. 때문에 이런
소설에서의 플롯은 인과 관계에 의한 사건의 해결이나 분석이 아니라
복잡한 정서에 대한 추적이 중심을 이룰 수밖에 없게 된다. 정서를
유발시키거나 감정의 흐름을 나타내기 위해 장면과 분위기를 교체시
키는 것, 중심적인 딜레마나 위기를 감정으로 치환시키는 것, 강렬한
감각이나 지각의 순간을 기록하는 것 등이 주요 전략이 되는 것도 이
때문이다.[7] 즉 강신재의 소설은 인물이나 배경, 장면들이 논리가 아닌
감정에 의해 전개되면서 내면적 삶에 대한 관심을 보여주기에 단순히
'읽는' 소설이 아닌 '느끼는' 소설을 지향한다는 것이다.
이를 위해 주로 강신재가 사용하는 방법이 바로 객관적 상관물을

---

6) 이재선, 『한국단편 소설연구』(일조각, 1975), 1~20쪽과 송하섭, 앞의 책, 53쪽
   참조.
7) 아일린 볼데쉬와일러, 「서정적 단편 소설」, 찰즈 E.메이(엮음), 최상규 옮김,
   『단편 소설의 이론』(정음사, 1983), 318쪽 참조.

통한 정서 유발이라고 할 수 있다. 강신재는 추상적으로 이야기하지 않는다. 그리고 직접적으로 감정을 드러내지도 않는다. 그래서 마음이나 감정을 빗대어 표현할 수 있는 구체적인 대상을 필요로 한다. 그것이 자연물이건, 공간이건, 물건이건 간에 그것을 내적인 감정을 구체화시키는 데에 이바지하도록 만든다는 것이다. 따라서 이런 경향을 지칭할 때 사용되는 '대상의 내면화'란 용어는 대상에 주관적 심리가 침투함으로써 대상과 감정 사이에 상호 침투가 일어난다는 것을 의미한다.[8]

이러한 대상의 내면화에 성공한 소설로 「젊은 느티나무」를 들 수 있다. 강신재는 이 소설에서 감각의 예민함이나 그 반응 정도에 따라 윤리와 갈등을 일으키는 이복 남매 간의 사랑을 환희가 따르는 고통으로 전환시키고 있다. 그리고 두 남녀 주인공의 첫 대면부터 서로에 대한 사랑을 확인하게 되기까지의 과정을 감각의 변화를 통해 구체적이고도 감각적으로 그리고 있다. 때문에 이 소설에서 중요한 것은 시간의 변화에 따른 사건의 진전이 아니라 감각적 묘사나 심리적 분위기를 통한 서정성의 확보이다.

이 소설에서 여주인공 숙희는 어머니가 므슈 리와 재혼하자 므슈 리의 집에 와서 살게 된다. 그래서 므슈 리의 아들인 현규를 처음으로 대면하게 되었을 때 숙희는 그를 객관적으로 관찰한다. 이때는 서로에 대한 감정이 깊어지기 전이기에 겉모습이나 그로 인한 인상을 시각적인 차원에서 그려나가고 있다. 현규의 짙은 눈썹, 큰 두 눈, 턱, 목 언저리 등에서 숙희는 위압감과 서늘함, 날카로움뿐만 아니라 너그러움, 침착함, 단정함, 부드러움, 섬세함을 동시에 느낀다. 이러한 피상적인 느낌은 시각이 여러 감각 중에서 가장 거리가 먼 감각이라

---

8) 볼프강 카이저, 김윤섭 옮김, 『언어예술작품론』(시인사, 1988), 521쪽 참조.

는 사실과 관련된다. 가장 멀리 있어도 인식 가능한 것이 시각이다. 이런 이유로 시각은 두 사람이 서로에게 느끼는 감정의 농도가 가장 옅을 때에도 작용하는 감각이다.

이에 비해 두 사람 사이가 시간이 흐를수록 가까워짐을 소설에서는 후각적으로 제시하고 있다. 멀리서 거리를 두고 보는 것보다 좀 더 가까이 접근해야 가능한 것이 후각이기 때문이다. 그래서 숙희는 가까이 다가온 현규의 몸에서 풍기는 비누 냄새를 통해 그의 존재를 인식한다. 이런 후각에 기반을 둔 두 사람의 거리는 멀지도 가깝지도 않은 중간 단계라고 할 수 있다.

그러나 두 사람 사이가 점점 가까워질수록 그 감각도 점점 직접적인 촉각으로 변화된다. 두 사람이 같이 정구를 치고 내려오다가 약수터에서 같은 표주박으로 물을 마신 일, 숙희가 현규가 먹던 코크잔에 자신의 입술을 갖다대는 일, 근처에 사는 장관집 아들이자 자신의 친구인 지수에게 질투를 느껴 현규가 숙희의 뺨을 때린 일, 둘이 숲속을 산책하면서 손을 잡거나 포옹하는 일, 현규의 객관적 상관물이라고 할 수 있는 젊은 느티나무를 숙희가 끌어안는 일 등은 모두 촉각적인 감각을 나타내는 것이다. 가장 가까운 거리가 가장 직접적 감각인 촉각으로 치환되어 나타남으로써 가장 짙은 사랑의 농도를 표현하게 된다.

이처럼 시각이 대상과 주체 사이의 거리를 전제로 발생하는 것이라면, 촉각은 대상과의 합일이나 일체를 꿈꾸는 욕망에 의해 발생하는 것이다. 그리고 그 둘을 연결시켜 주면서 중간 단계에 속하는 경우가 바로 후각이다. 이 소설에서는 감각적인 거리의 소멸에 비례해 서로에게 느끼는 감정적인 거리도 좁혀지고, 사랑의 강도 또한 강해진다. 이는 외출 모티프를 통해 이 소설의 공간 구조가 숙희의 방→공터→약수터→풀숲→외가의 뒷산 등성이 등으로 확대되면서 사랑의 농도가 짙어지는 것과도 연결되고 있다. 더 넓은 공간으로의 이동이 사랑의 발전을 의미하기 때문이다.

그러나 강신재의 소설에서는 「젊은 느티나무」처럼 인물과 자연이 조화를 이루어 행복한 결말을 맺는 경우가 드물다. 대개의 경우 동화(同化)나 투사(投射)를 통해 자연적인 대상에 대한 감정 이입은 이루어지지만, 거기서 더 나아가 그러한 대상이 속해 있는 세계와의 합일이나 일체화, 동일화를 달성하는 경우가 거의 드러나지 않고 있다. 「파도」, 「낙조전」, 「안개」, 「포말」, 「백야」, 「녹지대와 분홍의 애드벌룬」, 「찬란한 은행나무」 등은 배경 묘사에 있어서 서정성이 뛰어난 작품들이다. 그러나 서정성을 확보하기 위해 내면화된 대상들이 자아와 세계와의 분리나 불일치, 분열화를 더욱 강조하는 역할을 담당한다. 자연물을 중심으로 한 대상이 인물의 심리로 침투하지만, 이러한 대상의 내면화가 부정적이고 비극적인 상황과의 대조를 더욱 극명하게 보여준다.

이러한 현상은 흔히 남성 작가의 서정 소설들이 자연과의 친화를 통해 자아와 세계와의 조화나 융합을 표현하는 것과 변별된다. 자연과 일체감을 느끼는 과정은 동일하지만 그 결과가 다르다는 것이다. 즉 이효석의 「산」이나 「들」, 「메밀꽃 필 무렵」, 김유정의 「동백꽃」이나 「봄봄」, 황순원의 「별」, 오영수의 「은냇골 이야기」나 「수련」, 김동리의 「달」이나 「역마」 등에서 제시되는 자연 배경 자체의 대상에 대한 몰입이나 화해, 따뜻한 인정 기미(幾微)의 포착은 강신재 소설 속의 부정적 동일화와 커다란 차이를 보인다.[9]

---

9) 송하섭, 앞의 책, 이익성, 『한국 현대 서정 소설론』(태학사, 1995), 조병기, 『한국 문학의 서정성 연구』(대왕사, 1993), 김해옥, 「이효석 소설 연구 ─ 서정 소설의 특성을 중심으로」, 연세대학교 박사학위 청구논문, 1993, 김현종, 앞의 논문 등을 참조할 것.

가령 「파도」에서는 물리적 배경이 정신적 배경으로 변화됨으로써 서정성이 확보되고 있다. 시·공간적 배경을 통해 그 속에 있는 인물의 성격이나 상황이 암시되기 때문이다.[10] 그런데 그 바닷가에서 영위되던 인물들의 삶은 눅진한 습기를 머금은 바다, 납(鉛)빛으로 무겁던 바다, 불안한 공기나 적막을 품고 있는 바다 등의 이미지처럼 순탄하거나 고요하지만은 않다. 「낙조전」에서도 작품의 서두와 말미에서 각각 옥례와 덕구의 앞날에 펼쳐질 운명을 예시하거나 확인시켜 주고 있다. 즉 서두에서 제시되고 있는 "바닷물이 암녹색으로 짙어지면서 으롱거리다.", "눅진한 바람속에 싸늘한 기운이 돌다.", "물새가 유난히 떠들다." 등의 징조는 모두 그들에게 닥칠 불행의 예견도(豫見圖) 구실을 하고 있다. 또한 결말에서는 사랑하는 사람과 헤어져 사랑하지도 않은 덕구와 결혼한 옥례의 불행이나, 맺힌 것이 많고 출세하고 싶어서 괴뢰군을 도와준 덕구가 반격해 온 유엔군에 총살당해야 하는 비극이 붉은 노을이 걷히고 암흑이 짙어오는 해지기 전의 풍경으로 확인되고 있다.

구체적으로 분석하지 않은 다른 강신재의 소설에서도 제목이나 제재, 배경과 관련 있는 객관적 상관물이 이미지화됨으로써 대상이 내면화되고 있다. 소설의 주제나 인물 등을 나타내는 데에 사건의 전개라든가 구체적 행위가 중심이 되기보다는 응축적이고 환기적인 이미지가 중심이 된다는 것이다. 이를 위해서 계절이나 날씨, 풍경의 묘사가 보조적인 기능을 담당하는 것에 그치지 않고 그 자체가 작품의 추진력으로 등장함으로써 외부 대상과 내부 심리 사이에 삼투작용이 일어나고 있다.[11] 때문에 강신재 소설에 나타나는 배경은 인간의 행위가

---

10) 정창범, 「서정적 초상──'파도'」, 『현대한국 문학전집』(신구문화사, 1967), 496쪽 참조.
11) 염무웅, 앞의 책, 481쪽 참조.

이루어지는 무대가 아니라 인간의 경험에 대한 자각이 이루어지는 무대라는 점에서 서정성을 확보하고 있다.[12]

그러나 이때 자연 배경을 중심으로 이루어지는 대상의 내면화는 보통의 서정 소설처럼 긍정이나 합일을 통한 자연과의 감정적인 친화를 의미하는 데에 머물지 않고 세계와의 부조화나 괴리를 강조하는 데에까지 나아간다. 자연에 대한 감정 이입은 이루어졌으나 그런 이입 상태와 정반대되는 세계와의 불화를 더욱 강조한다는 것이다. 때문에 대상에 대한 심리적 투사나 동화가 일어남으로써 정서가 유발되고 감정적인 분위기가 창출된다는 측면에서는 서정성을 확보하지만 이런 서정성이 세계와의 갈등을 무화시키지는 못한다는 점이 특이하다. 이런 이유에서 이때의 서정성은 존재하지 않았던 것을 새롭게 만들어내는 것이 아니라 이미 있는 것의 중요성을 발견하게 해준다고 할 수 있다.[13]

그리고 이러한 서정성은 궁극적으로 감각성과 연결된다.[14] 서정성을 얻기 위해서는 감각의 직접성이 필요하기 때문이다. 감각은 외부 또는 내부의 자극에 의해서 일어나는 느낌이자 사물을 느껴서 받아들

---

12) 랠프 프리드먼, 신동욱 옮김, 『서정소설론』(현대문학사, 1989), 12쪽 참조.
13) 같은 책, 17쪽 참조.
14) 기존의 연구에서 서정성을 감각성과 연결시키고 있는 논의들을 정리해 보면 다음과 같다.

	서정	서사	극
칸트	감정(정서적 체험)	사고(상상적 체험)	의지(운동 경험)
헤겔	내부 세계를 주관화	외부세계를 객관화	특수한 주관성을 객관화
카이저	표현	서술	행위
슈타이거	느끼다 (정서적 · 감정적)	보여주다 (구성적 · 관조적)	논증하다 (논리적 · 개념적)

폴 헤르나디, 김준오 옮김, 『장르론』(문장사, 1883), 31쪽, 105쪽, 177~178쪽 참조.
김현(편), 『장르의 이론』(문학과 지성사, 1987), 35~36쪽 참조.

이는 힘을 말한다. 이런 이유로 이미지는 보통 시각, 청각, 촉각, 후각, 미각 등을 중심으로 하는 감각적 경험을 통해 표현된다. 그리고 대상은 이러한 감각적 경험을 통해 보다 직접적으로 구체화되고 내면화된다. 강신재의 소설에 감각적인 체험이 집중적으로 드러나는 것도 이 때문이다.[15]

이런 감각적 서정성을 여성성과 연결시켜 볼 수 있다. 일반적으로 지성이 금욕적 절제와 연결되면서 이성적이고 합리적이며 규정적인 부성적(父性的) 힘이나 문화의 힘을 나타낸다면, 감각은 관능성과 연결되면서 무의식적이고 비합리적인 모성적 이미지나 집단적 무의식을 나타내게 된다. 통제적 지성이 남성과 가깝다면 창조적 관능성은 여성과 가깝다.[16] 때문에 항상 육체적 뿌리나 생명과의 관계가 단절된 상태로 나타나는 것이 바로 남성의 문화이다.[17] 그러나 이러한 남성에 비해 여성은 자연과 분리되지 않은 채 육체와 직접적으로 관계 맺는다. 그래서 직접적인 감각에 보다 예민하거나 육체가 느끼는 감각에 솔직하게 반응하는 것도 남성보다는 여성이다.

때문에 강신재의 소설에서 서정성을 확보하기 위해 사용된 감각성은 궁극적으로 여성적 글쓰기와 연결된다. 여성들이 외부의 자극에 보다 무의식적이고 본능적인 반응을 보이기 때문이다. 즉 여성들은

---

15) 감각적인 물질세계를 표현함으로써 보이지 않는 정신세계의 미세한 부분을 표현하거나 풍경과 감정 상태를 상호 침윤시킴으로써 서정성을 확보하려는 것은 강신재 자신의 직접적인 언급을 통해서도 확인된다. 작가 스스로도 후반기로 갈수록 감각적인 것에 흥미가 점점 없어졌다고 인정하기는 하지만, "나를 이끌고 가는 것은 대개의 경우 막연한 이미지뿐이다. 그리고 이때의 이미지는 정신 속에 기록되는 감각적 모습을 의미한다."고 밝히고 있기 때문이다.
　강신재, 「젊은 느티나무와 비누냄새」, 『한국전후문제작품집』(신구문화사, 1963), 437쪽 참조.
16) 랠프 프리드먼, 앞의 책, 56~57쪽 참조.
17) 뤼스 이리가라이, 박정오 옮김, 『나·너·우리』(동문선, 1996), 36~37쪽 참조.

아메바처럼 강렬한 직관이나 솔직한 감각에 의해 사물을 인식해서 감각적인 글쓰기를 한다는 것이다.[18] 육체가 느끼는 감각의 힘을 빌리지 않고는 경험이나 인식이 불가능하다는 것,[19] 직관적 인지 능력과 연관되는 전기적 천성(electric nature)을 지닌 여성들이 이러한 감각의 힘에 더욱 의존한다는 것,[20] 그래서 순간적인 포착과 현장 의존적인 반응에 의존하는 감각적 글쓰기가 가능하다는 것 등의 사실을 통해 서정성의 여성적 양상을 살펴볼 수 있다.[21] 민감한 여성 육체의 감수성이 자연과의 동일성을 시사하면서 여성 특유의 감각적 글쓰기를 가능하게 해주기 때문이다. 강신재는 이러한 여성적 감각성에 힘입어 소설을 서정화시키면서 여성 고유의 민감성과 예민함을 보여주고 있다.

또한 다른 맥락에서 생각해 볼 때 자아와 세계에 대한 추상적·간접적·이성적 인식을 배제하고 구체적·직접적·감정적인 인식을 가능하게 해주는 것도 바로 이러한 감각성이라고 할 수 있다. 이러한 사실은 일반적으로 서구 철학에서 이성/감정, 로고스/감성, 문화/자연 등의 대립을 남/녀라는 대립항으로 수렴시키면서 이성·로고스·문화 등을 표현하는 남성의 축이 우위를 차지하고 감정·감성·자연 등을 대표하는 여성의 축이 열등하다는 인식에 대한 저항을 요구한다.[22] 그

---

18) 조세핀 도노반, 「페미니스트 문체 비평」, 김열규 외 옮김, 『페미니즘과 문학』(문예출판사, 1988), 95~104쪽 참조.
19) 마크 존슨, 이기우 옮김, 『마음속의 몸』(한국문화사, 1992), 97쪽 참조.
20) 조세핀 도노반, 김익두·이월영 옮김, 『페미니즘 이론』(문예출판사, 1993), 72~73쪽 참조.
21) 구인환은 강신재의 소설에 사용되고 있는 어휘를 고찰하고 염상섭과 현진건에 비해 더욱 정지적·즉물적·상태적인 체언형이 우세하다고 지적한다. 그리고 이러한 점이 대상을 묘사하거나 상징해서 보다 폭넓고 길게 파악하는 남성 작가보다는 상태를 지적하며 즉물적으로 대상을 파악하고 보여주는 여류 작가의 특성이라고 본다.
   구인환, 앞의 책, 177쪽 참조.
22) 김명혜 외(공편), 『성·미디어·문화』(나남, 1994), 322쪽 참조.

런 대립은 우열이나 차별이 아닌 평등과 차이의 문제라는 것이다. 이런 사실에 대한 확인을 통해 강신재의 소설은 여성들이 감각적 글쓰기에 더 민감하다. 육체가 느끼는 감각의 힘을 빌리지 않고서는 경험이나 인식이 불가능하기 때문에 감각이 의미 작용의 중심에 있다는 것이다.[23] 그리고 이러한 여성의 감각성이 서정성을 확보하는 데에 중요한 역할을 담당한다는 사실을 보여주는 것이 강신재 소설의 특징이라고 할 수 있다.

사랑의 감각화와 체험의 여성성

강신재는 운명론자이다. 인간이란 외적 환경이나 성격, 생리적 조건 등에 영향받는 존재이기에 인생에 있어서 자신의 의지대로 되는 것이 거의 없다고 생각하기 때문이다. 이런 의미에서 인간의 삶이란 살아가는 것이 아니라 주어지는 것이라는 의식이 강신재의 소설에 강하게 드러나고 있다. 이를 위해 순박한 성격을 지녔거나 현실에 대해 심각한 갈등을 느끼지 않는 인물들이 등장해 운명에 순응함을 보여줌으로써 인물의 서정성을 확보하고 있다.[24] 서사적 주인공이 행동으로 세계와 대결해 나가는 능동적·적극적 인물에 속한다면, 서정적 주인공은 서정적 순간을 인식 행위로 보여주기 때문에 수동적·내성적인 인물에 해당한다.[25]

이러한 인물들의 운명에 도화선의 역할을 하는 것이 운명적 환경이

---

23) 캐롤 C. 굴드(편저), 『지배로부터의 자유 —— 여성철학의 새로운 시각』(한국여성개발원, 1987), 20~21쪽 참조.
   마크 존슨, 앞의 책, 97쪽 참조.
24) 송하섭, 앞의 글, 168쪽 참조.
25) 김해옥, 앞의 글, 34쪽 참조.

라고 할 수 있는 '전쟁'이다. 강신재 소설 속에서는 인물들이 6·25 전쟁이라는 외부 조건에 의해 불행해진다. 전쟁이 비극의 직접적인 원인으로 작용하면서 '삶에 내재한 비극성을 표면화하거나 심화시키는 계기'[26]로 작용한다. 전쟁의 이런 운명적 성격을 고려하지 않을 때 누구는 살아남고 누구는 죽어야 하는 상황이나 뚜렷한 이념적 좌표 없이 좌우 이데올로기로 대립하는 문제를 설명할 수는 없기 때문이다.[27]

이와 관련해서 전쟁이라는 물리적 조건에서 강신재 소설의 여성 인물들은 사랑을 추구한다. 여성들이기에 전쟁이라는 외적 조건을 사랑을 통해 체험할 수밖에 없음을 보여준다. 대개의 여성은 "평생 누군가를 생각하고 위하고 사랑하는 일 속에 자신의 존재의 의미를 발견하며 나가"[28]기 때문이다. 따라서 강신재의 소설에서는 애정 관계가 중심이 되어 사건이 전개되고, 특히 남녀 간의 단순한 관계가 아니라 한 여자를 둘러싼 두 남자의 갈등 또는 한 남자를 둘러싼 두 여자의 갈등을 중심으로 한 삼각관계가 주로 등장한다.[29] 이때 전쟁 또한 서정화되면서 정물화된 배경이 되고 그 자체가 '겪는 것'이 아니라 '반응하는 것'이 된다.

그런데 강신재는 이런 사랑을 감각과 연결시키고, 그런 감각화의 방법으로 성(性)을 택한다. 강신재의 소설에 나오는 여성 인물들은 대개 남성들의 성적 매력에 약하다. 여성들이 남성에게 사랑을 느끼는 것은 그들의 사회적 지위나 명예, 부, 성격 등이 아니고 성에 대한 감

---

26) 이다영, 「1950년대 강신재 소설 연구」, 연세대학교 석사학위 청구논문, 1994, 51쪽 참조.
27) 이정희, 「1950년대 여성 작가 연구」, 경희대학교 석사학위 청구논문, 1994, 26쪽 참조.
28) 강신재, 『이 찬란한 슬픔을』(신태양사, 1966), 작가 후기 참조.
29) 양윤모, 「전쟁과 사랑을 통한 현실인식 : 강신재론」, 송하춘·이남호(편), 『1950년대의 소설가들』(나남, 1994), 360쪽 참조.

각 그 자체이다. 즉 강신재에게 사랑은 성이고, 성은 곧 감각적 체험이기에 사랑 자체가 감각화된 정서로 나타남을 확인할 수 있다. 그리고 앞에서 살펴보았듯이 남성보다 여성이 좀 더 감각적으로 예민하기에 이런 성의 감각화에 보다 능할 수 있다. 이 말은 여성이 남성보다 성욕이 더 강하다는 것이 아니라 대상에 대한 사랑을 그에 대해 느끼는 감각적 체험으로 전환시키는 데 여성들이 더 능하다는 것이다.[30]

「향연의 기록」에서 화자인 '나'의 언니는 절세미인으로 화려한 남성 편력의 소유자이다. 그런 그녀가 적극적으로 자신을 쫓아다녔던 김정수와 약혼하는 날에도 우연히 수건에서 맡은 바다 냄새를 통해 과거에 바닷가에서 만났던 박관호를 떠올린다. 이처럼 '나'의 언니가 약혼자인 김정수보다 박관호에게 더 끌리는 이유는 박관호가 김정수보다 남성적인 매력이 더 많기 때문이다. 그리고 「절벽」의 여주인공 경아가 박현태 아닌 최한규를 선택한 이유도 바로 그의 성적 매력 때문이다. 또한 「어떤 해체」에서 시정이는 아버지 회사의 운전수였던 현구의 성적 매력에 이끌려 그와 결혼한다. 그 밖에도 「황량한 날의 동화」에서 명순이가 아편 중독자 한수에게 느끼는 가장 큰 결핍감을 그녀의 육체에 대한 한수의 무관심으로 표현한다거나, 그녀가 해수욕 나간 찬 물속에서 육감적인 느낌을 받은 후 남편의 애무를 회상하는 것에서도 이런 성의 감각성은 확인될 수 있다. 「해방촌 가는 길」의 기애나 「동화(凍花)」의 경희, 「제단」의 순정이 같은 여성 인물들도 학력이나 교양, 가정 형편의 격차보다 더 중요한 것이 성적 매력과 그것에 대한 인지라고 생각하고 있다.

그러나 전쟁이 일상적인 삶을 흔들어놓듯이 사랑 또한 괴로움이나 무감동, 혼돈을 부른다. 전쟁 중에는 제대로 된 삶이 불가능하듯이 제

---

30) 질 들뢰즈, 하태환 옮김, 『감각의 논리』(민음사, 1995), 63~64쪽 참조.

대로 된 사랑 또한 불가능하다는 것이다. 그리고 그처럼 제대로 된 사랑을 불가능하게 하는 요인으로 강신재는 '성의 비대화'를 들고 있다. 전쟁이라는 원인이 제공되어 성의 범람이나 부도덕이라는 결과가 발생했다는 것이 강신재의 시각이다. 전쟁을 감각화하기 위한 도구로 성을 선택했지만 전쟁 자체가 정상이 아닌 비정상 상태를 초래하기에 성 또한 비정상적인 양상으로 나타날 수밖에 없음을 강조하고 있다.[31]

그 예로서 「점액질」에서는 성의 비대화가 여성 인물이 겪는 불행의 직접적인 원인이 되고 있다. 한 남성을 두고 계모와 삼각관계를 이루던 옥례는 계모를 칼로 찔러 죽인다. 이런 상황에서 계모에 대한 미움과 증오가 '점액'과 연결되어 표현된다. 점액 자체가 지니는 습하거나 무거운 촉감이 그녀가 풍기는 '탁하고 열기 있는 모습', '무겁게 움직이지 않는 탁한 늪의 느낌', '우울한 침묵' 등과 연결되면서 그녀가 지닌 부도덕성이나 일탈성을 나타내고 있다. 「제단」에서의 순정이도 "커단 입"이나 "크고 좀 튀어 나온 두 눈"을 지닌 솔직한 여성이기에 '나'의 남편과 자신의 남편 사이를 오가며 성적인 방종을 일삼는다.

물론 강신재는 양공주처럼 어쩔 수 없는 상황 때문에 성을 이용하는 경우에 대해서는 우호적이다. 「해방촌 가는 길」의 기애, 「해결책」의 미라, 「관용」의 팻지이 등의 여성들은 가족이나 자신의 생존 때문에 도덕적 삶을 포기하고 양공주로 전락하여 성을 상품화할 수밖에

---

31) 이를 시대적인 측면에서 살펴볼 때 1950년대 이후 여성의 변화된 성 윤리에 연결시킬 수 있다. 1920년대에 이어 제2의 신정조론이나 자유연애를 구가하면서 개인의 자율성이나 평등의 가치를 주장한 것이다. 특히 자유로운 사교 생활을 즐기려는 여성들의 풍조가 양풍을 모방하고 허영과 향락에 치우치게 해 소위 '자유 부인형'의 여성상이 대두함으로써 사회적 비난의 대상이 되었다. 여성의 성 해방이 왜곡된 형태로 폭발된 것이다. 자유로운 성 관계와 자유 부인형의 무책임한 삶이 해방된 여성상으로 오인되었는데, 이러한 성도덕의 변화와 무책임성은 전통적인 현모양처의 지위와 가정의 안정에 대한 과격한 도전이었다. 이효재, 「분단시대의 여성운동」, 『분단시대의 사회학』(한길사, 1985), 315쪽 참조.

없었던 인물들이다. 강신재는 이런 여성들에 대해서는 비판이 아닌 옹호가 필요하다고 역설하고 있다. 그들에게 성은 쾌락이 아닌 생존의 문제였기 때문이다.

그러나 여기서 좀 더 나아가면 그 이유가 가치관의 붕괴와 타락으로 인한 것이건, 절대적인 빈곤에 의한 것이건 간에 성의 비대화, 왜곡화, 타락화는 모두 시대적 의미를 갖는다. 비정상적이고 왜곡된 성 자체가 뒤틀리고 병든 시대상을 나타내는 잣대 역할을 하기 때문이다. 겉으로 보기에는 자유로운 선택에 의한 성적 방종인 것 같지만 허무나 좌절, 소외를 유발시키는 시대 배경이 간접적으로 작용했다고 할 수 있으며, 절대적인 빈곤 자체가 성을 도구화시키는 경우에는 보다 직접적으로 작용했다고 할 수 있다.

이처럼 강신재가 성을 전쟁과 연결시키면서 사회화된 성을 감각화한 것은 남성 작가들의 서정 소설이 성을 인간의 본성으로 취급함으로써 보편적이고 초월적인 문제로 비사회화, 탈역사화시킨 것과 대조된다. 이효석의 「돈(豚)」이나 김유정의 「동백꽃」, 황순원의 「소나기」와 「학」, 오영수의 「메아리」나 「누나별」, 김동리의 「무녀도」나 「역마」 등에 나타난 성은 인간의 애욕이나 원초적인 동물성, 신비한 생명력, 향토적인 전원성을 통해 순수성이나 낭만성, 아름다움이나 한의 정서를 유발시키면서 인간의 본성을 다루고 있다. 그러나 이와는 반대로 강신재의 소설에 나타나는 성은 전쟁의 상흔이나 시대의 아픔을 보다 직접적이고 감각적으로 형상화시키고 있다.[32] 때문에 남성 작가들의 소설에 나타나는 성을 통한 서정성의 확보가 현실 도피나 순응성, 비현실성 등과 연결되는 것과는 대조적으로 강신재의 소설에 나타나는 성은 사회성과 역사성을 담보하면서 성적 갈등을 통해 시대성을 지니

---

32) 송하섭, 앞의 책, 175쪽 참조.

게 된다. 남성 작가의 서정 소설 중에서 김유정과 황순원의 소설에서는 사회성이나 역사성을 읽어낼 소지가 있기는 하지만, 이때의 사회성이나 역사성은 서정성과 결합된 것이기보다는 소재 파악을 중심으로 한 내용적 차원의 해석이나 시대 배경을 고려한 환원론적 해석을 했을 때에 가능한 것이다.[33] 때문에 그들의 소설에서 서정성 자체에 담보된 시대 의식을 추출해 내기는 힘들다고 할 수 있다.

물론 작가가 어떤 양식을 선택하는가 하는 문제는 어디까지나 역사적 상황의 산물에 해당한다.[34] 이런 맥락에서 보면 한 개인에게 사회가 발견되고 역사의 방향성에 대한 지평이 드러날 때는 서사 양식이 선택되지만, 사회를 발견하지 못하고 역사의 진행 방향에 대한 전망을 확보하지 못했을 때는 서정 양식이 선택되는 경향이 있다.[35] 한국 문학사에서 제국주의의 식민지 탄압이 심했던 1930년대의 소설과 부조리한 상황의 억압과 폐해가 심했던 1950년대의 전후 소설에 서정성의 도입이 강화되었던 것도 이 때문이라고 볼 수 있다.[36] 전체성과 개별성을 통합시킬 수 없었던 그 당시 사회의 특수성이 서정성을 강화시켰다는 것이다.[37]

이와 관련해서 조동일은 서정 소설이 자아와 세계의 대결을 표현하기 위해 자아와 세계의 조화를 아이러니컬하게 제시한다고 본다. 현실과의 갈등을 아이러니컬하게 표현한 것이 서정 소설이라는 것이다.[38]

---

33) 이익성, 앞의 책, 84~105쪽 참조.

34) 김준오, 『한국현대장르비평론』(문학과 지성사, 1990), 47쪽 참조.

35) 김윤식, 『한국근대문학양식논고』(아세아문화사, 1980), 23~26쪽 참조.

36) 김해옥, 앞의 글, 37~38쪽 참조.

37) 프리드먼은 서구 문학사 속에서도 산업화와 도시화로 인해 분열된 세계상을 표현하기 위해 인간과 자연이 동화된 원초적 화합을 아이러니컬하게 표현하는 서사 양식이 드러난다고 본다.
　랠프 프리드먼, 앞의 책, 42~43쪽 참조.

38) 조동일, 『한국소설의 이론』(지식산업사, 1981), 93~94쪽 참조.

루카치는 이를 '서정적 아이러니'로 명명하면서 서정성에서 보이는 자아와 세계의 융합 자체가 자아와 세계 사이에 놓인 간극을 아이러니컬하게 전제한다고 본다.[39] 때문에 서사 문학의 서정성은 자아와 세계의 상호 우위에 입각한 대결로 대상의 전체성을 형상화하기 어렵게 되었을 때 현실에 대한 갈등을 내면화하여 자아와 세계를 통합시키기 위해 선택된다는 것이다.

그런데 상대적으로 비교해 보았을 때 이러한 서정적 아이러니는 남성 작가들이 쓴 서정 소설보다 강신재의 소설에 더 강하게 드러난다고 할 수 있다. 이는 앞에서 언급했듯이 남성 작가들의 소설에 나타나는 서정성이 순수 소설이나 본격 소설, 전원 소설이라는 명칭으로 자아와 세계 사이의 갈등 자체를 무화시키는 측면이 강한 데 반해 강신재의 소설에 나타나는 서정성은 부정적 현실에 대한 인식이나 자아와 세계 사이의 갈등에 대한 감각적 인식을 강조하는 측면이 강하다는 사실과 관련 있다. 또한 남성 작가들의 소설에 나타나는 서정성에 갈등이나 분리를 강조하는 측면이 포함되더라도 그것이 궁극적으로는 총체화나 조화, 동일화에 대한 향수나 복귀를 지향하는 반면,[40] 강신재의 소설에 나타나는 서정성은 파편화나 부조화, 분리감에 대한 자각이나 강조 자체를 지향한다는 차이점과도 연결된다.

다른 맥락에서 살펴볼 때 전쟁 체험과 성의 이상 심리를 연결시키는 경우는 장용학이나 손창섭, 이범선, 김성한 등과 같은 소설가들의 전후 소설에서도 발견된다. 그들을 중심으로 한 전후 소설 자체가 실존주의적 경향에서건 휴머니즘적 입장에서건 허무와 불안, 좌절, 반항이나 피해 의식에 사로잡혀 있으면서 성적으로 불구인 인물들을 양산해 내었기 때문이다. 하지만 이처럼 성적으로 비정상인 인물을 동일

---

39) G. 루카치, 반성완 옮김, 『소설의 이론』(심설당, 1985), 149~150쪽 참조.
40) 송하섭, 앞의 책과 이익성, 앞의 책 등의 결론 부분을 참조할 것.

하게 그렸더라도 그런 성의 이상 심리를 감각적인 요소로 치환시켜 나타낸 점은 강신재 소설만의 특징이다.

이를 통해 강신재의 소설은 여성들에게는 가장 본능적인 성마저도 사회화할 수밖에 없을 정도로 시대적 억압이 강했음을 드러낸다. 최후의 사적(私的) 영역인 성까지도 공적(公的) 영역으로 편입시킴으로써, 그리고 그것을 육체적인 감각화를 통해 형상화함으로써 체험 자체를 서정화함과 동시에 사회화했다는 것이다. 이것은 직접적이 아닌 우회적인 방법으로 사랑과 전쟁, 성과 여성의 함수관계를 문제 삼은 경우라고 할 수 있다.

어법의 간접화와 언어의 여성성

강신재는 지금까지 살펴보았듯이 성을 감각화시켜 표현하면서 성이 비대화되거나 일탈화되는 것을 비판하고 있다. 그런데 이러한 자신의 견해를 직접적으로 제시하지 않고 감정을 배제한 채 간접 어법을 통해서 제시하는 것이 특징이다. 즉 강신재의 소설에서는 성적으로 비정상적인 여성 인물들이 많이 등장하는데, 그들을 묘사할 때 주로 관찰자 시점을 사용하면서 그 인물이 목격한 것으로 간접화하여 묘사한다는 것이다.

소설에서 서술상의 정보를 주는 데에는 여러 단계가 있다. 보다 자세히 혹은 덜 자세히, 보다 직접적으로 혹은 덜 직접적으로 정보를 제시할 수 있기 때문이다. 이에 비례해서 전달하려는 내용과 보다 가깝거나 먼 거리를 유지할 수 있다.[41] 그런데 강신재의 소설에서는 말

---

41) 제라르 즈네뜨, 권택영 옮김, 『서사담론』(교보문고, 1992), 152~156쪽 참조.

140

하기(telling)보다는 보여주기(showing)에 치중하면서 정보를 간접화하고 있다. 말하기가 중심이 되면 정보량은 최소가 되고 정보자의 위치는 최대가 되는 반면, 보여주기가 중심이 되면 정보량은 최대가 되고 정보자의 위치는 최소가 된다. 때문에 보여주기는 정보는 많이 주면서도 그것을 직접적으로 말하는 것은 가능한 한 줄이는 방법이다.[42] 그리고 보여주기를 중심으로 서술되는 '묘사'는 초점 화자가 대상이 되는 인물이나 사물 혹은 상황을 그대로 그려내기에 서정성을 확보하게 된다. 반면 말하기를 중심으로 서술되는 '서사'는 작중 화자가 시간에 따른 사건의 진행 상황을 서술하므로 보다 서사성에 가깝게 된다.[43]

이와 관련해서 강신재의 소설 속에서는 보여주기의 장면 묘사를 중심으로 어떤 행위가 행위 자체로 전달되면서 그냥 보여지는 경우가 많다. 때문에 여기서 논의되는 어법의 간접화는 소설 내에서 이루어지는 서술이 서술자의 매개를 거친다는 의미이고, 이때의 서술자가 소설 내적 인물이기는 하지만 중요 행위의 당사자가 아닌 관찰자나 목격자라는 의미이다.

그런데 이러한 간접화의 서술 양상이 충격적인 성의 묘사와 연결된다는 것이 강신재 소설의 특징이다.[44] 내용의 충격성을 완화시키기 위

---

42) 같은 책, 154쪽 참조.

43) 이익성, 앞의 책, 31~32쪽 참조.

44) 이다영은 강신재의 1950년대 단편 소설을 고찰하면서 그녀의 소설에는 총괄하는 화자가 부재하기 때문에 대상에 대한 총괄적인 해석을 유보하는 서술 태도를 보이면서 작가 특유의 실존적 인식을 보여준다고 파악한다. 그리고 그 구체적 양상으로 (1)내적 초점에 의한 서술 거리 유지, (2)화자 시선의 이중적 구조화, (3)화자와 여주인공의 동일시 등을 들면서 이러한 특성이 전쟁과 전후 현실 속에서 인간 소외의 문제를 개인 의식과 실존적 차원에서 확보하려 한 점이나 감정을 배제하고 성급한 가치 판단을 유보함으로써 당대 현실을 비교적 객관적으로 조명하려는 태도와 연결된다고 본다.
    이다영, 앞의 글 참조.

한 형식상의 배려가 어법의 간접화로 나타난다는 것이다. 본래 간접화를 통한 객관적 거리의 확보는 서정성과 대립되는 특성이다. 서정성은 주관화를 통해 거리를 소멸시키려는 특성을 갖기 때문이다. 그러나 그런 동일화가 불가능할 때는 오히려 그것으로부터 거리를 둠으로써 서정성을 확보할 수 있다. 즉 충격적 소재나 주제는 서정적 분위기와 배리되기 때문에 내용의 서정성을 확보하기 위한 형식의 서정성이 요구되었다고 할 수 있다.

대표적으로 이러한 특징을 보여주는 것이 「표선생 수난기」이다. 이 작품에서는 6·25 직전에 표 선생 집에서 식모살이를 한 '나'가 그때의 일을 회상하면서 이야기를 이끌어 나가고 있다. 이때 서술자에 해당하는 '나'는 자신이 감정에 치우치지 않고 목격한 바대로 이야기를 전달하려고 한다는 사실을 서두에서 분명히 밝히고 있다. 그래서 표 선생 부인과 그 아들의 친구인 준식이의 불륜 관계를 '나'가 우연히 목격하게 된 사실로 우회하여 표현하고 있다. 그리고 그런 관계가 지속적이라는 사실을 "그 후로 나는 이 집안에서 여러 가지 새로운 발견을 하였읍니다. 아주머니가 안방에서 자는 날이 별로 없다는 일이나 묵직한 자물쇠가 달린 이층 방이 손잡이만 조금 어떻게 하면 스르륵 소리도 없이 열린다는 일이나……"로 서술한다. 여기서 작가는 전쟁으로 인한 혼란과 무질서를 왜곡되고 비정상적인 성 관계로 치환시켜 보여주고 있다. 그러나 서술자가 보고 들은 사실만을 전달하게 함으로써 그 충격을 완화시키는 수법을 사용한다.

「찬란한 은행나무」의 서술자인 '나' 또한 실제 살인 사건과는 관계없는 제삼자이다. 단지 '나'는 자신이 사려던 은행나무집의 내력을 그 집주인의 변호사였던 친지에게서 듣게 된다. 반드시 사람이 죽어 나간다던 그 집에서 최근까지도 살인 사건이 일어났다는 것이다. 그 집의 주인이었던 이준구는 전쟁 때문에 아내와 네 아들을 모두 잃고 구사일생으로 살아남지만 가족과 인간을 사랑하던 예전의 그와는 전혀 다른 인간이 된다. 평판이 나쁜 전쟁 미망인 백희가 가련한 듯하면서도 요염하다며 가까이 하고, 목적도 없이 돈 버는 일에만 열중한다. 그러던 어느 날 백희가 젊은 청년과 밀통했다는 사실을 알게 되자 그 청년을 죽이고 만다. 그런데 이러한 살인 사건의 내용은 '나'가 직접 겪거나 목격한 것이 아니라 이준구와 그의 변호사라는 이중 필터에 걸러진 것을 전해 들은 것이다. 즉 그 이전까지는 전지적인 시점에서 서술하다가 살인이 벌어지는 상황의 서술을 갑자기 관찰자적인 시점으로 바꿈으로써 간접적으로 서술하고 있다. 그러한 전환을 통해 충격의 완화를 꾀하는 것이다.

「점액질」에서도 관찰자인 '나'는 친구인 옥례의 젊은 계모가 옥례의 늙은 아버지가 아닌 다른 남성과 가깝다는 사실, 그리고 그 남자가 바로 옥례가 좋아하는 남성이라는 사실을 우연히 목격한 것처럼 간접적으로 서술하고 있다. 그리고 "궁금하였으나 물론 내가 끼어들 수 있는 문제는 아니었다."라는 말로 그 사건과의 거리감을 나타내고 있다. 실제 모녀 사이는 아니지만 계모와 의붓딸이 동시에 한 남성을 좋아하는 충격적인 일과 좀 더 거리를 유지하기 위해 관찰자의 시점으로 표현하는 것이다.

「강물이 있는 풍경」은 젊은 남녀의 죽음을 행위가 아닌 풍경으로 제시한다는 점이 눈에 띤다. 어느 바닷가에 젊은 남녀가 찾아와 동반자살을 한다. 여자는 약을 먹고, 남자는 차로 바위를 박아 죽은 것이다. 그런데 그 두 사람이 그렇게 죽은 원인에 대한 규명이 확실하게 이루어지지 않고 있다. 이처럼 이 소설은 이종 서술자가 서술함으로써 소설 내의 등장인물이 아닌 소설 외적 서술자의 시점으로 제시되거나,[45] 전지적일 수 있는 서술자가 객관적 거리를 유지하고 있기 때문에 그 간접성이 더욱 부각되고 있다.

　지금까지 살펴본 바와 같이 강신재는 간접 어법을 즐겨 사용한다. 그렇다면 그것을 통해 얻을 수 있는 효과는 무엇인가? 이런 간접 어법을 통해 작가는 도덕적 판단을 통어한 채 있는 그대로의 사실만을 제시함으로써 그 사실에 대해 중립성과 공정성을 얻게 된다. 전달하려는 내용이 충격적이거나 비도덕적으로 간주되는 것이기 때문에 목격자의 시선으로 사건을 보여줌으로써 '평가'가 아닌 '제시'만을 한다고 할 수 있다. 바라보는 입장에서만 서술하는 관찰자적 시점을 택함으로써 사건에 대한 가치 판단을 유보하고 비서정적인 사건과 거리를 유지하려는 것이다.[46] 이런 거리 유지를 통해 충격적인 사건을 오히려 서정화할 수 있다.[47]

　이렇게 볼 때 이러한 간접 어법이 궁극적으로 의도하는 바는 직접적인 사건의 제시가 갖게 되는 용건(message) 위주의 직접성과 거칠음을 순화시킴으로써 칭찬이건 비난이건 간에 그것을 우회적인 방법으로 표현하려는 서정성과 결합한다고 할 수 있다. 이 점은 그런 서술이 설명이나 주장이 아닌 장면화의 서술을 선호한다는 점에서도 확인된다. 장면화된 서술은 순간적인 집약을 통한 감각적 서술로 인해 가능하다. 서정성은 사물에 대한 순간적 파악에 의해 확보되며, 이를 통해 화자 자신의 내면적 상태를 표현하게 된다. 역사적이고 연속적인 특성을 지니는 서사적 사건과는 달리 순간의 파악이 중심이 되는 것이 서정적 시간이며[48] 이러한 시간이 비서정적인 내용을 서정적으

---

45) 동종 서술자는 서술자가 자신이 이야기하는 스토리 속에 등장인물로 존재하는 경우이고, 이종 서술자는 서술자가 자신이 이야기하는 스토리 속에 없는 경우이다 제라르 즈네뜨, 앞의 책, 235쪽 참조.
46) 이익성, 앞의 책, 27쪽 참조.
47) 김대행, 「간접화의 시적 기능」, 『시가시학연구』(이화여자대학교 출판부, 1991), 59～73쪽 참조.
48) 김준오, 앞의 책, 50쪽 참조.

로 형상화하는 데 도움을 준다.

이러한 어법의 간접화를 통한 서정성의 확보는 여성의 언어와도 접점을 가진다. 탈윤리적이고 비지성적인 행동들에 대해 윤리적·도덕적 차원에서의 뚜렷한 입장 표명을 유보하는 것은 직접 이야기하지 않고 돌려 말하기, 이것을 이야기하는지 저것을 이야기하는지 모호하게 말하기, 이것을 말하면서 저것을 말하기 등을 통해 불확정적인 태도를 보이려고 하기 때문이다. 그리고 이를 통해 미완의 개방성을 확보함으로써 여성의 위치 자체와 동일화되기도 한다. 권위적인 해설자가 나타나 절대적인 판단의 기준에 의해 정해진 결론을 직접적으로 제시하는 것은 남성의 단정적인 언어에 보다 가깝다. 이런 단정적 평가보다는 행위 당사자나 독자의 개입 가능성을 열어놓음으로써 타인의 입장에 대해 관심을 표명하는 것이 보다 여성적인 언어라고 할 수 있다.

그리고 서사적인 태도에서는 주체의 관점에서 객체를 하나의 대상으로 명확하게 형상화하기 때문에 논리적, 지시적, 개념적 언어가 중심이 되는 반면, 서정적 태도에서는 감정의 상태를 나타내는 정서적, 감각적 언어가 중심이 된다.[49] 또한 남성들이 주로 도덕적 인지, 공격(설득력), 지성, 객관성을 중심으로 정직함의 언어를 구사한다면, 여성들은 주로 사회 관찰, 복종(감수), 직관, 주관성을 중심으로 아이러니의 언어를 구사한다는 사실과도 연결된다.[50] 남성적 언어가 주로 권위, 무게, 합리성, 지식, 통제 등을 나타냄으로써 서사적 요소에 접근한다면, 여성적 언어는 무형태, 민감, 영성(靈性) 등의 감성적인 특징을 나타냄으로써 서정적인 요소에 접근한다는 것이다.[51]

---

49) E. 슈타이거, 앞의 책, 84~101쪽 참조.
50) Rosalind Miles, *The Fiction of Sex*(New York : Barnes & Noble Books, 1974), 29~30쪽 참조.

서정성과 여성성

기존의 논의에서 서정성을 이야기할 때는 남성 작가들의 작품을 중심으로 한(恨)이나 감상성, 원시성, 전원성, 낭만성 등의 내용과 연결시켰다. 그리고 내적 독백이나 의식의 흐름, 회상의 시간성, 공간의 동시성 등을 통한 서정성의 확보가 주로 논의되었다. 뿐만 아니라 일반적으로 현실적 주제보다도 초월적이고 보편적인 주제를 다루어야 서정성을 확보하기 쉽다고 인정되었다. 그러나 강신재의 소설은 이와는 다른 개성적인 면모를 보여준다.

이런 관점에서 보다 구체적으로 강신재의 소설을 살펴보았을 때 대상의 서정화, 체험의 서정화, 시점의 서정화 등을 그 특징으로 추출할 수 있었다. 대상의 서정화는 (1)객관적 상관물을 통해 이미지가 창출된다는 것, (2)그러한 이미지가 특정한 분위기를 연출하면서 예시나 징조로서의 기능을 담당한다는 것, (3)이런 기능으로 인해 심리 변화나 정서적 반응이 감각화되어 표출된다는 것, (4)이런 감각적 서정성이 정신보다는 육체를 강조하는 여성적 특성과 연결된다는 것을 의미한다. 체험의 서정화는 (1)강신재의 소설에는 운명론적인 시각으로 인해 전쟁 또한 결정적 영향을 미치는 운명적 배경으로 작용한다는 것, (2)그런 점에서 여성에게는 사랑도 하나의 운명적 사건이기에 그것을 전쟁처럼 겪는다는 것, (3)사랑에 있어서 중요한 것은 감각이며 그것이 성적 매력을 통해 강조된다는 것, (4)때문에 성도 감각화된 실체로 감지할 수밖에 없게 된다는 것, (5)이런 성의 감각화가 남성 작가들의 서정 소설에서는 흔히 비역사성, 순수성, 본능성과 연결되지만 강신재의 소설에서는 역사성, 현실성, 감각성과 연결된다는 것, (6)이런 사랑

---

51) Mary Ellman, *Thinking about Woman*(New York : Harcourt Brace & World, 1968) 참조.

의 감각화가 여성의 감각적이고도 육체적인 글쓰기와 연결된다는 것과 연결된다. 시점의 서정화는 (1)그러한 성의 이상 현상이 관찰자의 시점을 중심으로 한 간접 어법으로 제시된다는 것, (2)이는 독자의 판단을 직접 요구하기 위해 가치 유보적인 태도를 보이려는 의도와 연관된다는 것, (3)이를 통해 충격적이고 비서정적인 내용에 대한 서정적인 형상화가 이루어진다는 것, (4)이러한 목적을 달성하기 위해 모호하게 말하거나 에둘러 말하는 여성적 아이러니의 언어를 사용한다는 것 등을 포함하는 개념이다.

그리고 이러한 서정적 특질을 여성적 글쓰기의 양상과 연결시켜 보았다. 대상의 내면화를 통해 자아와 세계가 상호 융화됨으로써 서정성을 확보하기 위해서는 감각의 직접성이 요구된다는 것, 그런데 이 감각의 직접성은 육체가 느끼는 구체적 경험을 토대로 하기에 정신보다는 육체, 논리보다는 감정에 더 민감한 여성들의 글쓰기와 연결될 수 있다는 것이다. 또한 강신재의 소설에서는 순응적이고 수동적이기에 서정적인 인물에 해당하는 여성 인물들이 등장하여 사랑이라는 감정적 현실로 전쟁을 경험하면서, 그러한 사랑의 인식 방법을 통해 성적인 매력이라는 육체적이고도 감각적인 본능이 중시되었다. 이러한 사실은 여성이 남성보다 육체적 존재에 가깝기에 사랑을 좀 더 쉽게 감각적 체험으로 치환시킬 수 있다는 점을 보여준다. 그리고 성의 비대화나 왜곡화를 비판하더라도 그 충격을 완화시키기 위해 관찰자적 입장에서 서술함으로써 서정성을 확보하고 있음도 확인되었다. 비서정적인 내용의 사건을 객관화함으로써 직접적인 가치 판단을 유보한 채 독자의 반응이나 정서 유발을 도모한다는 것이다. 이런 특성이 여성적 글쓰기와 연결될 수 있는 것은 여성적 글쓰기가 불확정적인 태도와 미완의 개방성을 확보하면서 에둘러 말하기나 모호하게 말하기가 중심이 되기 때문이다. 또한 남성들이 주로 공격, 지성, 객관성, 권위, 무게, 합리성, 통제 등을 중심으로 정직의 언어를 구사한다면, 여성들은 복종, 직관, 주관성, 무형태, 민감, 열정 등을 중심으로 아이러니의 언어를 구사한다는 것이다. 이를 위해서 도입된 즉시성, 순간성, 즉흥성, 유동성, 비논리성, 직접성, 비약, 직관, 주관 등의 요소가 바로 여성적이고도 서정적인 언어의 특징과 연결된다고 할 수 있다.

이와 더불어 강신재 소설의 서정성은 김유정, 이효석, 이태준, 황순원, 오영수, 김동리 등의 남성 작가들이 그들의 소설 속에서 보여주는 자연 친화적 내용이나 비현실적 서정성과 변별되었다. 기존의 연구에서 주로 언급되어 온 남성 작가들의 소설에 나타나는 서정성이 낭만적, 이상적 경향을 띠면서 총체화나 조화, 동일화에 대한 향수나 복귀를 지향한다면, 강신재의 소설에 나타나는 서정성은 실제적, 구체적인 경향을 띠면서 파편화, 부조화, 분리감에 대한 자각이나 강조를 지향하는 것이 특징이라는 것이다. 남성적 서정 소설이 갈등 중심의 서사성 속에서 부정보다는 긍정을, 악보다는 선을, 추(醜)보다는 미(美)를 추구하는 것에 중점을 둔다면, 강신재의 서정 소설에서는 긍정보다는 부정을, 선보다는 악을, 미보다는 추를 강조하는 것에 중점을 두고 있었다. 이처럼 현실을 보다 현실답게 느끼기 위해 서정성을 끌어오기 때문에 강신재의 소설에 나타나는 서정성은 오히려 '서사적 서정성'에 가깝다고도 할 수 있다. 대상의 내면화나 성의 본질화, 어법의 간접화를 통해 서정성을 확보하려는 이유가 현실에 대해 보다 감각적으로 반응하기 위한 것이었음을 확인하게 된다는 것이다.

강신재는 이러한 서정적 글쓰기를 통해 전쟁이나 윤리, 사랑 등과 같은 특정 상황에 처한 여성 문제에 관심을 보인 작가라고 할 수 있다. 이런 이유로 감각적인 인식을 통한 서정성의 확보나 여성성의 획득이 강신재의 소설이 지니는 한계가 아니라 강신재다운 소설의 특징이자 여성 문학적 특징이라고 평가될 수 있는 새로운 시각이 필요할 것이다.

REALITY

현실 속의 현실

가족(假族), 천국보다 낯선 가족(家族)

참을 수 없는 가족의 무거움

영화 「길버트 그레이프」에서 주인공인 길버트 그레이프에게는 자신의 집이 너무 무겁다. 남들에게는 안전지대이지만 자신에게는 위험지대이고, 남들에게는 안락함과 평온함을 느낄 수 있는 최고의 휴식처이지만 자신에게는 불안과 공포만을 제공하는 최대의 식민지가 바로 자신의 집이기 때문이다. 이런 마음의 무거움이 길버트의 집을 흔들리게 하고, 결국에는 불타 없어지게 한다. 물론 가장 확실하게 집을 무겁게 하는 것은 7년 동안이나 집 밖으로 나가지 않아서 집채만 해진 어머니의 거대함이다. 그러나 그 배경에는 아버지의 가출과 자살이 있다. 그리고 아버지의 빈자리를 정신박약아인 동생 어니가 더욱 크게 만든다. 그러나 길버트는 이런 무거움을 유목민적 자유의 상징인 여자친구 베키를 만나면서 벗어던지게 된다. 그래서 길버트의 앞에는 새로운 길이 뻗어 있다. 그 길을 통해 그는 무거운 집을 떠날 수도 있는 것이다.

그러나 그의 어머니가 살아생전에는 자신의 집에서 벗어날 수 없었듯이, 길버트와 불륜적인 사랑을 나눈 카버 부인이 어린 자식들과 함께 남편의 죽음을 감내해야만 했듯이, 집이 사라진 후에 겪게 될 길버트 누이들의 미래가 구체적으로 드러나지 않듯이 여성에게는 집 밖으로 난 길이 잘 보이지 않는다. 여성들에게는 집이 곧 운명이다. 운 좋게 선택받은 베키만이 자신의 몸을 집으로 만들면서 자유롭게 떠돌 수 있다. 베키처럼 가볍고 조그마해서 떠나기 쉬운 여성은 흔치 않기 때문이다. 대부분의 여성들은 너무 무거워서 떠나지도 못하고 그저 집 안에 갇혀 있을 수밖에 없다.

이처럼 타인을 위한 집이 되도록 요구되지만 자신들의 집은 만들지 못했기 때문에 집 없는 존재가 된 여성들이 집 안에서 소설을 쓴다. 그 소설 속에서 남의 집이 아닌 자신의 집을 그려나간다. 그런데 그들이 그리는 집 중에서 온전한 것은 하나도 없다. 비가 새는 집, 창문이 떨어져 나간 집, 울음소리로 가득찬 집……. 이런 훼손된 집 안에 살기에 여성들은 모두 아프다. 때문에 우리는 그녀들이 쓴 소설을 읽는 과정 속에서 여성들이 앓고 있는 병명들을 확인하게 될 것이다. 물론 문진(問診)이나 내진(內診)에 의해 밝혀지는 여성들의 병은 특별히 여성에게만 나타나는 것들은 아니다. 그러나 여성들이 스스로 자신들이 앓고 있는 아픔이나 고통에 대해 진찰한다는 점에서 충분히 여성 의학적이라고 할 수 있다.

여성 의학이 여성 환자들에게 확인해 준 병명은 구토증, 우울증, 협심증 등이다. 이런 병들은 생리통이나 감기처럼 정기적으로 찾아왔다가 사라지거나 겪을수록 면역이 생기는 종류의 질병이 아니다. 그래서 그런 병들을 치료하기 위해 의사들이 내놓은 처방전은 여성들 스스로 마녀가 되어야 한다는 것이다. 너무나 과격한 이 치료법 때문에 여성들은 가정 파괴범처럼 취급당하기도 한다. 하지만 원래 '나쁜 여자들'만이 집을 떠날 수도 있고, 병을 고칠 수도 있다. 원래 마녀(witch)는 사람을 현혹시키는 괴물이 아니라 병을 치료해 주는 '현명한(wit)' 여자를 일컫는 말이었다. 마녀는 병을 불러오는 사람이 아니라 병을 쫓아내는 사람이다. 마녀의 이런 치료 능력을 두려워하는 사람들이 하는 무모한 짓이 마녀 사냥이었다. 가족의 무거움이나 여성의 정주성(定住性)으로 인한 질병들은 그런 무모함으로는 치료되지 않는다. 그런데도 지금까지 계속되고 있는 그 무모함 때문에 여성들의 집은 아직도 흔들리고 있다. 그 속에서 마녀 아닌 마녀들은 점점 더 무거워져 간다. 길버트의 어머니처럼.

가족의 거부와 구토증

한 무리의 아이들이 민들레 홀씨처럼 날아다니고 있다. 자신이 뿌리 내릴 몸체를 찾아 여기저기 떠돌고 있다. 그런데 이런 떠돎이 그들의 집 없음을 역설적으로 보여준다. 뿌리를 내리면 싹을 틔울 수도 있다는 말이 그들에게 가장 잔인하게 들리는 이유는 그들에게는 뿌리 내릴 수 있는 터전이 거의 없기 때문이다. 그래서 끝없이 날아다닐 수밖에 없기에 그들은 고아이거나 기아(棄兒), 사생아나 다름없다. 그들에게는 집이 너무도 많아서, 집이 하나도 없다.

배수아나 한강의 소설에 등장하는 인물들은 어느 누구도 행복하지 않다. 인물들 모두 단 하나의 예외도 없이 완벽하게 불행하다. 집다운 집을 가져본 적이 없기 때문이다. 친부모는 없거나 있어도 소용이 없으며, 누구인지도 모르는 경우가 태반이다. 형제자매가 있어도 일찍 죽기 때문에 그 자리를 사촌이 대신한다. 그런데 그들 주위를 둘러싸고 있는 양부모나 이모, 사촌은 얼치기 핏줄에 불과하다. 그래서 그들은 오히려 더 위험한 존재다. 온전한 핏줄도 아니면서 핏줄을 상기시키기 때문이다. 그런 의사(擬似) 가족에 휩싸인 고아, 기아, 사생아의 분노나 오기가 가족만 빼고 그 이외의 사람은 모두 사랑할 수 있을 것 같다는 슬픈 예감이나 오진 결심으로 드러난다.

특히 배수아 소설의 아이들은 사람이 낳은 것 같지가 않다. 그냥 하늘에서 떨어진 것처럼 세상에 버려진다. 그들은 고독이나 불행, 어긋난 운명의 자식들이다. 그래서 정신적인 기형아가 된 이들이 집이 아닌 길에서 살 수밖에 없는 이유는 그들이 '겨울'이나 '저녁'에 태어났기 때문이다. 겨울이나 저녁에 태어나는 아이는 고아가 된다. 아니, 그들은 원래부터 고아였기 때문에 겨울이나 저녁에 태어난다. 고아에게 세상은 특히 춥고 어둡기 때문이다. 그것이 바로 그들의 바뀔 수 없는 운명이다. 추위나 어둠이 세상의 모든 희망을 삼켜버린다. 만약 햇빛이나 새벽이 부모였다면 삶이 그들에게 조금은 더 너그러울 수도 있었을 것이다. 모든 아이들이 "햇님이 하늘거리는 여름날에 태어나고 싶어."(『부주의한 사랑』)라거나 "저녁에 태어난 아이는 아무것도 알 수가 없어."(「포도 상자 속의 뮤리」)라고 말하는 이유도 여기에 있다.

더욱더 슬픈 것은 이들에게 실제로 부모가 있어도 그들이 아이들의 행복을 보장해 주지는 못한다는 사실이다. 친부모라도 양부나 계모처럼 생각되기 때문이다. 그래서 아이들은 자신을 신데렐라, 백설공주, 소공녀라고 생각한다. 계모의 구박은 자심하고 돈 많은 아버지는 언제 돌아올 줄 모른다. 그래도 그들은 자신이 '프린세스'임을 믿어 의심치 않는다. 그 믿음이 사라지면 현재를 지탱할 수 없기 때문이다. 그들은 치유될 수조차 없는 중증의 공주병을 앓는 환자들이다. 부모가 "어느 날 갑자기 많은 돈을 검은 가방에 가득 가지고 나타나서 우리를 행복의 나라로 데리고 가지 않을까."(「엘리제를 위하여」)라는 기대를 잃지 않아야 진짜 공주가 된다는 강박관념을 갖고 있다.

때문에 사생아는 더 확실한 불행의 징표가 된다. 동화에서처럼 어느 날 갑자기 부모가 많은 돈을 가지고 나타날 가능성이 반으로 줄어들기 때문이다. 「검은 저녁 하얀 버스」에서의 '나'는 미국에서 살고 있는 유명한 외과의사의 사생아로 태어나 여러 친척집들을 전전하면서 불안한 삶을 산다. 「내 그리운 빛나」의 빛나도 그 아버지가 서류상으로는 한번도 결혼한 적이 없고 어머니가 누구인지도 모른다. 「포도 상자 속의 뮤리」에서 처음부터 절름발이로 태어난 새끼 염소와 자신을 동일시하는 여자아이도 자신이 태어난 다음에 얼마 지나지 않아 엄마가 죽었기 때문에 아버지가 누구인지 모른다. 『부주의한 사랑』에서의 '나' 또한 늙은 어머니가 부도덕의 상징으로 낳은 아이이다. 그래서 낙태시키려고 간장을 일부러 많이 먹거나 긴 뜨개질 바늘로 몸 안을 마구 찔러도 기어이 태어난 아이이다. 이처럼 사생아는 태어나기를 바라지 않은 경우가 대부분이다. 그래서 거의 부모가 그들을 찾아올 가망은 거의 없다.

이처럼 태어나지 말았어야 할 아이가 할 수 있는 유일한 복수는 자신의 뿌리를 부정하는 것이다. 갖지 못한다면 먼저 버리는 것이 고통을 덜 느끼는 일이라는 사실을 알 정도의 조숙함이 사생아들에게는 생래적으로 내장되어 있다. "어머니는 내가 죽기를 원해요. 이제 나는 어머니를 보지 않겠어요. 일생동안 만나지 않겠어요. 어머니, 나는 이제 죽을 때까지 어머니의 아이가 아니겠어요."(『부주의한 사랑』)라는 말은 버려짐으로써 폭력적인 아픔을 겪은 아이의 입에서나 나올 수 있는 절규의 말이다.

이런 아이들이기에 그들은 사랑도 제대로 하지 못한다. 사랑은 받아본 사람만이 베풀 수 있는 것일 테니. 고아들의 영원한 콤플렉스는 받아본 적이 없어서 줄지도 모른다는 비난이다. 기아나 사생아의 경우도 더 나을 것은 없다. 자신의 처지를 그렇게 만든 아버지나 오빠 같은 남자들을 만날까 봐 두려워 그들은 사랑을 하려고 하지 않는다. 사랑을 낭만적으로 생각하기에는 그들의 상처가 너무도 크다. 하지만 세상이 그들을 가만히 내버려두지 않는다. 그들에게 가해지는 가장 커다란 형벌은 미워하면서도 그들에게 끌린다는 사실이다. 악의 놀라운 전염력이 최악의 죄를 저지르게 한다. 그들에게는 이미 집안의 남자들이 가족이 아닌 남이기에 싫어하는 가족들과 자해적인 사랑을 하게 된다. 집안의 어떤 남자하고도 사랑할 수 있고, 남과 사랑한다고 생각하니 조금의 죄의식도 느끼지 않는다. 때문에 근친상간은 가족이라는 개념이 없을 때 가능한 사랑이나 성교의 방식이다.

“도대체 왜 다른 여자들은 되는데 당신 여동생만은 안 된다는 거야.”(「프린세스 안나」)라는 아버지의 말이 이런 가족의 타인성을 여실히 증명해 준다. 때문에 「프린세스 안나」나 『부주의한 사랑』에 나오는 아이들은 지금의 엄마가 이모인지 아니면 진짜 엄마인지 결정을 내리지 못한다. 더욱 심각한 것은 그 어떤 경우라도 상관이 없다는 사실이다. “정말 엄마다, 아니다 하는 것이 중요하지 않아. 하지만 그 여자가 정말 엄마라면 난 그 여자를 싫어하게 되었을 거야.”(「인디언 레드의 지붕」)라고 말할 수 있는 딸들이 바로 그들이다. 어차피 그 이전에도 가족은 없었기 때문이다. 그래서 이모부와 사랑하는 조카도 있고(『부주의한 사랑』), 한 사람을 동시에 사랑하는 사촌도 있다(『부주의한 사랑』, 「천구백팔십팔년의 어두운 방」). 더 심하게는 친오빠와 성 관계를 맺는 동생도 있다(『랩소디 인 블루』). 이처럼 아이들의 몸에는 ‘나쁜 피’가 흐르고 있기에 자신들과 같은 불온한 출생을 두려워하지 않는다.

그래서 배수아의 소설 속 인물들은 성장을 거부한 채 아이로 남아 있으려고 한다. “나는 아직도 내가 다 자랐다는 생각이 들지 않아. 난 아기 요람 같은 보살핌이 필요해. 나는 내가 아주 아기인 채로 이 세상을 떠날 거라는 생각이 든다. 세상아, 슬픔도 많았고 그래도 가슴 떨리는 희열도 있었다. 모래처럼 시간이 흘러가지만 나는 내가 태어날 때 같은 그런 마음이야."(「마을의 우체국 남자와 그의 슬픈 개」). 이처럼 성장을 거부하는 아이들에게 어울리는 곳은 고아원밖에 없다. 사람은 바뀔지라도 평균 연령은 그대로인 곳은 고아원밖에는 없기 때문이다. 그런데 고아원은 집이 아니다. 그것이 배수아의 비극이다.

한강의 소설에서도 가족은 모두 만나지 못한 채 서로 떠도는 섬들로 존재한다. 특히 두 살쯤 되었을 때 강보에 싸인 채로 열차 안에 버려진 아이에게는 고향이 있을 수 없다. 그래서 그 아이는 매일 아침 눈을 뜰 때마다 길을 잃은 기분을 느끼게 된다(「여수의 사랑」). 그 아이는 언제나 혼자이다. 고아는 원래 혼자서 외로움을 견디는 아이를 말한다. 그런 외로움을 "몸에 잘 맞는 껍질"(「야간 열차」)로 삼아 웅크리고 사는 갑각류들이 바로 한강의 인물들이다.

그래서 한강의 경우는 좀 더 심각하다. 아픔을 더 잘 견디기 때문이다. 원래 그토록 아픈 것이 삶이려니 생각하면서 그들은 그 무겁고도 딱딱한 집을 용케 견디고 있다. 어차피 집을 떠나도 사정은 마찬가지라고 생각하기 때문이다. 배수아의 인물들이 집을 뛰쳐나가려고 애쓰는 것에 비해 한강의 인물들이 집 안에서 집을 찾으려고 안간힘을 쓰는 것도 이 때문이다. 그래서 죽음이 가족을 해체시키기 전까지 그 곁을 떠나지도 못하는 것이 한강이 그리는 가족의 모습이다. 이런 가족들은 죽음을 통해서만 다른 가족에게 이별을 고한다. 주로 동생(「여수의 사랑」, 「질주」, 「야간 열차」, 「붉은 닻」)이나 형(「저녁빛」), 자식(「진달래 능선」, 「어둠의 사육제」)의 죽음으로 나타나는 가족의 해체가 근원적인 결락감을 통해 남아 있는 사람들의 마음에 커다란 무덤을 만든다. 죽은 사람에게는 무덤이 집이지만 살아 있는 사람들에게 집이 될 수 없는 이유는 그것이 결핍과 상처의 우물이기 때문이다.

한강의 소설에서 인물들이 신경성 위경련으로 인한 구토 증세를 보이는 이유도 여기에 있다. 거부하려고 해도 쉽게 거부되지 않는 가족의 반란이 구토로 나타난다. 모든 가족의 전사(前史)는 불행했거나 혐오스러웠다. 그래서 인물들은 일부러 손가락을 넣어서 하나도 남김없이 뱉어내고 싶은 것이다. 「여수의 사랑」에서의 정선, 「야간 열차」에서의 '나', 「저녁빛」에서의 재헌, 「진달래 능선」에서의 정환은 세상에 대한 분노와 거부를 '약 먹기─토하기─다시 약 먹기'라는 일련의 반복 행위를 통해 표출한다. 그들은 체념을 약처럼 먹고 분노를 불순물처럼 토해 낸다. 그러나 그것들은 '위약(胃藥)'이 아니라 '위약(僞藥)'이기 때문에 근원적으로 통증을 없애주지 못한다. 그래서 그들은 항상 욕지기를 느끼거나 토악질을 하며 살 수밖에 없다.

그래도 그들은 현실을 떠날 수 없듯이 집을 떠나서도 살지 못한다. 그들의 집으로의 귀환은 "상한 음식인 줄 알면서 그것을 삼킬 때 느끼는 물컹하고 우울한 느낌"(「야간 열차」)처럼 참기 힘든 감정을 동반한다. 하지만 집이 아닌 다른 곳으로 가는 야간 열차의 차표는 거의 없다. 그런데 그들은 마치 그런 상황을 원한 것처럼 그 사실을 확인한 후에야 힘을 얻어 집으로 돌아간다. "그런데 이상하지. 차표가 없다는 응답을 듣고 나면 이상한 안도감을 느껴. 그제야 집으로 돌아갈 수 있게 돼."(「야간 열차」)라고 말하는 한강은 지독히도 보수적인 가족주의자이다. 그렇기 때문에 한강은 가족에 연연하면서 잃어버린 가족을 찾으려 한다.

그러나 이런 몸부림에도 불구하고 한강 소설의 인물들이 여전히 고아, 기아, 사생아인 이유는 그들의 삶 자체가 원초적으로 거부당했다는 사실 때문이다. 거부당한 사람들에게는 자신의 생명이 사소한 '우연'이거나 가벼운 '실수'일 뿐이다. "난! …잘못 태어났어! …난!"(「저녁빛」)이라는 절규가 그들의 비극성을 대변한다. 그래서 그들은 무엇이든지 자기가 원하는 대로 다시 태어날 수 있더라도 "난…난 다시 태어나고 싶지 않아… 절대로."라고 말하거나 "무엇으로든, 나 아닌 것으로."라고 말한다(「저녁빛」). 인생이나 삶, 생명에 대한 가장 커다란 불경이나 잔인한 모독은 다시 태어나기를 원하지 않거나 현재 이외의 것이면 무엇이든지 욕망하는 것이다. 이를 통해 현재의 삶이 비교 불가능한 불행을 내포한다는 사실을 역설적으로 증명해 주기 때문이다. 무엇보다도 가족을 거부하는, 아니 가족으로부터 거부당한 사람들에게 '다시 태어남'은 있을 수 없다. 가족은 가족을 통해서만 재생산되기 때문이다. 그래서 한강에게는 가족이 없다.

가족의 부재와 우울증

배수아나 한강의 소설에서 가족으로부터 거부당했거나 스스로 가족을 거부한 아이들이 '실수로' 결혼해서 가정을 꾸미더라도 달라질 것은 별로 없는 듯하다. 30대의 가정주부들도 우울증에 시달리고 있기 때문이다. 그래서 가정주부들은 정신 병원을 제집처럼 드나들면서 신경 안정제를 밥처럼 먹고 산다. 그런데도 그 주변 사람들은 그녀의 이런 증상을 모르고 있거나 모르는 척한다. '마음의 병'처럼 배부르고 사치스러운 병은 없다고 생각하기 때문이다. 먹어도 그만이고 안 먹어도 그만인 애피타이저나 디저트처럼 심각하지 않은 것이 바로 여성들이 앓고 있는 정신적 고통이라는 것이다. 엑스레이로도 찍히지 않고 내시경 검사로도 밝혀지지 않는 병에 신경 쓸 만큼 세상살이에 여유가 있는 것은 아니다. 더군다나 가족들은 주부들이 우울증을 앓는 주된 병인(病因)이 바로 자기들이라는 사실을 무의식적으로 느끼고 있기에 더욱 모르는 척할 수밖에 없다. 이런 묵과가 여성들의 우울증을 더욱 악화시킨다. 그들의 우울증은 자신의 내면을 보아달라는 몸짓의 언어이자 따뜻한 시선에 의해서만 휘발되는 정신의 습기이기 때문이다. 그래서 서하진, 은희경, 전경린, 차현숙 등의 소설에 나타나는 여성들은 모두 와병 중이다. 그들에게 가족은 "식어버린 커피"(차현숙, 「나비, 봄을 만나다」)와 같은 것이다. 소외나 불륜, 가출 등의 심리적 갈등이나 일탈 행위가 가정의 온기를 빼앗아 갔기 때문이다.

먼저 아내가 느끼는 소외감은 남편들이 아내를 몰라도 너무 모르기 때문이다. 남편들의 시각으로 아내의 내면을 훔쳐보자. 은희경의 「빈처」에서는 평범한 직장인이 아내의 일기를 읽고, 서하진의 「책 읽어주는 남자」에서는 평론가이자 대학교수인 남편이 아내가 쓴 소설을 읽는다. 그리고 차현숙의 「나비학 개론」에서는 낯선 두 남자가 지나가는 여자의 내면을 훔쳐본다. 그렇게 함으로써 남자들은 모르고 있었던 사실을 새롭게 알게 된다. 아내도 살아 있는 '인간'이었고, 심지어 사랑받고 싶은 '여자'라는 점이다. 물론 남편들도 할 말이 있다. 예를 들면 이런 말들이다. "내가 가정적이지 못한 것이 불만이기는 하겠지만 그것이 그녀의 인생에 결정적으로 심각한 그늘을 드리운다고는 생각해 본 적이 없다."(은희경, 「빈처」), "아내는 결코 내면적인 고통을 안고 사는 여자가 아니라고 전혀 의심 없이 단정하고 있던 것이 아내에게 상처를 준 걸까."(서하진, 「책 읽어주는 남자」), "하지만 다른 여자들은 아무 소리 없이 잘만 살잖아요. 왜 내 아내만 그래야 하죠?"(차현숙, 「나비학 개론」).

왜 남편들은 아내의 마음을 모르는가. 그들이 아내를 '얼굴 없는 귀신'이나 '그림자'로 취급하기 때문이다. 남편들은 아내의 마음을 보지 않는다. 그들은 아내의 몸 중에서 자신에게 필요한 물건을 전달해 주는 손이나 눈 감고도 찾을 수 있는 몸의 하부만을 본다. 그래서 모든 아내들은 그런 부위만 비대하게 살찐 기형적인 몸을 갖게 된다. 이런 상황이 심각하지 않으면 애교를 떨며 투정을 부릴 수도 있다. "이렇게 안쳐다보고 살 걸 남자들은 왜 그렇게들 예쁜 여자와 결혼하려고 안달인지 몰라. 나는 이제 얼굴을 밀어버리고 그냥 남들과 구별만 가게 '마누라'라고 써 붙이고 있을게"(은희경, 「빈처」)라고. 그러나 상황이 좀 더 심각해지면 아내들은 몸 전체를 잃어버린다. 그래서 실체가 없는 그림자로만 존재하게 된다. 그들은 모두 가짜이고 부재이며, 허상이기에 가보면 없고, 붙잡으려 해도 잡히지도 않는다. 이런 귀신이나 그림자들은 그 뒤를 아무리 쫓아다녀도 남편의 사랑을 받을 수 없다.

하지만 여성들이 경험하는 소외 중에서도 가장 심각한 것이 성적인 소외이다. 남편은 아내의 몸에 대해 "여섯 번도 더 읽은 낡은 책"(전경린, 「새는 언제나 그곳에 있다」)처럼 싫증을 내는 데 반해 아내는 남편의 몸을 "한번도 들어가 보지 못한 이방인의 집"(전경린, 「염소를 모는 여자」)처럼 낯설어 한다. 이런 불감증의 육체가 만나서 행해지는 섹스는 "나이프와 포크 부딪치는 소리만 나는 식욕없는 식사"(전경린, 「새는 언제나 그곳에 있다」)처럼 메마르고 쓸쓸한 행위가 된다. 이러하니 고대 그리스의 희극 『리시스트라테』에서처럼 여성들이 섹스 파업을 통해 남성들의 항복을 받아낸다는 것은 어불성설이다. 파업하고 싶은 아내들 못지않게 남편들도 그런 아내에 대한 성적 욕구를 상실했기 때문이다(차현숙, 「나비의 꿈, 1995」).

이렇게 서로 소가 닭 보듯 하던 부부들이 상대방에게 이상한 친절함이나 낯선 배려를 베푼다면 그것은 애인이 생겼다는 신호이다. 집 안에서 해결할 수 없는 섹스는 집 밖에서라도 해결해야 한다. 외도(外道)는 '밖으로 난 길'이지 않은가. 그 길을 찾아 남편을 출장 중이고, 아내는 외출 중이다. 그래서 구체적인 양상이야 차이가 있겠지만 대부분의 30대 여성 작가들은 마늘 양념처럼 불륜을 다룬다. 마늘이 들어가지 않으면 음식의 제 맛을 낼 수 없듯이 불륜이 아니면 여성들의 불온한 내면을 드러낼 수 없다고 생각하는 듯하다. 그래서 오히려 충격적으로 느껴지지 않는 이런 불륜에 빠지는 여성들을 황종연은 트리스탄과 사랑에 빠졌던 이졸데의 손녀들에 비유한다. 그리고 그들의 불륜 속에서 합법적, 세속적 결합인 결혼에 결핍되어 있는 숭고한 삶의 형식이나 세속의 삶을 파괴하는 정열의 연소(燃燒)를 읽어 낸다. 도덕적 율법에 길항하는 정열이나 개인의 자유를 확인하는 열정으로서 불륜의 의미를 파악하는 것이다.[1]

그래서인지 서하진, 전경린, 차현숙의 소설에 등장하는 부부는 아내이건 남편이건 간에, 그리고 그 대상이 옛날 애인이건 옆집 여자이건 간에, 장소 또한 자기 집이건 외국이건 간에 어떤 위험과 비난을 무릅쓰고서라도 불륜적인 사랑에 경도된다. 오히려 그토록 금기시되었던 것을 위반함으로써 신성성에 도달하려는 역설성을 보여준다. "성적인 위반이란 어쩌면 우리 생의 어떤 성공보다도 거대한 자기 성취감을 동반할 수도 있다. 빗자루를 타고 하늘을 날거나, 우산을 들고 하늘로 올라가는 동화 속의 그림들은 어쩌면 일탈된 성적 암시일지도 모른다."(전경린, 「남자의 기원」)는 생각이 지배적이기 때문이다.

이런 이유로 정신적 허기에 시달리는 여성들은 마치 마약에 빠지듯이 불륜에 빠진다. 그래서 중독성을 보이는 여성 소설 속의 불륜은 일상으로부터의 일탈을 통해 해방감을 느끼려는 것(서하진), 정열을 통해 삶의 질을 고양시키려는 것(전경린), 추락이나 타락을 통해서라도 생존을 확인하려는 것(차현숙)과 통하는 본능적 행위가 된다. 이런 상황이기에 "사랑이 없는 부부간의 의무방어적인 키스보다 사랑하는 사람과의 정사가 더 도덕적이다."(차현숙, 「서른의 강」)라는 도발적인

---

1) 황종연, 「이졸데의 손녀들, 그들의 불륜의 소설」, ≪문학동네≫, 1996년 겨울호 참조

발언을 할 수도 있는 것이다.

그러나 내면에 이는 바람이 육체적 가출인 불륜으로 해결되지 않을 때 여성들은 보다 적극적으로 정신적 일탈인 가출을 하게 된다. 불륜을 행할 때에는 몸이라도 집에 돌아왔지만, 이제는 몸마저 집 밖으로 나가려는 것이다. 이곳이 아닌 다른 곳으로 떠나서 다시 돌아오고 싶지 않을 때 여성들은 집을 나선다. 마치 그동안 몸담았던 집이 '부부'의 집이 아니라 '남편'의 집이었던 듯 아내들 모두 자기 자신만의 집을 향해 떠나가고 있다. 이런 행위에는 아무런 수식어도 필요 없다. 어떻게 포장을 해도 그것은 그저 '떠남'일 뿐이기 때문이다. 아니, 꼭 이처럼 극적이거나 희망적인 '떠나다'의 행위가 아니어도 좋다. 그저 '버려지다'라는 소극적이고 비극적인 행위라도 좋다. "누가 나를 좀 내다 버려주면 좋겠어. 공터에다 남몰래 내다버리는 망가진 냉장고처럼."(전경린, 「새는 언제나 그곳에 있다」)이라는 원망(願望)을 가질 정도로 그들의 감금 상태는 심각하다.

그래서 전경린은 염소를 몰면서 떠나고 싶어하고, 차현숙은 나비가 되어서 날아다니고 싶어한다. 염소가 지닌 야생의 야성성, 나비가 지닌 자유의 초월성이 여성들을 삶의 질곡으로부터 벗어나게 해주기 때문일 것이다. 하기에 이들의 변신은 차라리 곰이 인간이 되는 상승적 변신이 아니라 인간이 곰이 되는 하강적 변신에 더 가깝다. 그들의 하강적 변신의 변(辯)은 이렇다. "언제까지 벼랑 끝에 배를 붙이고 심연을 내려다보고 있을 수는 없다. 나아가기 위해서는 끊긴 길 앞에서 두 눈을 감고, 두 귀도 닫고 자신의 본질을 향해 어느 순간 훌쩍 뛰어내리지 않으면 안 된다."(전경린, 「염소를 모는 여자」). 그래서 이들에게는 하강이 곧 상승이 된다.

이처럼 우울증을 앓고 있는 30대 가정주부들이 푸가(fuga)를 듣고 있다. 그 음악을 듣다가 집을 나선다. 음악도 그들을 따라나선다. 푸

가는 둔주곡(遁走曲)이라는 뜻의 음악 용어이지만 정신 의학에서는
목적 없이 집을 뛰쳐나가는 증상을 일컫는 말이기도 하다. 그래서 환
자를 기억 상실증에 걸리게도 한다. 이런 푸가에 대한 친연성이 여성
들을 집 밖으로 뛰쳐나가게 만든다. 괴로운 사실들을 모두 잊어버리
라고도 한다. 그리고 여성들에게 가벼워지기 위해서 집 밖으로 나가
라고 말한다. 우울증은 축적된 분노에서 유발되기에 여성들의 몸을
무겁게 한다고, 집 안에도 가족이 없다면 그런 집은 달걀 껍질처럼
깨져야 한다고 말해 준다. 새로운 세계에서 다시 태어나기 위해서는
집을 깨고 나오는 아픔을 겪으라고 속삭인다. 푸가답게.

가족의 억압과 협심증

동일한 가정주부들의 생활도 40대에 더 가깝거나 그 이후인 여성
작가들의 시각에서 보면 차이가 날 수 있다. 세대론적인 입장에서 볼
때 앞에서 살펴본 서하진, 은희경, 전경린, 차현숙 등이 심리적인 차
원에서 여성들의 삶에 접근했다면, 이남희, 박명희, 이청해 등은 제도
적인 차원에서 여성들의 삶에 접근한다. 그들이 30대의 작가들보다
가부장적인 억압에 대한 경험이 더 구체적이었기 때문일 수 있다. 그
들의 눈이 더 많은 것을 보았기에 심리적인 억압이나 정서 장애의 문
제가 아닌 사회 구조적인 모순의 문제로 가족 해체의 양상을 파악한
것이다. 그들은 심인성(心因性) 요인이 아닌 유전성 요인이 가족을 병
들게 한다고 생각한다.

이런 유전병을 유발시키는 근원은 유교적인 가부장제이다. 현대에
도 조선 시대와 다름없는 가부장적 이데올로기가 답습되고 있다고 보
기 때문이다. 그래서 이남희는 「술래를 찾는다」, 「허생의 처」에서 고

려말과 조선 시대 여성의 삶을 통해 억압의 지속성과 시대의 불변성을 문제 삼는다. 현모양처 이데올로기의 뒷면과 남존여비 사상의 옆면을 살펴보려는 것이다. 그 과정을 통해 '예전에·과거에'라는 시간 부사어를 '아직도·지금까지'로 바꾸어놓는다. 그 속에는 이런 작업이 차라리 시대착오적이거나 시대역행적인 행위로 받아들여지기를 바라는 비원(悲願)이 숨어 있다. 가부장제는 본질적으로 문제가 없으나 제대로 운용되지 못한 '미완의' 제도라고 보려는 남성주의적 시각을 부정하고, 자체내에 문제점을 내포하고 있는 시효가 '만료된' 제도로 보려는 여성 중심적 노력이 이루어지는 것이다.

「술래를 찾는다」에서의 안습명, 「허생의 처」에서의 허생은 모두 가부장적 이데올로기의 화신으로 형상화되고 있다. 이남희는 그들로 대표되는 주자학이나 실학사상이 여성들의 삶을 그 질곡으로부터 해방시키지 못했다고 비판한다. 그래서 이남희는 오늘날의 시각으로 그들을 재평가한다. 안습명의 모친에 대한 태도나 허생을 바라보는 허생 처의 입장이 중심이 되는 것도 이 때문이다.

「술래를 찾는다」에서 안습명의 모친인 김 씨는 당시로서는 드물게 자기 주장이 강하고 재주도 뛰어난 여성이었다. 그런데 어렸을 때는 효자였던 안습명이 커서는 이런 어머니를 부정했던 이유는 무엇일까. 조선 시대보다는 남녀 관계가 자유로왔던 고려 시대이지만 어머니가 재혼하려고 했다는 것과 중과의 사이에서 배다른 동생을 낳았다는 것 때문에 안습명은 어머니를 불결하게 생각했고, 그런 어머니에 대한 환멸과 반동 때문에 주자학에 더욱 열중했다는 것이 작가의 해석이다. 안습명을 비롯한 주자학자들은 여성을 부정하는 것만이 자신들을 남성으로 인식할 수 있는 기초로 생각했고, 그래서 아들을 낳아 후사를 잇는 모성만을 가치 있는 여성성으로 인정한다. 안습명이 '과부의 재가 금지법'을 제정하도록 주도한 인물이라는 사실이 이것을 입증해

준다. 안습명의 한계는 자신의 어머니를 단순히 효를 실천할 대상으로서만 평가했지 독립적이고 자유로운 인격을 가진 여성으로서는 받아들이지 못했다는 점이다.

「허생의 처」에서 허생의 처는 정절을 지키기 위해 자결한 친정어머니의 삶이나 서른이 넘도록 자식을 낳지 못하다가 절에서 겁탈을 당해 임신을 하게 된 자신의 삶, 넷째 아이를 임신하고 그 아이가 아들이기를 간절히 바라는 동생의 삶 때문에 여성들이 겪는 제도적 억압을 되짚어 본다. 거기다가 십만금을 벌어왔어도 집에는 한 푼도 들여놓지 않는 남편에게서 무능력과 무책임을 발견하고는 더욱 괴로워한다. '용(用)'을 이야기하면서도 신선놀음만을 일삼는 것이 바로 허생의 모습이다. 그래서 "사람들은 남편을 뛰어난 인재라고 했다. 능히 천하를 경영할 재주가 있다고 하는 이도 있었다. 그러나 남편이 죽는지 사는지 아내가 모르고, 아내가 죽는지 사는지 남편이 몰라야만 뛰어난 인재가 되는 거라면 그 뛰어난 인재라는 말은 분명 이 세상에서 쓸모없는 존재라는 뜻이리라."라는 탄식이 그녀의 입에서 절로 나온다.

그런데 이러한 가부장적인 이데올로기의 지속성이 박명희의 「안개등」이나 「별의 주소」에 여실히 나타나고 있다. 박명희에 의하면 인간이 청동기 시대부터 계속 사용했지만 지금까지 큰 개량 없이 그대로 사용되고 있는 발명품이 '가위'이다(「마음의 가위질」). 이런 가위처럼 가부장제 또한 별다른 개량이나 변화 없이 유지되고 있는 제도일 수 있다. 「안개등」에서 '나'는 친정어머니를 모시고 살아야 하기 때문에 괜히 기가 죽고, 그 때문인지 더 큰소리를 치는 시어머니에게 분노를 느낀다. 아내의 친구와 바람을 피웠으면서도 다시 당당하게 아들을 낳아주기를 원하는 남편에게는 더더욱 이질감과 실망감만을 느낀다. 「별의 주소」에서도 남편이 시앗을 보아 떠나간 시집에 남아 시어머니를 모시고 사는 며느리의 전통적인 순종성이 그대로 답습되어 있다.

때문에 박명희의 소설에 자주 등장하는 낙태 모티프(「마음의 가위질」, 「안개등」, 「어둠의 소리」)는 이런 남성 중심적 이데올로기의 희생양이 되어 사라지는 생명들의 모습을 보여준다. 혹은 이런 악습이 유지되고 있는 세상에 아기를 내보내지 않겠다는 모성적인 책임감을 아이러니컬하게 드러낸다. 원하지 않았을 때 생긴 생명은 덫이나 굴레로 작용하지만, 축복받아야 할 생명이 그처럼 부정적으로 인식될 수도 있다는 사실 자체가 생명을 존중할 수 없게 만드는 사회의 억압성을 드러낸다는 것이다.

특히 남아 선호 사상에 의해 태어나지도 못하고 사라져야 하거나 태어났어도 온전한 자식으로 대접받지 못하는 딸들에게는 어머니의 자궁 속도 집이 아니고, 오빠나 남동생이 있는 집도 집이 아니다. 대를 이을 핏줄을 원하는 남편들이나 시댁 식구들(박명희, 「안개등」, 이청해, 「우리는 가다가 예기치 않은 일을 만난다」와 「하오」)에게서 느끼는 적대감이 "극성스러운 여자가 딸만 낳는 것인지 딸만 낳으니 극성스러워지는 것인지 알 수가 없다."(이청해, 「하오」)라는 탄식과 겹쳐진다. 더욱 심각한 것은 부모들 자신조차 아들을 바란다는 것이다. 남근 선망(penis-envy)은 권력이나 지배에 대한 욕망이나 향수를 나타낸다. 어머니들은 자신들이 받은 억압과 한을 풀기 위해 강한 동일시를 보이면서 아들을 원하며, 아버지들은 잃어버렸거나 소유하고 있는 권력의 복원이나 유지를 위해 아들에게 집착하는 것이다.

이런 사랑이 진정한 사랑이 아닌 이유는 이로 인해 상처받는 딸들이 있기 때문이다. 항상 아들을 우선시했으나 그 아들로부터 버림받은 어머니에게 복수하는 심정으로 병 수발을 드는 딸(박명희, 「안개등」), 남편의 분신이나 대리인으로 생각하는 아들에게만 지나친 애착과 소유욕을 보이는 어머니에게 애정을 느낄 수 없는 딸(이남희, 「어머니가 되는 절차」), 아버지로부터의 정신적인 이유(離乳)를 가부장제와의 결별로 간주하는 딸(이남희, 「사십세」)들이 지금 이 순간에도 집으로 들어가지 못하고 밖에서 서성이고 있다.

그런데 외부로부터 요구되는 이런 가시적인 억압은 차라리 여성들의 적대감이나 저항을 보다 쉽게 유발시킬 수 있다. 그러나 스스로 자기에게 부과하는 짐은 그 자발성 때문에 쉽게 벗어던질 수 없다. 여성들에게 영원히 풀리지 않는 수수께끼인 '모성'의 문제가 바로 그 대표적인 예이다. 모성은 어머니들이 자율적인 삶을 영위하는 데에 장애가 될 수 있다는 측면에서는 '제도적' 억압에 해당한다. 그러나 본능적인 만족감이나 자비로운 품성, 창조성, 도덕적인 베풂의 원리에 입각해 죄책감이나 부자유를 유발시킨다는 점에서는 '심리적' 억압에도 해당한다. 시몬느 드 보부아르의 말을 빌리자면 "여성이 두려움을 느끼는 것은 어머니일 때이다. 여성이 변화하여 노예로 전락하는 것은 바로 모성 안에서이기 때문이다." 전능한 어머니에 대한 신화는 한편으로는 완벽한 어머니에 대한 환상을, 또 다른 한편으로는 그렇지 못한 어머니에 대한 비난을 낳기에 여성들에게는 '양날이 선 칼'이다.

이청해가 「동거인」이나 「바람이 불어오는 곳」에서 문제 삼는 것도 그 맹목성과 절대성 때문에 폭력화하는 모성이다. 북에 두고 온 자식이 그리워서 남편에게 시앗을 직접 구해 주거나(「동거인」) 개가할 때 두고 온 자식 때문에 개가 후에 낳은 다른 자식들한테 평생 살갑게 굴지 못한(「바람이 불어오는 곳」) 어머니들의 비극은 여성들의 모성성이 얼마나 뿌리 깊은 매혹이자 미혹인지를 알려준다. 유대인들의 격언에도 신이 모든 곳에 있을 수 없기 때문에 어머니들을 만들었다지 않은가. 어머니들은 이처럼 도처에 있기 위해 너무나 많은 출혈을 감수한다. 신이 아닌데도 자신을 신처럼 생각하기 때문이다.

여성들은 너무나 신성시되기에 폭력적이기까지 한 모성으로부터 벗어나려고 힘겨운 반란을 시도한다. 이청해의 「물」이나 「바꾸어 살기」

에서 겉으로 보기에는 자식을 방임하거나 포기하는 것처럼 보이는 어머니들의 결정이 사실은 자신의 생존이나 존재의 의미 부여 때문이지 이기심이나 무관심 때문이 아니라는 것을 아프게 전해 준다. 이를 통해 모성의 문제는 규범적인 잣대가 아닌 상황적 논리에 의해 파악해야 함을 알려주고 있다. 그러나 이남희는 그럼에도 불구하고 그런 입장의 실천이 쉽지 않음을 이렇게 이야기한다. "뒤돌아보면 나 역시 안간힘을 쓰며 부정해 왔지만 어느날 문득 거울에서 만나는 얼굴은 어머니의 것이었다. 사막에 물주기, 그것도 순간 증발되어 버릴 물을. 갈증을 갈증에 대한 배려로 감추기. 그렇게 하여 늪 만들기. 나는 산산조각난 어머니를 증오한다. 그리고 사막에서 갈증에 허덕이는 자신을 증오한다. 하지만 그 증오 역시 사랑의 한 부분인지도 모른다. 그렇다고 증오를 멈추지는 않으리라."(이남희, 「어머니가 되는 절차」).

그래서 이런 여러 가지 제도적 억압이 몸을 옥죄어 오는 여성들은 협심증을 앓을 수밖에 없다. 추상적인 고통이 아니라 실제적인 무게가 그들의 심장을 누르기 때문이다. "어느날 숨을 쉴 수가 없데요. 너무 꾹 눌러 심장이 푸덕푸덕 뛰는 거예요."(이청해, 「바꾸어 살기」)라는 토로가 그들이 앓고 있는 협심증의 증후를 알려준다. 그들의 혈관은 수백 년 동안 이어져 내려온 현모양처, 부덕, 정절이나 순결 이데올로기로 인해 점점 막혀왔다. 때문에 그들은 동맥경화 때문에 언제 쓰러질지 모른다. 느닷없는 통증이 언제 그들의 삶을 마비시킬지 모른다.

우리들의 일그러진 가족

흔히 발생하는 오해 중의 하나가 페미니스트들이 가족을 파괴하려고 한다는 사실이다. 그러나 남성뿐만 아니라 여성도 가정에서 행복할 수 없다면 어디를 가도 행복할 수 없다. 누구라도 가족을 선택했을 때는 고통이 따르겠지만 그런 가족을 포기했을 때는 아무런 즐거움도 없다. 이런 의미에서 가족은 우리 시대의 마지막 비상구이다. 이러한 사실을 알기 때문에 여성들도 가족을 '파괴'하려는 것이 아니라 '변화'시키려는 것이다.

여성 소설에 나타난 질병의 증후들이 증명해 주듯이 여성들 또한 가족으로부터 상처받고 공격당했다. 여성들도 남성들과 마찬가지로 가해자가 아니라 피해자이다. 그래서 여성들은 이제는 '여성이 가족을 위해서 무엇을 해줄 것인가'가 아니라 '가족이 여성을 위해서 무엇을 해줄 것인가'라고 묻고 싶어한다. 이처럼 여성들이 자기 목소리를 내면 여전히 마녀로 취급받는다. 마녀는 '해방된 여성'이고, '해방된(loose)'이라는 용어는 원래 '몸가짐이 나쁜 여성'이라는 경멸적인 뜻을 포함하고 있으니까.

이런 맥락에서 『나르시시즘의 문화』를 쓴 크리스토퍼 라시가 좌익의 남성들로부터는 지지를 받지만 페미니스트들로부터는 비판을 받는다는 사실을 이해할 수 있다. 라시의 지적대로 현대 사회는 부모의 권위가 쇠퇴함으로써 오이디푸스적인 상황을 회피할 수 있고, 이로 인해 유아적이고 여성적인 인성 구조가 형성된다. 엄격한 가부장의 영향 아래서는 자녀(남아)들이 오이디푸스 기를 적절히 경험함으로써 강인한 남성으로 성장할 수 있었던 반면, 가부장적 전통이 붕괴된 오늘날에는 여자처럼 나르시시즘에 빠져버리는 나약한 인물로 성장한다는 것이다. 그래서 낭만적 사랑에 대한 평가 절하, 열정에 대한 무시, 구속력 없는 행위로 격하된 결혼 등이 발생한다고 본다. 라시의 이런 비난과 실망은 그가 나르시시즘을 '거세'로 파악하는 데서도 확인된다.

하지만 이런 남성 중심적 견해와는 달리 가족이라는 최후의 보루가 침입을 받는 것은 데릴라 같은 마녀의 칼이 삼손과 같은 남성들의 머리를 잘라버렸기 때문이 아니다. 집 안의 여성들 또한 마녀조차 되지 못했기 때문이다. 따라서 이처럼 데릴라로 오해받고 비난받는 여성들에게 가족의 위기는 말 그대로 '위기'일 수도 있고, '기회'일 수도 있다. 기존에 소유했던 토대마저 상실할 위험성도 있고, 억압적인 요소에 대한 저항을 통해 새로운 힘을 확보할 수 있는 가능성도 있기 때문이다. 가정이 자궁인가 아니면 무덤인가, 정원인가 아니면 새장인가, 축복의 공간인가 아니면 저주의 공간인가는 한 뼘 차이다. 그 틈이나 사이가 너무 좁기에 여성들은 지금도 앓고 있다.

이제 더 이상 사회나 여성 모두에게 가족은 만병통치약이 아니다. 모든 신화는 억압을 부른다. 때문에 퇴행이나 고착의 징후로서 가족으로의 맹목적인 회귀나 집착을 보이지 말고 지금의 가족이 무조건적이고 애정적인 보살핌을 충분히 제공할 수 없다는 사실 자체를 인정해야 한다. 이런 맥락에서 우리에게 중요한 것은 가족에 대한 '억센' 회의주의이다. 성공적인 가정이란 매일같이 개축해야 하는 위험한 가건물이기 때문이다. 그래서 여성들에게도 아직까지 '천국보다 낯선' 곳이 바로 가정이다. 그 낯설음에 익숙해지기 위해 여성들은 열심히 무거워지려 한다. 또다시 진정한 마녀가 되기 위해.

존재론적 변신과 초월의 수사학

우리가 무엇이 됐건 우리 뒤에 걸어오는 그림자는
분명히 네 발 달린 짐승이다.
　　　　　　　　　　——클라리사 P. 에스테스

몸의 꿈, 꿈의 몸

인간은 자신이 아닌 다른 존재가 되고 싶다는 원망(願望)을 몽고반
점처럼 지니고 있다. 창조설과 진화설 중 어느 것을 선택하느냐와 상
관없이 인간들 스스로가 인간 아닌 존재에서 인간으로 태어났거나 변
화했다는 기억을 원초적으로 지니고 있기 때문이다. 특히 '지금 이곳'
의 현실이 부정적이고 억압적일 때 이런 기억이 강화되면서 변화, 변
형, 탈출의 욕망은 커지게 된다. 그리고 그런 욕망이 변신을 낳게 된
다. 자신이 아닌 다른 존재로 전환되는 변신을 통해서 폐색(閉塞)된
현실로부터의 초월이 가능하다고 믿기 때문이다.[1] 이때 변신은 부정
적인 현실에서의 초월이나 변성(變成)의 과정과 관련 있기에 해방과
자유의 사상과도 연결된다.[2] 새로운 몸을 통해 새로운 세계를 경험함

---

1) 이재선, 「변신의 논리」, 『우리문학은 어디에서 왔는가』(소설문학사, 1986), 65쪽
　　참조.

172

으로써 새로운 삶을 추구하려는 것이기 때문이다. 이런 의미에서 변신이란 현실의 현실다운 규격성과 질서를 파괴하려는 열정이자 자유나 탈출을 추구하는 사고이며, 소외나 시련을 초월하게 해주는 연금술이라 할 수 있다.[3]

이처럼 현실을 벗어나 새로운 시공성을 추구하는 변신은 콤플렉스나 상상력에 의해 촉발된 후 동일시[4]의 개념을 매개로 해서 실현 가능해진다. 콤플렉스는 현실 부정이나 욕구 불만을 통해 보다 나은 현실을 꿈꾸게 하는 원동력으로 작용한다. 알고 있는 것과 느끼고 있는 것, 보고 있는 것과 욕망하는 것의 분리를 경험함으로써 유발되는 것이 콤플렉스이다. 흔히 콤플렉스는 병적 증후나 노이로제를 유발시킨다고 오해된다. 그러나 콤플렉스를 통해 인간들은 꿈도 만들어낼 수 있다. '강한 정감적 가치를 갖고 있고, 부분적으로 혹은 전적으로 무의식적인 재현과 기억으로 이룩된 총체'[5]이거나 '정신 현상을 서로 연결짓고, 갈등을 일으키고, 정신에 생동적인 움직임을 부여하는 매듭과 같은 것'[6]이 바로 콤플렉스이기 때문이다. 또한 인간은 물리적 현실에 절망할 때 그것을 뛰어넘기 위해서 환상의 상상력을 통하여 새로운 세계를 희구한다. 그런 의미에서 환상은 너무나 인간적이다. 그런 환

---

2) 같은 글, 66쪽, 77쪽 참조.

3) 김승희, 「분열된 자아를 응시하는 제3의 자아 —— 이상의 '오감도'에 나타난 까마귀의 메타모포시스」, 《문학과 비평》, 1988년 봄호, 298쪽 참조.

4) 동일시는 외부 대상이나 타인의 특징을 자기 자신의 마음속에 끌어들여 자기 것으로 흡수하는 것을 말한다. 특히 여성 소설에서의 동일시는 자신에 만족해서 자신과 닮은 사람과 친화 관계를 보이는 나르시시즘적인 동일시가 아니라, 자신에 대한 좌절감과 부적절감, 불안감에 의해 본인이 바라는 목표에 근접한 성공한 사람을 대상으로 하는 목표 달성을 위한 동일시가 대부분이라고 할 수 있다.
캘빈 S. 홀, 백성창 옮김, 『프로이드 심리학』(문예출판사, 1994), 112~119쪽 참조.

5) 김현, 「행복의 시학」, 『바슐라르 연구』(민음사, 1976), 207쪽 참조.

6) 이부영, 『분석심리학』(일조각, 1982), 38쪽 참조.

상을 이룰 수 있게 해주는 중요한 수단이 바로 상상력이다.[7] 이런 역동적이고 전환적인 상상력을 통해 인간은 동물이나 식물, 무생물 혹은 신적 존재와 동일시를 이루게 된다. 즉 콤플렉스나 상상력을 통해 인간에서 비인간적인 존재로의 변환이 가능해진다는 것이다.

이처럼 보다 자유롭고 초월적인 존재로 변하고 싶다는 변신 욕망은 다른 존재로의 직접적이고 가시적인 '전이'나 이루지 못한 욕망의 '투사', 혹은 보다 높은 존재로 발전하려는 '승화'나 '대리 만족'의 양상 등을 통해 다양하게 발현된다. 따라서 신화나 전설, 민담, 고대 소설이 아닌 현대 소설에서 변신을 문제 삼을 때에는 가면이나 가장(假裝)과 같은 일시적이고 인위적인 형태뿐만 아니라 정신적인 성장과 같은 관념적인 형태도 포함시켜야 할 것이다. 현대 소설이 요구하는 합리성이나 이미지, 상징 등을 고려할 때 형태의 구체적인 전환뿐만 아니라 심리적·정신적인 변화까지 포함해야 더욱 논의가 풍부해지고 변신의 목적이나 의미의 규명이 확실해지기 때문이다.[8]

그런데 특히 남성보다는 여성에게 이런 변신에의 욕망이 더욱 간절하다고 할 수 있다. 여성들이 처한 현실에는 존재론적 결핍감이나 외적인 상황의 억압 이외에 가부장적 이데올로기라는 요소가 더 가세하고 있기 때문이다. 그래서 여성들은 변신을 통해 현재의 몸을 버리고 다른 몸을 취함으로써 존재론적인 전환을 이루려는 꿈을 꾸게 된다.

---

7) 김병욱, 「좌절과 비상——'날개'의 변신모티프」, ≪문학과 비평≫, 1988년 봄호, 290쪽 참조.

8) 변신의 개념 정의에서 조희웅이나 강진옥은 가시적인 형태 변화만을 변신으로 인정하고, 그 밖의 비형태적·정신적 변신은 '변모'일 뿐이라며 제외하는 입장이다. 그러나 김미란이나 김영동 등은 두 가지 모두를 변신의 개념을 인정한다.
조희웅, 「단군신화와 변신모티프」, ≪문학과 비평≫, 1988년 봄호.
강진옥, 「둔갑설화에 나타난 세계인식 양상」, ≪문학과 비평≫, 1988년 봄호.
김미란, 『고대소설과 변신』(정음문화사, 1984).
김영동, 「고전소설의 변신고」, ≪동경어문논집≫, 제1집, 1984.

자신이 지니고 있는 몸은 '덫'이기에 거기서 벗어나는 길은 지금의 몸을 버리고 새로운 형태의 몸을 취하는 것밖에는 없다는 것이다. 원치 않는 모습을 하고 있는 몸이 다른 모습이 되고 싶다는 꿈을 꾸고, 그런 꿈이 몸을 통해 나타나는 것이 바로 변신이다. 일상성이나 무력감을 극복하면서 지금과는 다르게 살고 싶다는 여성들의 욕망이 변신을 낳는 것이다. 때문에 최근의 여성 소설에 나타나는 여성들의 동물 변신담은 여성들이 현실에 반응하게 해주는 민감한 촉수의 역할을 하게 된다.[9]

이런 여성들의 변신 소설에서 특이한 점은 여성들이 정적이고 비활동적인 식물보다는 보다 적극적이고 활동적인 동물로 변신하는 경우가 거의 대부분이라는 사실이다. 여성들은 동물로 변함으로써 현실을 벗어날 수 있는 힘을 얻거나 현실에서 벗어날 수 없다는 좌절을 확인한다. 원래 여성들이 지닌 동물로의 변신 욕망은 자신들의 삶이 식물적인 부동성으로 인해 정체되어 있거나 부패하고 있다고 생각하기 때문에 촉발된다. 그래서 식물적인 정지감이나 부동성보다는 동물적인 활력이나 운동성이 변신이라는 맹렬한 행위에 더 매력을 느낀다는 것이다.[10]

---

9) 김형경의 「푸른 가시나무의 기억」이나 윤효의 「모던 타임즈, 1996, 유리꽃」, 한강의 「내 여자의 열매」 등에서도 식물로의 변신이 이루어지고 있다. 그러나 이 경우는 여성의 실존과 연결된다기보다는 보편적인 인간 실존이 갈구하는 생명력이나 활기, 원시성과 연관된다는 점에서 이 논문에서 다루는 여성 소설적인 주제나 동물로의 변신과는 차이가 난다.

10) G. 바슐라르, 윤인선 옮김, 『로트레아몽』(청하, 1989년), 17~20쪽 참조.

야성성의 회복과 동물로의 회귀

현실에서의 삶이 정체되어 있으면 그런 정체감은 무력감을 유발할 수밖에 없다. 그리고 그런 무력감이 반복되는 일상에서 연유한다면 그런 일상적인 삶으로부터 벗어나기 위해 여성들은 자신들의 잠재의식 속에 묻혀 있는 본능적이고 창조적인 힘을 불러내려고 할 것이다. 흔히 여성다움의 이미지 속에서 강요되었던 집 안의 천사 이미지나 희생적인 모성 이미지에서 탈피하여 보다 자유롭고 해방된 여성 이미지를 추구하려고 하기 때문이다. 김승희는 호랑이를 통해, 전경린은 늑대와 염소를 통해 그런 숨겨진 여성 이미지의 발현을 꿈꾼다. 그런 동물 이미지가 드러내려는 것은 여성의 무의식 속에 감추어져 있던 '야성성'이다.

최초의 여성의 이름은 에바(Eva)였고, 그 이름은 늑대(vae-woe)라는 말의 조직을 뒤집어서 만들어졌다. 그래서 여성을 'Woman'이라고 표현할 때 이는 바로 'Woe+Man'의 합성어이기에 여성의 원초적 원형은 야성의 늑대와 연결될 수 있다.[11] 때문에 이런 늑대성과 연결된 여성들의 야성성은 '거친, 통제할 수 없는'이라는 부정적이고 왜곡된 뜻이 아니라 '자연스런, 피조물이 본연의 한계를 온전히 지켜갈 수 있는'이라는 긍정적인 뜻을 지닌다.[12] 그래서 여성들이 야성성을 추구하는 행위는 본능 속에 잠재되어 있지만 남성 중심적, 가부장적 이데올로기에 의해 억압되었거나 추방당한 생명력, 활력, 운동성, 적극성을 회복하려는 의지와 연결된다.

김승희의 「호랑이 젖꼭지」[13]는 단군 신화에 나타난 여성 억압의 신

---

11) 김승희, 「『늑대와 함께 달리는 여인들』에 부쳐」, 클라리사 P. 에스테스, 손영미 옮김, 『늑대와 함께 달리는 연인들』(고려원, 1994), 7쪽 참조.
12) 같은 글, 8쪽 참조.

화를 재해석함으로써 여성의 야성성에 초점을 맞춘다. 단군 신화에서 호랑이가 아닌 곰이 여성이 될 수 있었던 것은 여성의 장점을 끈기와 참을성, 인내, 순박함, 수동성, 희생성, 모성성 등으로 파악했기 때문이다. 이런 이유로 동물적인 활력이나 생명력, 적극성이나 저항성, 창조성 등을 나타내는 호랑이성은 무의식의 자리로 좌천되었다는 것이다. 이런 의미에서 호랑이성은 가부장적인 사회에서 해롭기 때문에 억압되어 온 여성의 야성성과 연결된다. 따라서 김승희에게 있어서 여성 해방이란 상실되었거나 억압되어 있었던 호랑이성을 복원시켜 본래의 야성성을 회복하는 것이다.[14]

이 소설에서 주인공인 '나'가 백두산 호랑이를 보려고 하는 것은 '나에게 매달리려는 것들, 나를 목매다는 것들, 내가 어쩔 수 없이 목매달고 싶은 것들'을 뿌리치고 싶기 때문이다. 이런 뿌리침을 통해 '현재의 나'를 부정하려는 것이다. 그리고 그것은 '야성의 지하 세계'를 훔쳐보는 것이 된다. 그런 지하 세계는 곧 '표준말'이나 '오른손'에 대비되는 '방언'이나 '왼손'의 세계와 통해 있다. 정해진 규칙에 의해 가족이나 사회가 원하는 모습의 아내, 며느리, 어머니 등으로 사는 것이 표준말이나 오른손을 사용하는 세계라면, 그런 모습을 부정하면서 어두운 내면에서 솟아오르는 원시 신화를 따르는 것이 바로 방언이나 왼손을 사용하는 세계가 된다.

이런 일탈에의 욕망을 부추기는 것이 바로 어머니의 삶이다. '나'는 북한산의 젖꼭지봉을 보고 어머니의 젖가슴을 떠올린다.[15] 그리고 어

---

13) 김승희, 『산타페로 가는 사람』(창작과 비평사, 1997).

14) 김승희, 「웅녀 '신화' 다시 읽기 —— 페미니즘적 독해」, 『한국여성문학비평론』 (개문사, 1995), 10쪽 참조.

15) 김승희의 소설에서는 여성의 젖가슴의 상징이 상당히 인상적으로 그려지고 있는데, 「회색고래 바다여행」에서 햄버거 가게 맥도널드의 로고 'M'자 간판을 보고 광주 민중 항쟁에서 가슴 자상(刺傷)을 입고 죽은 희생자의 가슴을 떠올리

머니의 젖가슴은 여자가 되고 싶어 어두운 동굴 속에 갇혀 있었던 곰의 웅크린 모습을 다시 불러낸다. 어머니와 곰의 공통점은 맹목적인 순종과 제도에의 편입, 자기 파괴적인 희생과 사랑 등이다. 어머니는 다른 여자와 살림을 차려 가족을 버린 아버지를 평생 기다린다. 그래서 응급실에 실려가기 직전에도 아버지에게 예쁘게 보이기 위해 입술에 새빨간 립스틱을 칠한다. 그토록 처절하게 기다렸으나 자신의 장례식에도 참석하지 않는 아버지를 향해 어머니는 평생 멈출 수 없는 사랑을 보낸 것이다. 이런 어머니에게서 '나'는 단군 신화에 나오는 곰의 인내와 순응성을 발견한다. 흔히 내적인 영웅의 화신으로 간주되면서 극기의 정신력을 대표하는 곰이 김승희에게는 굴종과 억압의 상징처럼 느껴진다.

그리고 '나' 또한 십여 년간 해왔던 대학 강사 노릇을 그만둔 후 무력감과 폐허감으로 스러져가는 자신의 몸을 추스르기 위해 호랑이성을 추구하게 된다. 무덤덤한 결혼 생활이나 반복되는 일상, 비창조적인 글쓰기로부터 벗어나 자신이 삶의 주인이 되어야 한다는 자각을 가능하게 해주는 것이 바로 이런 호랑이로의 변신이다. 또한 이런 변신은 무용을 하면서 무거운 땅으로부터 가볍게 뛰어오르는, 그래서 혼의 내부에 정복되지 않은 아름다운 황무지를 가지고 생기와 생명력을 내뿜는 동생 명화에게로 가까이 가는 길이기도 하다. 어머니를 부정하고 명화를 긍정하는 일이 바로 '나'가 곰에서 호랑이로 변신하는 길이 되는 것이다.

이처럼 곰 같은 어머니가 아닌 호랑이 같은 어머니, 정주의 어머니

고 있는 것이 그 예이다. 그리고 「聖 브래지어, 1994년 7월 9일」에서는 여성의 가슴을 정해진 규격과 원하는 관습에 얽매어두려는 사회의 시선을 비판한다. 이를 통해 볼 때 김승희의 소설에서 여성의 가슴은 가부장적 이데올로기나 역사적 사건으로 인해 피해를 입는 여성의 몸에 대한 은유라고 볼 수 있다.

가 아닌 유목의 어머니, 불모의 어머니가 아닌 생명력의 어머니를 불러내려는 것은 여성들이 숨겨진 본성을 되찾아 온전한 삶을 영위하려고 하기 때문이다. "아사달의 최초의 햇빛을 맞이하지 못하고 동굴 속에서 도망쳐 사천여 년 동안이나 먼 데를 헤매다니다 온 우리의 또 하나의 어머니, 늑대와 같이 강하고 고양이처럼 예쁘고 용암처럼 이글거리는 암호랑이 어머니"를 통해 야성성의 원천을 발견하려는 것이다. 때문에 이때의 호랑이는 "단군 신화가 억압하기 이전의 여성의 어떤 원초성, 사천여년 이전의 야성적인 양성구유(兩性俱有)의 맨 얼굴"을 지닌 존재이기에 이런 호랑이성을 회복함으로써 자아의 욕망을 표현 또는 실행하고 영혼의 충동이나 생각을 실천에 옮기며 창의력을 실질적인 방식으로 표출하라는 것이 이 소설이 전하는 여성 문학적인 주제라고 할 수 있다.[16]

그러나 현실은 그런 호랑이 자체를 쉽게 인정해 주지 않는다. 가부장제의 벽은 높고 단단하다. 그럼에도 불구하고 '나'와 명화는 '자주 포효하라'라는 외침에 의해 자신의 몸속에서 스스로 터져 나오는 울음을 울게 된다. 이것은 외부에서 주어지는 호랑이성이 아니라 자신의 내부에서 생성되는 호랑이성을 통해 현재 자신의 삶을 긍정하려는 시도로 읽힌다. 이런 자가 발전적인 힘과 용기를 통해 어긋난 사랑의 자폐증이나 절대성을 극복하고 집착이나 권력으로부터 자유로운 사랑을 추구해야 한다는 메시지를 전한다. 바로 이 지점에서 이 소설에 나타난 동일시적인 변신이 지향하는 존재론적 전환의 양상을 확인할 수 있다.[17]

---

16) 클라리사 P. 에스테스, 앞의 책, 334쪽 참조.

17) 김승희의 소설에서 이런 호랑이성의 추구가 공간적 개념으로 전환되면 '산타페'나 '아마도'가 된다. 이곳이 바로 근원이나 원시를 나타내는 야생의 지대이기 때문이다.(소설 「산타페로 가는 사람」이나 「아마도」를 참조할 것.)

　전경린의 「세 번째 묘지, 세 번째 계곡, 세 번째 폭포」[18]에도 자신의 본성을 잊지 못해 보름달만 뜨면 숲 속을 헤매고 다니는 여성화한 늑대가 등장한다. 늑대는 여성으로 둔갑했으나 사내의 사랑이 불러오는 소유욕과 권력욕, 자식에 대한 모성애, 가정이라는 이데올로기에 의한 억압 등에서 벗어나 다시 늑대가 되려 한다. 하지만 현실의 무게가 그녀의 발목을 잡고 놓아주지 않는다. 이를 통해 전경린은 여성들의 자유와 해방에 대한 욕망이 어떻게 좌절되어 내부에 감금되는지 알려준다. 또한 인간으로 존재하는 것이 늑대로 존재하는 것보다 오히려 불행하다는 사실을 비극적으로 보여주는 데에 늑대의 야성성을 효과적으로 사용하고 있다.

　사내 '정'이 가슴속에 담고 있다가 날쌘 짐승이 빠져나가듯 내뱉은 "이녁을 행복하게 해줄게"라는 권력과 유혹의 말로 인해 '늑대-여자'는 인간으로서의 삶을 살게 된다. 그러나 처음에 사내가 다쳐서 길거리에 버려져 있던 '늑대-여자'를 발견해 집으로 데려온 후 결혼하기까지의 과정 자체가 '늑대-여자'의 자발적인 의지에 의한 것이 아니었다는 점이 애초부터 불안과 실패를 내장하고 있었음을 알려준다. 그래서 '늑대-여자'는 자신의 과거를 확실히 기억하지는 못하지만 보름달이 뜰 때면 그 달이 전해 주는 말을 들으려고 한다. 때문에 사내는 보름날에는 여자의 방에 못질을 하고 검은 천으로 달빛을 가린다. 이는 감금과 부자유의 생활이나 다름없다. 금기와 처벌로만 유지되는 관계이기 때문이다. '늑대-여자'는 아이를 낳고 자신의 뛰어난 바느질 솜씨로 인해 가난했던 집안을 부유하게 만들고도 말과 웃음이 없는

---

18) 전경린, 「세 번째 묘지, 세 번째 계곡, 세 번째 폭포」, ≪현대문학≫, 1997년 4월호. 나중에 개작되어 『여자는 어디에서 오는가』(문학동네, 1998)라는 어른을 위한 동화로 출판되었으나, 이 글에서는 본래의 의도를 중시한다는 의미에서 개작 이전의 소설을 텍스트로 삼아 분석한다.

불행한 생활을 영위한다. 게다가 시어머니의 횡포와 남편의 지배욕이 '늑대-여자'의 삶을 더욱 힘들게 만든다. 그럼에도 불구하고 자신이 누구인지 알고 싶어 보름달을 보게 해달라고 애원하는 그녀에게 사내는 "당신은 이미 내 아내요. 당신은 이미 내 아이의 어미요. 제가 누구인지를 알면 무엇을 하겠다는 말이오?"라고 말하는 것에서 가정주부인 여성이 자아 정체성을 추구하면 그 행위가 정신적인 사치로 간주되는 억압 상황을 환기시키고 있다.

그러나 이런 억압 때문에 '마음속의 불'을 지닌 채 살아가는 '늑대-여자'는 자신을 찾으려는 노력을 멈추지 않는다. 그런 그녀에 대한 사랑을 포기하지 못하는 사내도 점점 피폐해지고 절망감에 빠지기는 마찬가지이다. 이들 사이의 이런 어긋난 사랑이 서로의 삶에 대해 폭력적인 상처를 만들고 있다.

그러던 어느 날 사내가 보름날인데도 돌아오지 못한 틈을 타 '늑대-여자'는 산 속의 묘지와 계곡, 폭포를 따라 헤매다가 제 영혼의 비밀을 알게 된다. 늑대 언니들이 그녀를 불러내 그녀 속에 숨겨져 있던 야성성을 끄집어내 주었기 때문이다.

그녀에게 있어서 본성에 따라 사는 삶은 늑대처럼 자유롭게 사는 것이다. 그래서 고통조차 마비된 인간의 삶이 아니라 힘들고 고달프더라도 자유롭고 열정적인 늑대의 삶을 사는 것이다.

그러나 '늑대-여자'는 망설인다. 병든 시어머니에 대한 연민, 자신을 향해 맹목적이고 불가해한 사랑에 빠진 사내의 고통, 자신과 맺어져 있는 아이들과의 끈이 그녀의 떠남을 방해한다. 어떤 것이 '나쁜 꿈'인지 선택할 수 없게 된 것이다. "자신의 무덤을 파는 듯 참혹하고 슬픈 마음이면서도 불 속의 불씨처럼 간절하고 따스한 마음"이라는 묘사가 그녀가 처한 갈등 상황을 전해 준다. 결국 그녀가 자신의 본성을 포기하고 인간으로 남음으로써 그 갈등은 끝난다. 이제는 타인의 강제에 의해서가 아니라 스스로 문을 잠그고 달빛을 차단함으로써 인간으로서의 삶을 선택한 것이다. 이런 선택으로 인해 그녀는 보름달이 뜨면 여전히 미친 듯이 산 속을 헤매고 다니지만, 그래도 다시 늑대로 돌아갈 수는 없지만, 그녀는 그런 삶을 살기로 결정한 것이다.

전경린은 이처럼 섬뜩하고도 아름다운 이야기를 통해 여성들의 내부에 깊은 우물로 자리 잡고 있는 늑대성을 퍼올린다. 원래 늑대와 여성은 많은 공통점을 지니고 있다. 이 소설에서도 확인되듯이 예민함이나 희생심, 엄청난 힘과 지구력, 직관력, 상황 적응력, 가족에 대한 사랑 등이 그것이다. 그러나 흔히 늑대적인 여성성은 탐욕스러움, 교활함, 호전성 등으로 오해받아 왔다.[19] 전경린은 여자로 둔갑한 늑대 이야기나 나무꾼과 선녀 이야기의 패러디를 통해 자유와 억압, 유목과 정주, 자아의식과 사랑, 길과 집 등의 대립과 갈등을 문제 삼고 있다. 그럼으로써 쉽게 떨쳐버릴 수 없지만 그렇다고 쉽게 선택할 수도 없는 야성성의 유혹을 보여주고 있다.

「세 번째 묘지, 세 번째 계곡, 세 번째 폭포」처럼 여성에서 늑대로의 가시적이고 직접적인 변신이 이루어진 것은 아니지만 변화와 변형의 과정을 통해 여성과 염소의 동일시를 보여주는 것이 바로 전경린의 「염소를 모는 여자」[20]이다. 즉 이 소설에서는 염소의 속성과 등장인물의 속성이 동일시되는 상징적 기법을 사용해 여성의 동물로의 변신을 유추할 수 있게 한다. 앞의 호랑이나 늑대가 이 소설에서는 염소로 바뀌어 나타난 것이다. 여주인공 윤미소에게 염소는 반복되는 일상이나 남 같은 남편을 잊게 해주는 자유와 일탈의 상징물이 된다. 염소 자체가 "바깥을 염탐하지 않는, 자기 내부에 틀어박힌 자의 침묵과 존재와 일체가 되어버린 슬픔", 그리고 "그 모든 의미를 헛헛하

---

19) 클라리사 P. 에스테스, 앞의 책, 12쪽 참조.
20) 전경린, 『염소를 모는 여자』(문학동네, 1997).

게 뛰어넘는 가벼움"을 의미하기 때문이다. 따라서 이런 염소를 데리고 가출하는 것은 곧 새로운 세계를 향한 출발이자 기존의 억압에 대한 도전이 된다.

이 소설에서 여주인공 윤미소는 이름과는 달리 '미소'와는 거리가 먼 생활을 한다. 그래서 그녀의 이름은 실제 삶의 신산함을 역반영하는 '우화적인 이름'이다. 그녀의 삶을 불행하게 하는 원인은 크게 두 가지라고 할 수 있다. 하나는 가정주부로서 반복되는 일상을 견뎌야 한다는 것이고, 또 하나는 남편의 외도로 감정적인 단절감이 심화된다는 것이다. 일상성은 "지금 누가 와서 집안을 둘러보고, 이제 됐다. 그만 해라, 하고 이 반복에 마침표를 찍어 주었으면……." 하고 바라는 데서 그 심각성을 드러낸다. 그런데 이런 일상성을 탈피해 주부가 자아를 찾거나 꿈을 추구하면 그 자체가 부적응증이라고 비난받기에 가정 주부의 전신(前身)이 포로였을 거라는 추측까지 하게 만든다. 이에 가세하여 남편은 가정에 충실하지 못하다. 남편이 다른 여자를 만나고 있는지에 대해 명백하게 캐내지도 못하고 확실하게 용서하지도 못한 어중간한 상태가 이들 부부 사이의 냉담함을 더욱 깊게 한다. 서로 싸울 정도의 애정이나 미움조차 남아 있지 않기에 염증이나 권태가 이들 부부 사이의 유일한 대사이다.

이런 억압으로부터 탈출하기 위해 윤미소는 가출을 감행한다. 가출은 실제 행동을 통한 것뿐만이 아니라 정신적인 일탈을 통해서도 나타난다. 그리고 정신적인 일탈이 곧 야성성의 추구로 표현되고 있다. 정신적인 자유와 해방적인 운동성을 대표하는 야성성은 이 소설에서는 고양이와 고래, 염소 등과의 동일시나 투사를 통해 추구된다. 물론 고양이와 고래는 단편적이고 일시적인 상징물로 등장하고, 이 소설 전체를 관통하는 총체적이고 지속적인 상징물은 염소이다. 고양이는 "가끔씩 돌연하게 주인을 할퀴고 카르릉 울며 달아나는 야생의 습성"

으로 인해, 고래는 포유류인데도 바다로 이동했다는 기이한 행적으로
인해 염소의 분신에 해당되면서 윤미소를 염소와 연결시키는 매개체
기능을 담당한다. 윤미소는 어느 날 갑자기 자신에게 운명처럼 맡겨
진 염소에게서 "닫힌 우물처럼 내 몸속에 묻혀 있던 또 하나의 염소
의 얼굴"을 발견한다. 염소가 자신을 찾아와 그 숨겨진 의미를 발견
해 달라는 것처럼 생각되는 것이다. 윤미소는 그 염소를 쫓아 집을
나선다.

　고래가 바다를 향하듯이, 그리고 미친 청년이 박쥐 우산을 포기하
지 못하듯이 윤미소는 숲을 향해 떠나간다. 바다는 '고래의 숲'이고,
우산은 청년의 '들고 다니는 숲'에 해당한다. 이때의 숲은 염소가 원
래 놓여 있던 곳, 꿈을 실현할 수 있는 곳, 격렬한 열망을 지닌 채 살
수 있는 곳으로서 야생의 지대나 다름없다. 무엇보다도 숲은 '꿈'의
다른 이름이다. 염소가 여성들을 이런 꿈의 공간으로 인도하면서 문
명과 반대되는 자연, 권태와 반대되는 정열, 억압에 반대되는 자유가
있는 야생적인 삶에 대한 동경을 일깨워 준다. 그런 염소를 베란다에
가두어둘 수는 없다. 윤미소는 우리 속에 갇힌 짐승과 같은 포로의
삶이 아닌 "누구에게도 감시받거나 검토당하지 않는 인생"을 위해 기
꺼이 염소가 되어 집을 떠난다. 때문에 윤미소가 염소를 통해 추구하
는 야성적인 자유는 일상의 평온과 안락, 타성을 해제시킨 후에 얻게
되는 정열적인 삶을 향한 용기 있는 반란이라고 할 수 있을 것이다.[21]

---

21) 황종연, 「이졸데의 손녀들, 그들의 불륜의 소설 ── 서하진, 전경린의 소설에
　　관하여」, ≪문학동네≫, 1996년 겨울호 참조.

초월성의 추구와 나비의 비상

야성성을 발현시키는 것이 여성들의 내면이나 무의식에 숨겨져 있던 본성을 외현(外現)시키는 것이었다면, 차현숙의 「나비학개론」[22]이나 은희경의 「먼지 속의 나비」[23]는 보다 직접적으로 부정적인 현실로부터 벗어나려는 욕망을 표현하고 있다. 그리고 그런 욕망을 나비로의 변신을 통해 형상화한다. '영혼의 새'에 해당하는 나비는 그 자체가 어떤 동물보다도 관습적인 현실을 초탈하려는 의지나 초월을 향한 욕망을 잘 나타내주기 때문이다. 나비로의 변신을 통해 차현숙이나 은희경은 현실적인 삶의 질곡에서 벗어나려는 부단한 비상의 의지를 보여준다. 나비가 됨으로써 '나' 아닌 타자가 되고, 인간의 지상적인 한계에서 벗어나 초월과 자유를 지향하려는 것이다. 때문에 나비는 무한한 자유나 상승적인 탐색의 상징이 된다.

특히 나비에 대해 집중적으로 관심을 보이는 차현숙은 「나비학개론」에서 여성들이 나비가 되려는 이유를 분명하게 밝히고 있다. 이 소설 속의 '그녀'는 내면에 셀 수 없이 많은 비밀 서랍을 지니고 있다. 그래서 그 서랍을 열어보는 일은 그녀의 내면으로 여행을 떠난다는 의미가 된다. 그런데 첫 번째 서랍에 씌어 있는 '나비'라는 글자가 그녀의 유년기부터 현재까지의 삶을 모두 나비로 해석할 수 있는 근거가 된다. 첩의 딸이라는 사실에서 벗어날 수 없다는 나쁜 피 콤플렉스와 호적에 오르지 못했던 유년 시절의 상처, 남자의 배신으로 인한 첫사랑의 실패, 평범한 결혼, 그 후의 첫사랑 남자와 재회 그리고 불륜적인 만남, 남편의 외도, 자신이 시인과 벌이는 불륜 행각 등 반복되는 정신적 허기와 행복한 가정에 대한 열망이 나비로의 변신 욕망을 부

---

22) 차현숙, 『나비, 봄을 만나다』(문학동네, 1997).
23) 은희경, 『타인에게 말걸기』(문학동네, 1997).

추기고 있기 때문이다. 그녀는 왜 나비가 되기를 원하는가. 그녀의 대답은 다음과 같다. "… 한번쯤 … 날고 싶어서요 … 모든 것에서 한 번쯤은 놓여나고 싶었어요."

이처럼 여주인공의 비상에 대한 의지는 그녀를 주저앉히려는 중력에 대한 저항이라고 할 수 있다. 그런 중력은 반복과 정체감에서 유발된다. "똑같은 부엌, 똑같은 화장실, 똑같은 거실과 방 … 그리고 똑같이 부딪치는 아파트의 삶들과 시장 사람들 … 그녀가 가정의 이탈을 꿈꾸었다면 바로 이런 것들이고, 다시 돌아와야 한다면 바로 이런 것들에 적응하고 살아내야 한다."에 나타나듯이 관계의 관성, 감정의 관성, 행동의 관성이 그녀의 영혼을 갉아먹으면서 그녀로 하여금 정신적 일탈인 불륜을 저지르게 한다. 그녀에게는 규격화된 일상으로부터 벗어나게 해주는 것이 남편 아닌 다른 남자와의 만남이다. 남편과의 관계에서 구하지 못한 사랑과 이해를 다른 남자와의 관계에서 구하려 했던 것이다.

그러나 그녀의 더 큰 잘못은 "서른세 살 난 여자가 열아홉 살 사랑을 한다."는 사실이다. 그녀는 사랑밖에 모르며, 그렇기 때문에 사랑에만 의존한다. 그녀의 소극성이나 유아성, 감상성은 이처럼 사랑을 생사의 문제로까지 절대화시키는 맹목성에서 연유한다. 차현숙의 소설이 이런 특징을 보이는 것은 현재 여성들이 처한 한계 자체를 그대로 보여준다는 점에서 나름대로 의미가 있지만, 주제가 협소하다거나 여성이 느끼는 피해 의식을 지나치게 강조한다는 점에서는 한계가 있을 수도 있다.

그럼에도 불구하고 차현숙은 이런 절대성과 맹목성, 처절함과 치열함으로 나비로의 변신을 희망한다. 현실에서 벗어나고 싶다는 열망이 나비 같은 비상을 꿈꾸는 것이다.

나비는 '권태로운 일상과 상처의 기억을 뛰어넘어 새로운 삶으로 날아가는 자유로운 존재의 상징'[24]이다. 답답함이나 수동성에서 벗어나려는 날갯짓을 나비의 움직임을 통해 보여주기 때문이다. 소망을 성취시켜 주거나 근원적인 꿈을 실현시켜 준다는 점에서 차현숙의 나비는 하나의 주술적 대상으로 탈바꿈한다. 절망적인 현실을 딛고 일어서려는 의지, 한계를 극복하게 해주는 정신적인 해방감의 추구가 나비로의 변신을 부른 것이다.

이렇게 볼 때 차현숙의 나비와 관련된 『블루 버터플라이』, 「나비의 꿈」, 「나비, 봄을 만나다」 등의 소설들은 추운 겨울 속에 동면하고 있으면서 가볍게 날아오를 수 있는 꿈을 키워나가는 기다림의 소설이자 그것을 가능하게 해주는 비상의 소설이라고 할 수 있다. 그리고 그런 억압과 해방의 이중주가 대부분 여성들이 처한 현실과 연관되고 있다는 점에서 여성들의 존재론적 전환을 문제 삼는 여성 소설들이라고 할 수 있을 것이다.

차현숙이 다소 관념적이고 상투적으로, 그리고 강한 피해 의식의 측면에서 고립되고 밀폐된 여성들의 나비로의 변신을 시도했다면, 은희경은 보다 실제적이고 현실적인 의미에서 자유로운 나비로의 변신을 시도한다. 은희경이 「먼지 속의 나비」에서 문제 삼는 것은 '먼지'로 표상되는 세상사의 편견과 성에 대한 관습이다. 이 소설에서 여주인공 선희는 주변으로부터 '걸레'로 불리는, 성적으로 방종하다고 낙인찍힌 여성이다. 그러나 은희경은 그렇게 오해받고 있는 여성의 자유스러운 성 관념을 문제시함으로써 자아 정체성이 강한 능동적 여성을 그리고 있다. 은희경은 사람들의 따가운 시선으로부터 당당히 벗어나는 그녀의 모습과 "저물어가는 도시의 허공 속에서 불안스러운 비행을 하며 자기의 생명을 증명"하는 나비를 동일시한다. 그녀의 나

---

24) 황도경, 「쥐는 나비가 될 수 없다 —— 은희경, 차현숙의 소설」, 《문학동네》, 1996년 겨울호, 278쪽 참조.

비로의 변신은 소유에 집착하지 않고 현실을 거슬러 오르려는 용기를 통해 "섹스를 하는 것이 아니라 섹스를 하지 않는 것"으로부터 자유롭기 위한 것이 목적이다. 자신이 원하는 섹스를 자유롭게 함으로써 진정으로 살아 있다는 몸의 감각을 느끼려는 것이다. 그래서 은희경은 성으로부터의 해방이 방종이 아닌 자유여야 함을 먼지를 거스르는 나비의 비행을 통해 보여주고 있다.

잡지사에 근무하는 '나'(박주원)가 자유 기고가인 선희를 보고 처음 느낀 것은 평범한 외모에도 불구하고 뒷소문이 많다는 것이다. '독종이다', '걸레다', '육담을 잘 받아넘긴다'는 등의 인신공격적이고 성적인 비난에 휩싸여 있는 인물이 바로 선희이다. 그래서 그녀의 글재주, 즉 인터뷰 기사에서 대상 인물의 내면을 잘 파악하고 그것을 감각적인 문체로 유연하게 풀어가는 능력이 탁월하다는 점이 과소평가되고 있다. '나'가 선희를 만나면서 확인한 것은 그녀의 자유 의지와 삶에 대한 순수한 열정이다. 그녀는 소유욕을 거부한다. 갖고 싶어 못 견디겠다, 먹고 싶어 못 견디겠다, 그리고 보고 싶어 못 견디겠다라는 집착이 삶을 피폐하게 만든다고 생각하기 때문이다. 집착에 대한 이런 두려움은 그녀가 삶을 원래 모습 그대로 자유롭게 놓아두고 싶어하기 때문이기도 하다.

그녀의 이런 자유 추구 양상은 기존 관념에서 보면 성에 대해서도 방탕하고 무절제하게 보일 만큼 개방적인 태도로 나타난다. 성에 대한 개방성은 본능에 대한 솔직한 인정과 거기서 연유하는 상대방에 대한 배려를 의미한다. 그럼에도 불구하고 세상은 자신의 입장에서 섹스에 대한 바람직한 정의와 기준을 만들고, 거기서 벗어나면 비난의 화살을 쏘아댄다. 억압이나 금기로 가득 찬 곳이 세상이기에 그것을 위반하는 여성을 탕녀로 몰아 비난하는 것이다. 성에도 권력이 작용하여 여성들을 가부장적인 이데올로기에 묶어 두기 위해서 성에 대한 조작과 억압이 작동한다. 모성 본능과 성 본능을 대치시킨다든지, 여성 자체를 마리아와 이브로 이분화하여 집 안의 천사와 집 밖의 유혹녀로 극단화시키는 것이 그 예에 해당한다.[25]

이런 성적 억압을 직시하기에 선희는 오히려 남들이 방종하다고 생각하는 섹스에서 "어색하고 조심스럽고, 그래서 감동을 줄 수 있는 섹스"를 경험한다. 그리고 이렇게 되뇌인다. "진실하다면 누구든 섹스로부터 자유롭다. 그리고 만약 인생에 애틋함이란 게 있다면 바로 그런 섹스의 진실에서 비롯되는 것이리라. 자유로워지고 싶은 것이 삶에 저항하는 것처럼 보인다면 내 잘못이 아니다. 틀을 만든 세상의 잘못이다."

바로 이 지점에서 선희는 한 마리의 나비와 겹쳐진다. '나'에 의해 나비와 동일시되는 선희의 특성은 기존의 인습과 억압을 거스르는 용기나 자유를 향한 의지이다. 언뜻 보기에는 먼지처럼 보이지만, 즉 겉으로 보기에는 지저분한 탕녀처럼 보이지만 선희에게는 바람을 거슬러서 비행하려는 모험심과 활력이 있다. 그래서 선희는 '나'와 사랑에 토대를 둔 성적 결합을 이루었음에도 불구하고 성교 후에 '나'가 남성들에게서 흔히 발견되는 지배욕을 보이자 그런 상대와의 성행위는 '매춘'이나 '성폭행'과 다름없다고 생각한다. 먼지를 거스르는 나비처럼 그녀는 성에 개입된 더러움을 털어내고 비상하고 싶어한다. 이런 의미에서 선희의 나비로의 변신은 곧 자유를 향한 유목민적 유랑이나 다름없다. 나비 자체가 "능동적이고 부유하는 사랑의 형식"[26]을 대표하기 때문이다.

---

25) 미셸 푸코 외, 황정미 편역, 앞의 책, 15~38쪽 참조.
26) 황종연, 「작품 해설 —— 나르시시즘과 사랑의 탈낭만화」, 『타인에게 말걸기』, 355쪽 참조.

퇴행성의 현실과 수성(獸性)으로의 전락

그러나 여성들의 비상은 실현되기 힘든 꿈이다. 여성들에게는 꿈을
꿀 수 있는 기회조차 허락되지 않는 경우가 더 많기 때문이다. 이런
질곡의 삶을 오수연과 은희경은 인간에서 벌레로 퇴행하는 여성들을
통해 보여준다. 인간다운 삶을 살지 못할 때 인간은 벌레만도 못한
하등 동물이 된다는 것이다. 이런 변신의 양상이 앞의 양상들과 다른
것은 앞의 양상들이 인간다운 삶을 살기 위해 인간 아닌 다른 삶을
지향하는 과정을 보여준다면, 이 경우는 반대로 인간이 제대로 된 인
간으로 살 수 없는 상황을 보여주기 위해 동물로 변신하는 과정을 보
여준다는 점이다. 그래서 앞에서 다룬 소설들이 주로 변신으로 인한
긍정적 가치의 실현이나 현실과의 이상적인 조화를 꿈꾸었다면, 지금
다룰 소설들은 부정적 현실로 인한 본체의 왜곡과 분열에 초점을 맞
춘다. 카프카의 「변신」에 대한 패러디로 해석할 수 있는 변신 모티프
를 통해 여성이 인간다운 인간으로 살 수 없음을 비판하고 있는 것이
다. 여성 작가들은 이런 퇴행 변신을 통해 사회의 모순이나 부정적
가치를 고발한다. 때문에 세계와 자아 사이의 갈등은 해소될 수 없고,
그런 억압 속에서 자신의 몸을 지킬 수가 없다는 비극이 벌레나 파리
가 된 여성의 모습으로 나타나고 있다.

즉 오수연의 「벌레」[27]나 은희경의 「아내의 상자」[28]에 나타난 여성의
동물로의 변신은 행복하게 이루어지는 것이 아니기에 '발달'보다는
'정지'의 순간에, 행복한 '환상'보다는 고통스런 '현실'과 연관되고 있
다. 현실의 부조리나 불가해한 인간 조건의 비극성에서부터 연유하는
것이 이들 소설에 나타난 벌레나 파리로의 변신이다. 그래서 앞에서

---

27) 오수연, 『빈집』(강, 1997)에 수록.
28) 은희경, 『상속』(문학과지성사, 2002).

살펴본 동물로의 회귀나 나비로의 변신 소설들이 무엇이 '되고 싶은' 로맨티스트들의 행로를 보인다면, 지금부터 살펴볼 벌레나 파리로의 변신 소설들은 무엇이 '되기 싫은' 리얼리스트들의 몸부림을 보여준다. 원망(願望)은 꿈에서 오고, 거부는 현실에서 온다. 꿈을 꾸는 여성들이 고등 동물로의 격상이나 상승에 관심을 갖는다면, 현실에 눈길을 주는 여성은 하등 동물로의 격하나 하강에 관심을 갖는다. 그래서 오수연이나 은희경은 여성들이 벌레나 파리로의 퇴행 변신을 통해 남성으로 대표되는 세상이라는 가해자로부터 정신적, 육체적 강간을 당하고 있다는 사실을 보여줌으로써 여성들에게 있어 변신은 불행한 타락일 뿐임을 섬뜩하게 전해 준다.[29]

오수연의 「벌레」는 카프카의 「변신」에서 그레고르 잠자가 어느 날 딱정벌레로 변했듯이 한 마리의 추한 벌레로 변한 여성이 주인공이다. 오수연은 그런 여성 인물의 벌레로의 변신이 세상으로부터 상처를 입은 여성들이 취하는 마지막 호신술임을 역설적으로 보여준다. 이런 마지막 선택의 비극성이 그레고르 잠자를 여성화시켜서 오수연이 우리에게 보여주려고 하는 여성의 현실이다. 벌레만도 못한 삶이 바로 여성의 삶이라는 것이다.

이 소설에서 '나'는 남편과의 단절감이나 무의미한 일상의 반복으로 고통받고 있다. 그래서 박피 수술을 해서라도 자신의 상처로부터 벗어나려 한다. "칼이나 레이저 기구를 다룰 수 있다면 나도 박피 수술을 시행해 보고 싶다. 남편의 머리에서 흐릿하거나 불투명한 얼룩들을 긁어내고 싶다. 그가 날이 갈수록 애매모호하고 종잡을 수 없는 사람이 되어가는 건 그의 두뇌 속 어딘가에서 불그죽죽한 홍반이나 시퍼런 모반, 연갈색 기미가 짙어가기 때문이 아닐까."라는 말이 사태

---

29) 김미현, 「절망이 있는 세 개의 풍경」, ≪문학동네≫, 1997년 여름호, 532쪽 참조.

의 심각성을 전해 준다. 남편이 '나'에게 원하는 것은 다른 '정상적인 여자들'처럼 '나' 또한 자신의 자식을 낳아주고 자신의 말에 순종하면서 사는 것이다. 때문에 남편이 '나'에게 '우리도 좀 사람답게 살아보자'라고 이야기하는 것은 기존의 남성 중심적 이데올로기를 그대로 따르라는 뜻이다.

그런 남편을 감당하지 못하는 '나'는 자신의 억압을 피부의 가려움증으로 호소한다. 그렇게 앓다가 결국에는 한 마리의 털 많은 벌레로 변하고 만다. 이때의 가려움증은 몸에 이상이 생기리라는 전조(前兆)나 예후(豫後)의 기능을 담당한다. 그런데 이런 가려움증을 치료하기 위해 찾아간 병원에서 의사나 간호사로부터 '물건' 취급을 받는 것도 이미 '나'가 인간의 지위를 박탈당했음을 나타내주는 증거가 된다. 이에 가세하여 진정한 집이나 따뜻한 가정의 부재가 '나'의 정신적 허기를 증폭시킨다. 남편이 가출한 이후 그 남편의 빈자리를 대신해 주는 것은 무수히 많고 다양한 벌레들이다. "한갓 미물도 가장이 없는 집안의 허술함은 알아채는지" 벌레들도 남편이 집을 나간 후부터 기다렸다는 듯이 본격적으로 등장한다. 이때 폭력적으로 틈입하는 벌레들의 공격성은 곧 이해 불가능한 남편의 정신적인 침략과 동궤를 이룬다.

이런 폭력 속에서 드디어 '나'의 환부에서는 집 안에 흩뿌려진 곤충의 비늘을 닮은 비늘이 돋아나고, 가슴에는 북실북실한 잔털이 나는가 하면, 더듬이도 생긴다. 그런 후 마침내 한 마리의 날아다니는 벌레로 변한 채 그토록 남편이 원하던 자식에 해당하는 "밥사발만 한 알"을 내깔기고 있다.

그런데 더욱 심각한 것은 그렇게 추악하고 비천한 벌레로 변한 '나'를 보고 남편이 "고마워, 정말 고마워! 당신 정말 장해."라고 말하는 역설적인 상황이다. 이 소설이 전해 주는 섬뜩한 비극성은 바로 이처럼 여성의 전락이 남성들에게는 오히려 지극히 인간적이거나 정상적으로 느껴진다는 사실이다. 여성은 원래 벌레이니 벌레가 되는 것이 바로 여성이 되는 것이라는 전도된 사실을 통해 여성들의 비극은 절정에 이른다.

이런 '나'의 변신은 '나'를 진찰한 피부과 의사의 변신과 대조를 이룬다. 남성의 입장에서 결혼 후에 변해야 한다고 생각했을 때, 그 변화의 양상은 "환자 앞에서는 냉혹한 돈벌레이고 오로지 제 식구 앞에서만 따스한 인간다움을 되찾는 신비로운 인생의 법칙"에 충실하면서 "일터에서는 철면피고 가정에서는 애처가"가 되는 것이다. 이와 동일한 맥락에서 여자들도 결혼을 하면 변신해야 한다고 했을 때 그것은 곧 사랑이라는 미명하에 원하지 않는 아이를 낳아주고, 희생이나 배려라는 감투하에 굴종과 치욕을 감내하는 것이다. 이처럼 내면과 외면의 감정이나 집 안과 집 밖의 생활이 틀려야 결혼으로 인한 상황 변화에 적절하게 적응하는 것이 된다. 이런 괴리와 위장술을 행복한 변신으로 받아들여야 인간으로 남아 있을 수 있다는 것이다. 이 소설 속에서의 남성들은 그처럼 황홀한 변신술을 보여주지만, '나'는 그것을 습득하거나 인정하지 못해 벌레로 변신하고 만다. 이때 어느 것이 더 인간적이고 비인간적인지 그 기준이 흔들린다는 사실을 보여주는 것이 바로 오수연의 의도라고 할 수 있다.

은희경도 「아내의 상자」에서 결혼한 후 아기를 낳지 못하는 여성이 한 마리의 파리와 동일시되는 과정을 통해 생산력이나 모성만으로 재단되는 여성의 현실을 꼬집고 있다. 은희경은 겉으로 볼 때는 지극히 평범하고 문제없어 보이는 부부가 아내의 불임성으로 인해 상처받고 와해되는 과정을 보여줌으로써 여성이 처한 현실이 척박한 황무지임을 강조한다. 그리고 이런 여성성을 앞의 「빈처」에서처럼 남성 화자인 '나'를 내세워 관찰자 시점으로 서술함으로써 보다 객관화시키려고 노력하고 있다.

  ‘나’의 아내가 불륜을 저지르고 급기야 정신 병원에까지 가게 된 것은 자신의 몸에서 아무것도 생산해 내지 못한다는 자괴심과 두려움 때문이다. 3개월된 아이가 자연 유산이 된 후 아내는 다시 임신하지 못한다. 그래서 아내는 영혼의 상처나 흉터를 보관하는 상자 속에 때 이르게 친구로부터 선물받은 아이의 하얀 배냇저고리를 넣어둔다. 회복될 수 없는 마음의 공허감이 그녀의 무의식 속에 앙금으로 가라앉아 있었던 것이다. 이런 불임성이 가장 커다란 정신적 외상으로 작용하기에 이 소설의 서사는 그에 대한 그녀의 정신적, 육체적 반응을 중심으로 전개될 수밖에 없다. 남편의 몸을 받아들이지 못하는 건조함과 경직성, 의식의 혼수상태에서 벗어나지 않으려는 가사(假死) 상태의 잠, 아무런 욕망도 없이 행한 정신적 일탈이기에 더욱 심각한 불륜 행위, 이런 것들이 모두 자신에게 상처를 입힌 세상에 반응하는 아내의 처절한 몸짓에 해당한다. 아내는 자신을 도태되거나 거세당할 수밖에 없는 열성 인자를 지닌 존재로 여겨 끊임없이 자학한다.

  이처럼 아내가 자신을 스스로 학대하는 이유는 사회나 남성이 요구하는 것이 바로 그녀가 지니고 있지 않은 것이기 때문이다. 하기에 그녀는 “평온하게 보일 수 있는 것은 그녀 자신이 아닐 때뿐”이라는 아픔을 경험한다. 이런 전도된 상황이 이 소설에서는 바로 짝짓기를 하려고 달려드는 수컷을 강력하게 거부하는 암컷 초파리로 변형되어 나타나고 있다.

  자신의 소용 가치가 자식의 생산 여부로 결정되는 현실이나 육체적 불임이 정신적인 불임을 양산하는 폭력성에 분노한 아내는 자신의 상황을 극복하지 못하고 정신 병원에 입원하고 만다. ‘불만’이라는 돌연변이 유전자가 침입해 수컷을 거부하는 한 마리의 암컷 초파리로 전락한 아내를 통해 은희경은 여성들의 삶 속에 복병처럼 숨어 있는 생산성과 모성성의 신화를 비판한다. 남편에게는 자식이 있는 가정생활이 구색 갖추고 사는 평범한 생활에 불과할지 모르지만, 그것이 불가능한 여성에게는 생존이나 생사의 문제이기 때문이다. 그리고 참된 의미의 생산력은 진정한 자아를 생산하는 것이지 물질적인 대상을 생산해 내는 것이 아님을 강조한다. 여기서 더 나아가 은희경은 그런 여성의 의식을 이해하지 못하는 사회나 현실의 사시안적인 시선도 비판하고 있다. 암컷 파리가 수컷 파리의 정액을 거부하듯이 여성 또한 자의적으로 자신의 불임을 선택 혹은 극복할 수 있어야 함을 보여주는 것이다. 이것이 불임 파리와 동일시된 그녀의 불임성이 오히려 생산적으로 전해 주는 메시지에 해당한다고 할 수 있다.

몸의 현실, 현실의 몸

여성 소설에서 변신은 현실을 벗어나는 해방과 자유의 상징이다. 변신이란 전형적으로 난폭한 것이며, 이성에 정면으로 도전하는 탈주와 같은 것이기 때문이다.[30] 특히 여성 소설에서의 변신은 단순한 기호가 아니라 심오한 현실에 해당하기에 강렬한 정서를 환기시키면서 자아와 세계의 대결을 보여준다. 자기완성이나 목표 달성을 위한 변신을 통해 자아 정체성을 보전하거나 확대시키려는 것이 바로 변신이다. 여성들은 현실로부터 받는 자기 소외를 전면적으로 거부하는 몸짓으로서 '나 아닌 다른 어떤 것'이 되고 싶다는, 변신에 대한 강력한 욕망을 갖는 것이다.

보다 구체적으로 여성 소설에 나타난 변신의 양상을 정리해 보면, 우선 변신의 종류에는 그 '방법'에 따라 직접적(가시적·실제적) 변신과

---

30) 김승희, 앞의 책, 298쪽 참조.

간접적(비가시적·상징적) 변신의 두 종류가 있다. 직접적 변신에 전경린의 「세 번째 묘지, 세 번째 계곡, 세 번째 폭포」와 오수연의 「벌레」가 있고, 간접적 변신에 김승희의 「호랑이 젖꼭지」와 전경린의 「염소를 모는 여자」, 차현숙의 「나비학개론」, 은희경의 「먼지 속의 나비」와 「아내의 상자」 등이 속한다. 간접적 변신이 직접적 변신보다 많은 이유는 이들 소설들이 현대 소설이기에 신화나 전설, 민담, 고대 소설보다 이성이나 합리성의 영향을 많이 받기 때문이라고 할 수 있다. 여기서 현대 소설에 나타난 변신을 문제 삼을 때는 형태적인 변화뿐만 아니라 정신적인 변화까지도 포함해야 함을 다시 한 번 확인할 수 있다. 물론 모든 문학 작품이 시간의 흐름에 따른 정서적인 성숙이나 퇴행을 다룬다고 할 수 있으나, 변신은 구체적인 대상에 대한 동일시를 통해 인간 아닌 존재로의 변화를 의미한다는 점에서 충분히 일반적인 소설과는 변별되는 요건을 확보하게 된다.

다른 맥락에서 변신은 그 변신 '의도'에 따라 상승 변신과 하강 변신으로도 나눌 수 있다. 상승 변신은 보다 나은 존재로 변하려는 본체의 욕망에 의해서, 하강 변신은 변신의 본체가 초월에의 의지를 갖지 못하고 그저 부정적인 현실에 순응하는 경우에 발생한다. 때문에 상승 변신은 자아 정체성의 확대를 목표로 한 자의 변신이 대부분이고, 하강 변신은 자아의 보전을 목표로 한 타의 변신이 대부분이다. 그리고 상승 변신은 초월적 세계를, 하강 변신은 본능적 세계를 문제시한다. 또한 상승적 존재로의 변신 추구가 이상적 자아를 중심으로 보다 높은 단계로의 변신을 문제시한다면, 하강적 존재로의 변신은 현실적 자아를 중심보다 낮은 단계로의 변신을 문제시한다. 이렇게 볼 때 상승 변신에는 김승희의 「호랑이 젖꼭지」, 전경린의 「세 번째 묘지, 세 번째 계곡, 세 번째 폭포」와 「염소를 모는 여자」, 차현숙의 「나비학개론」과 은희경의 「먼지 속의 나비」 등이 속하고, 하강 변신에는 오수연의 「벌레」와 은희경의 「아내의 상자」가 속한다. 상승 변신의 경우가 훨씬 우세함을 볼 때 역시 여성 소설의 변신은 초월적 세계를 향한 이상적 자아로의 변신 욕망이 훨씬 더 강렬함을 확인할 수 있다.

또한 변신의 '결과'에 따라 성공 변신과 실패 변신으로도 나눌 수 있다. 성공 변신은 변신의 의도가 달성됨으로써 보다 나은 미래를 획득한 경우이고, 실패 변신은 인간으로 살아남으려는 의도가 실패하여 인간보다 못한 동물로 전락해서 더 불행한 삶을 영위하는 경우이다. 그런데 여성 소설에서는 상승 변신인 경우가 드물고, 결말 자체를 열린 채로 놓아두는 미완성 변신과 하강 변신이 단연 우세하다. 이 글에서 살펴본 여성 소설들의 경우 상승 변신에 해당하는 경우는 없고, 미완성 변신에 해당하는 경우가 김승희의 「호랑이 젖꼭지」, 전경린의 「세 번째 묘지, 세 번째 계곡, 세 번째 폭포」와 「염소를 모는 여자」, 은희경의 「먼지 속의 나비」 등이고, 실패 변신에 속하는 경우가 차현숙의 「나비학개론」, 오수연의 「벌레」, 은희경의 「아내의 상자」 등이다.[31] 여성 소설에서는 이러한 부정적 결과를 통해 여성으로서의 유한성과 한계성을 초월하려는 의지가 얼마나 성공하기 힘든지를 보여준다. 보다 나은 존재로 변신하고 싶다는 욕망은 이루어지기 힘든 꿈일 뿐이라는 것이다.

이렇게 볼 때 여성 소설에서는 식물보다는 동물로의 변신을 애호한

---

31) 흔히 변신담을 분류할 때 상승 변신과 성공 변신, 하강 변신과 실패 변신을 하나로 취급하지만 상승을 꿈꾸었으나 그 결과가 실패인 경우가 많으므로 두 가지를 분리할 필요가 있다. 차현숙의 「나비학개론」이 이런 예에 해당한다. 여주인공은 나비로의 상승을 꿈꾸지만 결국 나비가 되지 못하고 불행한 삶을 영위하고 있기 때문이다.
이상일, 『변신이야기』(밀알, 1994), 강희주, 「변신설화의 서사구조와 변신의 의미」, 이화여자대학교 석사학위 논문, 1984, 그리고 이재선, 앞의 책 등에 밝혀진 변신에 나타난 양상의 분류를 참고할 것.

다는 것, 야성성·운동성·적극성을 통해 자유를 획득하려는 것이 그런 동물성에 담겨 있다는 것, 그러나 그런 동물로의 변신을 꿈꾸지만 그 결과는 미완성이거나 실패인 경우가 많다는 사실 등을 통해 여성의 꿈과 현실, 이상과 경험을 동시에 문제 삼는다고 할 수 있다. 일반적으로 여성 소설에서는 진정한 자아를 발견하거나 자신을 옥죄는 현실로부터 탈출해 자신만의 영토를 가꾸기 위해 변신을 욕망한다. 변신을 통해 결핍과 부족을 극복하고 더 나은 존재로 전환함으로써 정신적인 해방을 이루려고 하기 때문이다. 그러나 여성들에게 곰의 후예들이라는 인식이 강하게 남아 있기에 아직도 호랑이나 늑대, 염소, 나비가 되기보다는 단지 벌레나 파리가 되어 웅크리고 살 수밖에 없음을 여성 소설들은 말해 주고 있다. 그래서 여성들의 변신은 지금도 진행 중이며, 앞으로도 계속될 것임을 힘겹게 알려준다.

계급 속의 여성, 현실 속의 이상

강경애 소설의 리얼리즘

관념과 체험의 거리

강경애 소설의 키워드는 '가난', '간도', '남성적 여성성' 등이라고 할 수 있다.[1] 강경애는 네 살 때 아버지를 여읜 후부터 자신이 직접 경험한 가난이 반영된 소설을 씀으로써 1930년대의 '빈궁 문학'을 대표한다. 그리고 소설 창작이 이루어졌던 대부분의 시간 동안 간도에 거주함으로써 직·간접으로 한국 소설의 공간적 배경을 확장시켰다. 더욱이 강경애는 자신이 간도에서 경험한 가난과 한민족의 수난을 리얼하게 문학화함으로써 가정, 연애, 성, 내면 등의 소재를 중심적으로 다루었던 다른 여성 작가들과 차이를 보인다.[2]

---

1) 김윤식, 『한국문학사논고』(법문사, 1973).
　　이재선, 『한국현대소설사』(홍성사, 1979).
2) 이상경, 「강경애론」, 『한국학보』, 37집, 1984년 겨울.
　　＿＿＿, 「강경애연구 ── 작가의 현실인식 태도를 중심으로」, 서울대학교 석사학위 논문, 1984.

　이런 특성들은 강경애가 현실에 대해 적극적인 관심을 보였다는 사실에서 연유한다. 현실에 무관심할 수 없었기 때문에 가난한 민중들의 억압과 고통에 대해 남성 작가들처럼 적극적으로 반응했다는 것이다. 강경애의 "작가로서의 사명이 뭐냐. 이 현실을 누구보다도 똑똑히 보고 또 해부하여 가지고 작품을 통하여 일반 대중에게 나타내 보이는 데 있는 것 아니냐. 예술이란 그 자체가 민중의 생활과 분리되는 데 무슨 가치가 있으랴."(수필 「어촌점묘(漁村點描)」, 773쪽)[3]라는 직접적인 언급에서도 확인되는 바이다.

　그런데 이런 '동반자적 작가'나 '리얼리즘 작가'로서 강경애의 면모에 대해서는 별다른 이견이 없으면서도 그 문학적 성취에 대해서는 극단적으로 의견이 나뉜다.[4] 문학적 형상화가 제대로 이루어지지 않았다는 비판[5]에서부터 성실하면서도 집요한 태도로 예술적 혜안을 보여주었다는 평가[6]까지 있다. 그리고 그 내용에서도 '건실한 리얼리즘'을 보여준다는 평가부터 '사상적 불명료함', '주제의 무통일성', '평면적 리얼리즘'이라는 평가도 있다.[7] 물론 이렇게 정반대의 평가를 내리는 양측 모두 『인간 문제』가 강경애 소설의 본령이자 정수라는 데에는 의견을 같이 한다. 식민지 시대 최고의 리얼리즘 소설이자 노동

　　＿＿＿, 「만주항일혁명 운동의 문학적 수용 ─ 강경애론」, 김윤식·정호웅(엮음), 『한국 문학의 리얼리즘과 모더니즘』(민음사, 1989).
　　＿＿＿, 『강경애 ─ 문학에서의 성과 계급』(건국대학교 출판부, 1997).
　3) 앞으로 소설의 본문 인용은 이상경(편), 『강경애 전집』(소명출판, 1999)에 의거해 제시하도록 한다.
　4) 조남현, 「강경애 연구」, 『한국 현대 소설 연구』(민음사, 1987), 115~128쪽 참조.
　5) 민병휘, 「여류문사에 대하야」, ≪비판≫, 1933. 3.
　6) 안함광, 「문예시평」, ≪비판≫, 1933. 1.
　7) 백철, 「금년의 여류 창작계」, ≪여성≫, 1936. 12.
　　＿＿, 『신문학 사조사(현대편)』(백양당, 1946).
　　홍구, 「여류 작가 군상」, ≪삼천리≫, 1933. 3.

소설이라는 평가를 내리고 있기 때문이다.[8]

이런 평가들 중에서 부정적인 평가를 다시 살펴보면, 문학적 형상화의 미숙함을 지적할 때는 주로 『인간 문제』이전에 씌어진 초기[9]의 소설들을 대상으로 한 경우가 많다. 그리고 『인간 문제』이후에 씌어진 소설들을 중심으로 했을 때는 객관적인 식민지 정세와 작가 자신의 건강 악화로 인해 비극적인 결말을 보이면서 전망을 상실했다고 비판받는다. 하지만 이런 평가들은 강경애의 소설을 일관된 흐름이나 통시적 관점에서 평가하지 않고 어느 한 시기만의 특정 소설들을 선별한 후 자의적으로 해석했다는 한계나 혐의가 있다.

사실 강경애 소설의 문제점은 '관념'과 '체험' 간의 괴리라고 할 수 있다. 강경애의 소설들을 전체적으로 살펴볼 때 그녀의 소설에서 가장 큰 갈등과 충돌을 일으키는 요인은 이상과 현실 사이의 부조화이다. 그리고 문학적인 완성도가 떨어지는 것은 관념적인 이상이 앞설 때이며, 전망을 상실한 채 부정적인 결말을 보이는 것은 체험적인 현실이 앞설 때이다. 강경애가 경험한 삶은 전혀 관념적이지 않다. 그녀가 겪은 민족(조선), 계급(무산자), 성(여자) 문제에서의 삼중고는 현실 그 자체였다. 이런 경험의 핍진성이 리얼한 묘사를 가능하게 해준 것이다. 그러면서도 그녀는 강박적으로 각성과 실천을 강조하는 결말을 보인다. 도식적일 만큼 희망적인 미래를 강조하거나 지식의 실천을

---

8) 김윤식, 『(속)한국근대작가논고』(일지사, 1981), 244쪽 참조.

9) 이 글에서는 『인간 문제』(1934) 이전에 쓰인 소설을 초기 소설로 보고 그 후에 쓰인 소설을 후기 소설로 본다. 1931년 「파금」을 발표한 이후 1938년 「검둥이」를 쓰기까지 채 10년이 안 되는 짧은 기간 동안 23편(장편 2편, 연작 2편, 중편 1편, 단편 18편)의 소설을 창작한 강경애의 소설을 초기와 후기로 나누는 것이 무리일 수도 있다. 그러나 대표작인 『인간 문제』를 기준으로 작가의 작품 경향이 바뀌고 있고, 객관적인 사회 정세 또한 30년대 후반부터 바뀌고 있으므로 이 때를 전환점으로 삼아 소설의 변모 양상을 살펴볼 수 있다.

강요한다. 그리고 그것이 좌절되었을 때는 지극히 패배적이고 암울한 결말을 보여준다. 그래서 강경애의 실제 삶보다 소설이 오히려 관념적이라는 아이러니를 보이게 된다.

그런데 강경애의 초기 소설이 조급한 관념성 때문에 비판받았다면[10] 그런 관념성이 약화된 후기 소설은 그 대신에 확보된 현실성 때문에 높은 평가를 받아야 한다. 하지만 후기 소설은 오히려 전망을 상실한 채 패배주의적인 면모를 보여준다고 비판받는다. 이 글의 문제 의식이 발동하는 것이 바로 이 지점이다. 왜 강경애의 소설은 관념적이어도 비판받고, 현실적이어도 비판받는가.

관념이 앞서는 문학은 당연히 비판받아야 한다. 문학의 뿌리는 현실이기 때문이다. 그렇다면 문제는 강경애의 소설이 현실적인데도 비판받는 경우일 것이다. 만약 강경애의 소설이 제대로 된 현실을 그려내지 못하면서 전망만을 상실했다면 비판받아 마땅하다. 왜곡되거나 과장된 현실은 또 다른 '관념'에 불과하기 때문이다. 그러나 현실을 현실답게 인식했기에 갈등하거나 좌절했다면 그 자체가 새로운 현실에 대한 '체험'일 수 있다. 그리고 그런 이유에서라면 강경애의 후기 소설에 대한 비판은 일관성 없는 편견에 불과하다.

강경애의 『인간 문제』 이후의 후기 소설을 중심으로 거기에 담긴 현실 인식 문제를 살펴보려는 것도 이 때문이다. 강경애의 후기 소설은 초기 소설의 관념성을 극복함으로써 현실성을 확보했는가, 아니면 현실을 지나치게 부정적으로 바라봄으로써 오히려 현실로부터 유리되었는가. 전망이 불가능함을 적극적으로 나타내는 것인가, 아니면 전망이 부재함을 소극적으로 보여주는 것인가. 이에 초기 소설과 대비되는 후기 소설의 특성을 관념성 극복의 여부에 초점을 맞춰 살펴보려 한다.

---

10) 이청, 「여류작품총관」, ≪신가정≫, 1935. 11.

당위적 결말에서 현실적 결말로

흔히 지적되고 있듯이 강경애의 초기 소설에 속하는 『어머니와 딸』, 「소금」, 『인간 문제』 등의 결말은 갑작스럽고 비약이 심해서 설득력이 부족하고 인위적인 면도 강하다. 정해진 관념을 앞세워 '있어야 할' 결론을 향해 당위적으로 끌고 가기 때문이다. 주어진 현실이 있다. 그 현실을 몸소 체험한다. 그리고 그것을 리얼하게 묘사한다. 이럴 때 세부의 디테일은 생생하고 자연스럽다. 그런데 갑자기 자기 검열이 일어나면서 관념이 개입한다. 단지 현실에 대한 객관적인 묘사에 그친다면 힘이 없는 문학이나 미래가 없는 문학으로 전락할 위험이 있어서 불안하기 때문이다. 현실이 어려울수록 문학은 강해져야 한다는 것이다. 그래서 강경애 초기 소설의 관념성은 '선취(先就)'의 개념을 토대로 각성이나 실천에 대한 강박과 절대적인 희망의 추구를 보여준다고 할 수 있다.

『어머니와 딸』에서 옥이는 남편 봉준이 신여성인 숙희에게 빠져 이혼을 요구하지만 쉽게 허락하지 못한다. 시어머니였던 산호주의 당부와 구여성으로서의 잔재가 남아 있었기 때문이다. 그러나 길거리에서 우연히 만난 영실 오빠의 삶을 보고 "나도 이제부터는 나로서의 삶을 계속하여 보렵니다. 그러니까 과거와는 달라진 삶이겠지요."라고 당당히 새로운 삶을 선언하며 이혼을 수락한다. 옥이의 이혼, 즉 봉건적인 남편 봉준과의 이별은 옥이가 독자적인 삶을 사는 데에 결정적인 요건이다. 그런 중요한 문제를 처리하면서도 작가는 "몇백 명의 노동자를 위하여 자기 몸을 희생해 바친 영실 오빠"와의 만남을 '단 한 번의' '우연한' 만남으로 처리하고 만다. 이때는 그런 만남의 필연성도 부족하고 옥이의 정신적인 각성도 제대로 이루어지지 않은 시기이다. 그래서 "오빠! 내 오빠도 되는 것이다."나 "오빠가 밝고간 이 길로 우리도 가야한다.”라는 옥이의 말이 공허한 구호처럼 들린다.

「소금」에서도 사정은 마찬가지이다. 이 소설에서는 봉염 어머니가 생계를 위해 소금을 밀수입하다가 일본 순사에게 들켰을 때의 분노와 설움이 저항으로 연결되는 결론을 보여준다. 남편을 죽였다고 생각되는 공산당은 봉염 어머니에게 원수나 다름없다. 그런데 소금을 밀수입하는 현장에서 만난 공산당원들은 일본 순사들과는 다르게 소금을 빼앗지도 않고 오히려 “여러분! 당신네들이 왜 이 밤중에 단잠을 못 자고 이 소금짐을 지게 되었는지 알으십까!”라며 의식의 각성을 촉구하는 긍정적 인물들로 등장한다. 공산당에 대한 이러한 태도 변화는 봉염 어머니를 일본에 저항하게 만드는 데에 중요하다. 그런데 단지 일본 순사와 다르게 소금을 뺏지 않고 우호적으로 대했다는 이유로 남편과 아들의 죽음을 공산당의 짓이 아니라고 곧바로 믿어버리고 있다. 이런 결말 때문에 그 이전에 묘사되었던 간도에서의 가난 체험의 핍진성마저 반감되고 있다.

『인간 문제』에서는 앞의 두 소설보다는 관념과 체험의 괴리가 덜하다. 흔히 선비의 갑작스러운 죽음이, 그리고 그로 인한 과업 달성의 실패가 이 소설의 한계로 지적되어 왔다. 하지만 이 소설의 주인공이 선비가 아닌 첫째임을 감안한다면 첫째를 의식화시켰던 지식인 신철의 전향과 더불어 선비의 죽음 자체도 첫째의 각성과 변화를 위한 매개로 작용하는 긍정적 측면이 있다. 때문에 이 소설의 관념성은 선비의 갑작스러운 죽음보다는 첫째의 맹목적인 신념과 작가의 단성적이고 교조적인 목소리에서 찾아야 할 것이다. 첫째를 전형적인 민중으로 만들려는 의도 때문에 다른 인물들이 허수아비처럼 취급되거나 지나치게 작위적으로 그려지기 때문이다. 이런 이유로 이 소설의 결말은 ‘옳은’ 결말이지만 ‘자연스러운’ 결말은 아니라고 할 수 있다.

이처럼 강경애 초기 소설의 결말은 대체로 주인공의 의식적 각성에 의한 전망이나 행동적 실천에 대한 다짐으로 끝맺고 있다. 현실은 열악하지만 그렇기 때문에 더욱더 현실을 개척하려는 의지나 행동의 필요성을 역설하려는 것이다. 그러나 그런 결말에 이르기까지의 과정 자체는 장면 중심의 디테일한 묘사로 서서히 진행되었음에 비해 결말 자체는 지극히 요약적이고 전지적인 시점에 의존한다. 그래서 비약이 심하거나 필연성이 결여된 당위적 결말에 머무르고 있다.

반면 후기 소설에 해당하는 「지하촌」이나 「어둠」, 「마약」 등에서는 도식적이고 강박적이었던 긍정적인 결말에 변화가 일어난다. 현실을 있는 그대로 그림으로써 '사족'이나 '구호'에 가까웠던 당위적 결말로부터 자유로워지는 양상을 보이기 때문이다. 앞에서 지적했듯이 1930년대 후반으로 들어서면서 카프나 항일 유격대가 해체됨으로써 객관적 정세는 악화된다. 그리고 강경애 자신도 건강이 나빠지고 경제적으로도 열악한 상황에 처해 있었음을 고려할 때 낙관적인 희망을 이야기하기는 힘들었을 것이다. 그래서 작중 인물들의 고난은 더욱 심해지고 결말은 부정적으로 맺어지게 된다.[11]

「지하촌」에서 칠성이는 자신이 사랑하는 큰년이가 부잣집에 소실로 팔려가는 현실에 대해 무력하다. 불구인 몸을 이끌고 구걸로 연명하는 처지이기 때문이다. 물론 우연히 알게 된 전직 공장 노동자를 통해 왜 자신과 큰년이의 사랑이 이루어질 수 없는지에 대해 자각하게 된다. 공장에서 일하다가 다리가 잘려나간 사내의 "우리를 이렇게 못 살게 하는 놈이 저 하늘인줄 아우? 이 땅인 줄 아우? ……아니우, 결코 아니우."라는 말 속에 담긴 유산자에 대한 사내의 분노가 칠성이를 각성시켰기 때문이다. 만약 초기 소설이었다면 여기서 사내와 공동 전선을 형성하거나 큰년이와의 사랑을 성사시키기 위한 적극적인

---

11) 도애경, 「강경애연구」, 건국대학교 석사학위 논문, 1987, 39~52쪽 참조.

다짐이나 행동을 암시하는 결말이 이루어졌을 것이다. 그러나 이 소설의 결말은 불길하고 어두운 날씨를 통해 간접적으로만 제시되고 있다. 칠성이의 가난은 해결될 기미조차 없다. 그래서 칠성이도 그저 성난 눈으로 하늘을 노려볼 뿐이다. 분노는 순응보다 강하지만 저항이나 희망보다는 약하다. 이 소설의 결말이 초기 소설의 희망적인 결말 '이전'의 단계가 아니라 그 '이후'의 단계를 통해 희망이 사라지거나 불가능한 상황을 그리게 된 것도 바로 이런 절망의 견고성 때문이다.

「어둠」의 결말은 그 제목이 상징하듯이 보다 직접적이고도 절망적이다. 믿었던 애인으로부터도 버림받고 정신적 기둥이었던 오빠마저 사형당하자 영실은 미쳐버린다. "우리는 없는 놈이니까 같은 없는 놈을 동정하여야 하고 보다도 이러한 생지옥을 벗어나기 위하여는 싸우지 않으면 안 된다, 누이야."라고 말하던 오빠는 더 이상 존재하지 않는다. 그래서 영실의 눈에는 병원 수술실에서 수술받고 있는 환자가 오빠로 보이고, 그 환자에게 칼을 들이대는 의사가 자신의 오빠를 죽이는 것처럼 보여 미쳐버리고 만다. 피해자인 사람들이 가해자가 되어 다른 피해자에게 고통을 주는 상황에서 그들 앞에 펼쳐져 있는 것은 어둠뿐이다.

「마약」에서 보득 어머니는 마약 대금으로 자신까지 팔아버린 남편 때문에 목숨을 잃는 여인이다. 비록 중국 남자에게 몸을 유린당했지만 그녀는 남편에 대한 걱정과 젖먹이 아이인 보득에 대한 모성애 때문에 위험한 탈출을 강행한다. 그러다가 돌부리에 머리를 박고 피를 흘리며 죽어간다. 그녀를 이처럼 죽음으로 내몬 것은 본능적인 모성조차 허락하지 않는 궁핍한 현실이다. 그러나 그녀가 죽어도 현실은 바뀌지 않는다. 심지어 남편은 반성하기는커녕 이제 "등록한 아편장이"가 될지도 모른다.

이렇게 볼 때 강경애의 소설 속에서 이상적이고 규범적인 관념을

206

앞세울 때는 긍적적인 결말 처리가 가능하다. 하지만 부정적인 현실이 강화될 때는 실패와 좌절을 경험할 수밖에 없다. 그럼에도 불구하고 그런 지독한 현상을 외면하면서까지 무리해서 희망을 역설한다는 것 자체가 오히려 관념적일 수 있다. 때문에 강경애의 후기 소설에 나타나는 전망의 부재나 상실은 패배나 좌절의 기호가 아니라 비판과 응시의 결과로 읽혀야 할 것이다. 희망으로부터 멀어지는 것이 현실과 가까워지게 되는 절망적 상황이 바로 강경애의 후기 소설을 지배하는 결말의 의미이다.

'계급 속의 여성'에서 '인간 속의 여성'으로

강경애는 "사회적으로 완전한 경제적 개변을 보지 못하고는 완전한 여성의 해방도 볼 수 없습니다. 이대로는 해방은 고사하고 더욱 여성은 상품화하며 따라서 인간적 지위에서 점점 더 말살되고 말 것입니다."(수필 「송년사」, 746쪽)라고 직접 밝히고 있듯이 계급해방 속에 여성 해방을 포함시키고 있다. 계급해방이 이루어지면 자연히 여성 해방이 이루어진다고 본 것이다. 그래서 여성 해방 자체만의 특수성과 필요성에 대한 인식이 상대적으로 미약했다.[12] 여성은 무산자, 노동자, 민중이기도 하지만 어머니, 딸, 아내, 애인이기도 하다. 가령 똑같이 노동자여도 남편과 아내의 문제는 같기도 하고 다르기도 하다. 때문에 남성 노동자의 문제가 해결되어도 여성 노동자의 문제는 해결되지 않을 수 있다.

강경애의 소설 중에서 가장 분명하게 여성 소설에 해당하는 『어머

---

12) 송인화, 「하층민 여성의 비극과 자기인식의 도정 ── 강경애론」, 한국여성소설연구회, 『페미니즘과 소설비평 : 근대편』(한길사, 1995), 251~289쪽 참조.

니와 딸』은 어머니에서 딸로 이어지는 여성 억압에 초점을 맞추고 있다. 그래서인지 경제적 궁핍으로 인한 착취뿐만 아니라 가부장적 이데올로기에 의한 여성의 억압을 강조한다. 어머니 세대를 대변하는 예쁜이(옥이의 친정어머니)와 산호주(옥이의 시어머니)의 비극은 그들이 가난해서 부잣집의 소실로 팔렸거나 예기(藝妓)가 될 수밖에 없었기 때문이다. 예쁜이는 본처의 구박과 아들이 아닌 딸을 낳았다는 것 때문에 버림받은 후 술장사의 길로 들어선다. 그리고 산호주는 가난한 고학생인 강수를 뒷바라지해 주었으나 그가 '깨끗한 여학생'과 결혼하자 봉준을 낳아 혼자 기른다. 그런데 산호주의 권유와 유언 때문에 결혼하게 된 옥이는 봉준의 가부장적이고도 우유부단한 행동 때문에 불행하다. 봉준은 신여성 숙희에 대한 짝사랑 때문에 옥이에게 이혼을 요구하다가도, 막상 옥이가 신여성이 된 후 이혼을 허락하자 오히려 매달리는 모순을 보인다.

여기서 문제가 되는 것은 봉준에 대한 옥이의 태도 또한 이중적이라는 사실이다. 옥이는 숙희에게 거부당하고 실의에 빠져 있는 남편을 위해 숙희를 찾아가 남편에게 병문안을 와달라고 부탁할 정도로 전통적인 부덕(婦德)으로부터 자유롭지 못하다. 그러면서도 노동 운동을 하다가 감옥에 간 영실 오빠를 보고 갑작스럽게 각성한 후 자립성과 주체성을 가진 한 여성이자 인간으로서 살기로 결심한다. "옥이는 옥입니다마는 옛날같은 어리석은 옥이는 아니올시다."나 "어머님의 딸은 나다! 어머님께서 생전에 실행치 못한 것을 나는 실행할 것이다."라고 선언하면서 자아 정체성을 확인한다. 그런 주체적인 여성의 모습을 보이면서도 숙희 때문에 상사병을 앓은 남편에게 "불쌍한 인간! 차라리 울 바에는 너를 위하여 울어라. 좀 더 나아가 여러 사람을 위하여 울어라! 한낱 계집애를 생각하여 운다는 것은 너무나 값없는 울음이 아니냐!"라며 여성 문제를 노동 문제나 사회 운동보다 낮게 평가하는 무의식을 내비친다. 그래서 자신 또한 봉준과의 사이에서 일어나는 가부장적 문제를 영실 오빠에게서 배운 사회 노동 운동을 통해 극복하려고 한다. 여성 문제를 노동 문제로 해결하려는 것이다.

이런 『어머니와 딸』의 내용은 『인간 문제』 1부의 내용과 겹친다고 할 수 있다. 『인간 문제』는 1부에서 용연 마을을 중심으로 지주인 덕호로 인한 시골 농민들의 수난을 다루고 있으며, 2부에서는 인천의 방직 공장을 중심으로 도시 노동자들의 현실을 다루고 있다. 『어머니와 딸』에서 제대로 다루지 못한 경제 문제나 노동 문제를 『인간 문제』의 2부에서 본격적으로 다루려고 한 작가의 의도가 엿보인다. 때문에 덕호의 소실들이자 친구 사이였던 간난과 선비가 1부에서는 수동적인 피해자의 모습으로 그려지는 데에 그치고 있다. 반면 그들이 도시로 떠나온 이후의 상황을 그리고 있는 2부에서의 행보는 보다 적극적이다. 즉 1부에서 지주인 덕호에 대한 저항이나 응징이 직접적으로 드러나지 않는 데 반해 2부에서 공장에서의 노동 운동이 조직적으로 드러나고 있다는 점에서 강경애가 남성과 여성의 대립이나 억압보다는 빈자와 부자의 갈등과 대립에 더 초점을 두고 있음을 알 수 있다. 이것이 바로 『인간 문제』가 여성 소설이기보다는 리얼리즘 소설인 이유이다.

강경애는 첫 작품인 「파금」에서 연애보다 운동을 위해 자신의 삶을 희생하는 형철이라는 인물을 등장시켰다. 그리고 그 후 『어머니와 딸』이나 『인간 문제』 등에서 '팔려가는 여성'들을 등장시키면서 경제적 개변이 이루어지지 않으면 그들의 불행이 끝나지 않을 것임을 강조한다. 여성이 여성이기 위해서는 돈에 팔려가지 않아야 한다는 계급의식에 더 지배를 받았기 때문이다.

그러나 『인간 문제』 이후 강경애는 여성 문제를 계급 문제가 아닌 여성 문제로 파악하고 있다. 「어둠」과 「마약」에서 드러나듯이 경제적인 개변이 이루어져도 해결되지 않는 여성 문제가 있음을 인식했기 때문이다. 물론 「어둠」에서 영실이가 미친 것은 사회 운동을 하던 오빠가 총살당하고, 애인이 다른 부유한 여자와 약혼했기 때문이다. 「마약」에서도 보득 어머니가 죽을 수밖에 없었던 것은 보득 아버지가 마약 빚 때문에 보득 어머니를 중국인에게 팔았기 때문이다. 하지만 「어둠」에서 만약 애인의 따뜻한 보살핌이 있었더라면 영실이는 미치지 않아도 되었을 것이다. 소설 속에서 경제적 가난이나 사상의 박약보다는 실연의 상처가 영실을 더 괴롭힌 것처럼 서술되기 때문이다. 그리고 「마약」에서도 보득 어머니의 죽음은 보득 아버지의 매매가 아니라 보득 어머니의 보득 아버지에 대한 사랑과 보득이에 대한 모성애 때문이기도 하다. 자신을 버린 남자들에 대한 미련 때문에 자신들을 두 번 죽이는 것이다.

이와 더불어 모성의 문제를 통해 강경애 소설의 여성 문제에 대한 인식 변화를 살펴볼 수 있다. 초기 소설에서 모성은 절대적인 지위를 차지하면서 모든 문제를 해결할 수 있는 만능책으로 제시되었다. 특히 「소금」에서 봉염 어머니는 팡둥(중국인 지주)에게 성적으로 유린당한 후 임신한다. 원하지 않았던 자식이기 때문에 낳자마자 죽이려 했지만 막상 아기를 낳자 "전신을 통하여 짜르르 흐르는 모성애" 때문에 그냥 기른다. 그런데 갑작스럽게 자신의 두 아이(봉염과 봉희)를 모두 잃은 후에도 자신이 젖유모였던 명수를 그리워한다. "제 자식 죽이고 남의 새끼 보고 싶어하는 이 어리석은 년"이라는 자조적인 탄식도 소용없을 정도로 명수에 대한 그리움을 제어할 수 없었다. 이처럼 비상식적이고 과장되었다고 느낄 정도로 강경애는 모성이 삶의 윤활유이자 활력임을 강조한다. 이런 모성의 강조는 계급해방을 위해 전형적이고 긍정적인 인물을 부각시켜 상승적 결말을 맺는 것과도 통한다. 모성애를 지닌 여성 인물들이 계급을 해방시켜 줄 전형적인 인물로 제시되기 때문이다.

그러나 후기 소설 속의 모성은 이처럼 계급해방을 위해 이상화되거나 절대화된 모성이 아니다. 후기 소설에서는 모성 또한 상처 입고 공격받는다. 모성도 폭력적인 현실 앞에서 속수무책일 수밖에 없을 정도로 상황이 심각해진다. 물론 「모자」에서처럼 여전히 관념적인 모성이 앞서서 투쟁의 선봉에 서는 어머니도 있지만, 「지하촌」에 등장하는 큰년이 어머니와 칠성이 어머니의 어머니답지 않은 모습은 변화된 모성의 모습을 확인시켜 준다. 칠성이는 큰년이 어머니가 큰년이처럼 병신인 아이를 낳을 바엔 차라리 그 아이가 죽기를 바란다. 그래서인지 큰년이 어머니는 병신이 될 아기를 사산한다. 「마약」에서는 제대로 된 아기를 생산할 수 없는 어머니들의 비극이 자식을 기를 수 없는 경우까지 발전한다. 젖먹이인 보득이에게 젖을 먹이고 싶으나 보득 어머니는 팔려와서 갇혀 있는 신세이다. 그래서 자식에게 가려는 길이 바로 죽음에 이르는 길이 되고 만다. 이때의 모성은 더 이상 신성하지도 못하고 전능하지도 않다.

이렇게 볼 때 강경애의 초기 소설은 계급 문제에 여성 문제가 포함되면서 계급 문제가 해결되면 여성 문제도 해결될 것이라는 낙관적인 전망을 보여준다. 모성의 긍정적 의미도 이런 맥락에서 강조되었다고 볼 수 있다. 그러나 후기 소설에서는 계급 문제가 해결되어도 해결될 수 없는 여성만의 문제가 부각되기 시작한다. ‘계급’보다 더 보편적인 ‘인간’의 문제 속에 혹은 계급보다 더 특수한 ‘여성’의 문제 속에 여성 문제가 있을 수 있기 때문이다. 이런 이유로 모성 또한 공격받거나 상처 입을 수 있었다. 때문에 강경애의 후기 소설에서는 모성을 포함한 여성 문제가 관념성에서 벗어나 현실성을 획득하게 된다.

결국 강경애의 초기 소설이 내적 세계에서 외적 세계로 나가는 경향을 보인다면 후기 소설은 그 반대로 외적 세계에서 내적 세계로 들어오는 경향을 보인다고 할 수 있다. 여성 인물이 각성을 이룬다는 점에서는 공통적이지만 초기 소설이 내적 각성을 통해 외부 세계로 진출하는 페미니스트 성장 소설(Feminist Bildungsroman)의 양상을 보인다면, 후기 소설은 숨겨진 여성적 자아를 발견하기 위해 내면을 탐구하는 각성 소설(The novel of awakening)의 양상을 강조한다는 것이다. 이런 사실을 통해서도 강경애의 소설이 초기에는 기존의 성장 소설에서 보여주는 사회로의 편입이나 참여가 이루어짐으로써 공적 자아를 발견하는 쪽에 기울었다면, 후기로 갈수록 부적응과 실패의 기록으로 치우치는 반성장 소설적인 면모를 보이고 있음을 확인할 수 있다.[13]

외부의 대립 구조에서 내부의 분열 구조로

외부에 있는 적은 분명하다. 그래서 싸우기도 좋고 이기기도 쉽다. 그러나 내부의 적은 잘 구분되지 않는다. 그래서 싸우기도 어렵고 이기기도 힘들다. 강경애의 초기 소설들은 인물과 인물 간의 대립을 선과 악, 빈과 부, 농민(노동자)과 지주 등으로 이분한다. 그리고 이 둘 사이의 대립을 강조함으로써 다소 평면적이고 단선적인 플롯을 형성하게 된다. 부자나 지주는 지독하게도 비인간적이고 부도덕한 인물로

---

13) Reta Felski, *Beyond Feminist Aesthetics*(Cambridge : Harvard UP, 1989), 127~128쪽 참조.
　　김미현, 『한국여성 소설과 페미니즘』(신구문화사, 1996), 249~256쪽 참조.
　　서정자, 「페미니스트 성장소설과 자기발견의 체험 —— 강경애의 '어머니와 딸', '인간 문제', '소금'을 중심으로」, 『한국여성학』, 제17집, 1991.
　　송명희, 「문학적 양성성을 추구한 여성 교양소설 —— 강경애의 '어머니와 딸' 작품론」, ≪여성과 문학≫, 제2집, 1990.

그려지는 반면 가난한 자와 농민(노동자)은 악인들의 일방적인 희생양으로 그려진다. 이런 구도가 기존의 프로 문학과 다른 점은 긍정적 인물들에 대한 연민과 이해가 부정적인 인물들에 대한 비판이나 부정보다 더 강하다는 것이다.[14]

강경애 초기 소설의 긍정적 인물들은 다소 도식적일 정도로 모두 소외되고 억압받는 인물들이다. 그들은 모두 민중의 입장에서 처절한 현실을 대변하는 동시에 적극적으로 미래를 개척하려는 움직임을 보여준다. 반대로 이런 긍정적 인물들을 억압하는 부정적 인물들은 모두 지주이거나 부자이다. 그리고 「그여자」의 마리아를 제외하면 모두 남성들이다. 각 인물들의 성격은 뚜렷하고 분명하다. 또한 그들을 억압하는 외부 세력이 반드시 존재한다. 그래서 그 두 인물 간의 대립은 서로 다른 세계관의 충돌이나 갈등이라고 할 수 있다.

대표적인 예로 『인간 문제』에서 첫째와 간난이, 선비의 공동의 적은 고향인 용연 마을 지주인 덕호이다. 그리고 도시에 있는 공장에서는 공장주(공장 감독)이다. 그들은 각기 피지배자와 지배자의 입장에서 1930년대의 식민지 현실이 처한 억압과 저항을 대변한다. 이런 사실 때문에 이 소설은 공장 노동자의 실상이나 그들에게 가해지는 교묘한 착취와 인권의 유린을 리얼하게 묘사한 수작으로 꼽히고 있다. 특히 첫째에게 지배 계급은 타도해야 할 대상으로서 소극적 분노에서 적극적인 저항까지 그 모두를 경험하게 해주는 인물들이다. 때문에 첫째에게는 싸워야 할 적이 분명하다.

반면 강경애의 후기 소설에서는 인물의 내면에서 서로 분열을 일으키고 있는 '나'와 '또 다른 나' 사이의 갈등이 주를 이룬다. 외부의 적이 아닌 내부의 적, 자신의 의지, 판단, 선택에 의해 극복될 수 있는

---

14) 이강언, 「강경애 소설의 정신과 기법」, 《여성 문제 연구》, 제11호, 1982, 102쪽 참조.

적이 문제되기 때문이다. 적은 멀리 있지 않다. 자신의 마음속에 있는 자기 자신이 바로 적이다. 그래서 후기 소설 속의 대부분의 인물들은 주저하고 망설이며 고뇌하는 양상을 보인다. 때문에 행동력이 결여되어 있다거나 전망을 상실했다는 비판을 받았던 것이다. 그러나 이런 내부의 분열이나 갈등 양상을 통해 인물이 처한 상황의 심각성이나 복잡성이 더 잘 부각되고 있다. 더 이상 남이나 상황 탓만을 할 수 없기에 자기 자신의 책임이나 의지, 선택이 더욱 중요하다는 것이다.

먼저 「원고료 이백원」에서 '나'는 원고료로 받은 이백 원을 가지고 그동안 가난했기 때문에 가지지 못했던 털외투, 목도리, 구두, 금니, 금반지, 시계 등을 사려고 한다. '사치 아닌 사치'를 부려봄으로써 그동안 겪었던 가난의 고통이나 설움을 보상받으려는 것이다. 이런 '나'의 태도에 대해 남편은 도움이 필요한 동지들을 위해 그 돈을 쓰라고 한다. '나'는 매까지 맞고 집에서 쫓겨난 후에야 남편의 '지당한' 요구에 따르게 된다. 하지만 이 소설이 초기 소설과 다른 점은 남편에 대한 '나'의 태도이다. 자신의 아픔을 이해하지 못하는 남편의 태도를 보고 '나'는 "저 사나이와는 이전 못 사는 것이다."라고 생각한다. 그리고 공적이고 숭고한 임무를 위해 쓸 돈을 앞에다 두고 개인의 사사로운 욕구를 충족시킬 물건들을 사려고 생각했었다는 것이나, 그런 감정을 '감히' 남편에게 말할 수 있었다는 것이 커다란 변화라고 할 수 있다. 당위적인 윤리 앞에서 개인적인 이익 때문에 흔들릴 수 있는 것이 바로 나약한 인간이기 때문이다. 결국은 포기해야 할 것이지만 그런 개인이나 자아의 욕망을 밖으로 드러냈다는 것은 의의가 크다. 아무리 위대한 인간이라도 유혹을 느끼지 않을 수는 없다. 때문에 진정으로 위대한 사람은 유혹을 선험적으로 거부하거나 금기시하는 사람이 아니다. 오히려 유혹을 피하지 말고 유혹과 맞붙어 싸워 이기는 사람이 진정 인간다운 인간이다. 이런 맥락에서 그동안 인식의 한

214

계로 지적되어 왔던 '나'의 개인적 욕구는 인간적이고 입체적인 갈등을 통해 심리적인 리얼리티를 확보하기 위한 장치라는 재평가가 가능하다.

보다 본격적으로 「번뇌」에서는 인물 내면의 심리적 갈등이 더욱 첨예하게 드러나고 있다. 남편의 친구인 R은 8년 동안이나 감옥에 있다가 나온 사상범이다. 그런데 동지의 부인인 계순에게 사랑을 느끼고 고민에 빠진다. "한때는 계급을 위하여 이 민족을 무인지경같이 달려다니던 내가 이게 웬일이겠습니까. 바로 말하면 지금이라도 실천 운동에 몸을 적시어 적과 맹렬히 싸워야 당연한 일이 아니겠습니까. 그런데 나는 그런 생각만으로도 앞이 아뜩해지고 맙니다 그려. 이런 타락한 일이 어디 있겠습니까."

이처럼 이성과 감정 사이에서 갈등하던 R의 번뇌는 계순과 단둘이 집에 있게 된 날 밤 최고조에 이른다. 감옥에 있는 계순의 남편에게 의리를 지키려면 계순에 대한 자신의 마음을 접어야 한다. 그러나 계순의 손을 잡고 싶고, 그녀의 허리를 안고 싶은 욕망은 쉽게 사그러들지 않는다. 이때 투사이기 전에 남성이고 동지의 아내이기 전에 여성인 인물들의 본능적 감정이 어떻게 사회적 의무와 충돌하는지 실감나게 그려지고 있다. 결국 이 소설은 자신처럼 괴로워하는 계순의 마음을 확인한 후 R이 그 집을 나오고 그 후의 이야기는 밝혀지지 않은 채 끝나고 만다. 이를 통해 사회적 의무 사이에 끼어든 개인의 감정을 아주 솔직하게 표현하고 있다.

「동정」이나 「산남」도 소설 자체로는 완성도가 떨어지는 소품이지만 서로 다른 인물들 간의 외적 갈등에서 한 인물이 겪는 내적 갈등으로 작가의 초점이 옮겨간 사실을 확인할 수 있게 해준다. 「동정」에서 산월이에 대한 '나'의 태도는 이중적이다. '나'는 환경 때문에 매소부가 된 산월이를 이해하면서도 막상 자신에게 짐이 될까 봐 그녀의 접근을 부담스러워한다. 동정과 몰인정 사이에서 방황하는 것이다. 결국 가출한 산월이가 우물에 빠져 자살하자 '나'는 그것이 "내가 말로나마 동정을 해서 죽었는지? 안해서 죽었는지?"라고 되뇌인다. 산월이를 죽음으로 내몬 것은 '적'이 아닌 '친구'일 수 있다는 것이다. 「산남」도 세상으로부터 버림받은 사내를 또다시 버린 것은 바로 사내를 이해해 줄 수도 있었던 '우리들'이다. 병든 어머니를 병원으로 옮겨달라는 사내의 부탁을 들어줄 수 있음에도 불구하고 그 약속을 지키지 않았기에 세월이 흘러도 '나'의 마음은 편하지 못하다.

이처럼 강경애의 후기 소설에서는 더 이상 외부의 상황이나 조건이 아니라 자기 자신 때문에 겪는 고통과 갈등이 강조되고 있다. 이분법적인 대립을 보이는 것은 초기 소설과 동일하다. 그러나 자아와 세계, 선과 악, 인물과 인물 간의 대립이 아니라 이상적인 자아와 현실적인 자아, 이성적인 자아와 본능적인 자아 사이의 대립을 통해 내면의 분열 양상을 보여주기 때문이다. 이런 변화를 통해 강경애는 '당위'의 세계에서 '존재'의 세계로 이동했다고 할 수 있다.

관념에서 체험으로

대표작이자 최고작인 『인간 문제』를 기점으로 강경애의 소설은 변화한다. 그런데 기존의 연구에서는 이런 변화를 통시적으로 살피면서 그녀의 작품을 연속선상에서 파악하려는 노력이 부족했다. 『인간 문제』 이전의 소설을 중심으로 건강하고 전형적인 인물들이 등장하지만 문학적 기교나 형상화의 방법이 미숙하다는 평가를 내렸다. 아니면 『인간 문제』 이후의 작품에 초점을 맞추어 전망의 부재나 상실에 의한 패배와 좌절만을 강조했다.

　　그러나 강경애의 후기 소설은 초기 소설의 관념성을 극복함으로써 구체적인 현실 인식과 냉정한 묘사를 통해 그녀의 특장인 '체험'이 제자리를 찾은 결과의 산물이라고 할 수 있다. 당위적인 결말이 아닌 현실적인 결말을 보여줌으로써 도식성과 인위성을 탈피할 수 있었다. 흔히 '남성적인 여성 작가'라고 불리운 강경애의 소설답게 초기 소설에서는 계급과 성의 문제를 동일시하거나 성 문제를 계급 문제에 속하는 종속적인 문제로 생각하는 경향이 있었다. 그러나 후기 소설에서는 여성 문제가 여성 문제로 부각되기도 한다. 소설 속의 갈등도 서로 다른 인물들 간의 외부적인 대립이 아니라 한 인물 내에서의, 아니면 같은 계급 내에서의 내부적인 대립을 통해 심리적 갈등과 분열을 강조하는 방향이 두드러진다.

　　이러한 변화는 '당연히 있어야 할 세상'을 '마땅히 그래야 할 방법'으로 문학화하는, 그래서 오히려 현실로부터 유리되는 역전 현상을 보여준 초기 소설의 한계를 극복하게 해준다. 전망을 상실했거나 전망이 부재해서 패한 것이 아니라 오히려 현실에 대한 인식과 통찰이 더 강조될 수 있었다는 것이다. 전망과 희망을 상실한 후의 도피 심리나 패배 의식에 의한 것이 아니라면 반낭만주의적인 시각에서 철저하게 현실을 파악하고 정직하게 반응한 결과일 수 있기 때문이다. 기존의 논의에서처럼 카프의 해체나 간도 지방에서의 항일 유격대의 상황 악화라는 외적 조건에 대한 소극적인 반응으로만 강경애의 후기 소설을 평가할 수 없는 이유도 여기에 있다. 대응 양식만 바뀌었지 그의 현실 인식은 더욱더 현실적으로 변했다는 추정이 가능해진다.

　　이런 변화를 통해 소설 내에서도 부분과 전체의 불균형이나 작중 인물과 사상의 피상성이 극복되는 측면도 있다. 급조된 결론, 절대화된 계급 문제, 평면적인 이분법에서 어쩔 수 없는 결론, 복합적인 계급 문제, 입체적인 갈등으로 변화된 양상을 보여주기 때문이다. 이는 강경애가 초기의 비현실적 관념성에서 벗어나 현실적인 체험의 세계를 문학화했기 때문에 가능해진 것이다. 이때 그녀가 잃어버린 것은 전망을 가능하게 했던 희망이나 건강성이다. 하지만 그녀가 얻은 것은 가감 없는 현실이나 강박 없는 인식이다. 빅토르 위고의 말처럼 "오늘의 인간 문제는 싸우는 것이요, 내일의 문제는 이기는 것이다." 더욱이 강경애에게 어울리는 것이 엉성한 망원경이 아니라 정교한 현미경이었다면 이 말은 더욱더 타당할 것이다.

POWER

차별에서 차이로

여성 연애 소설의 (무)의식

김말봉의 『찔레꽃』을 중심으로

통속적 여성성에서 대중적 여성성으로

대중 소설은 '대중'을 위한 소설이다. 그리고 여기서 대중을 어떻게 규정하느냐에 따라 그 범위와 수준이 달라지게 된다. 분명한 것은 대중이 '민중'이나 '군중', '우중(愚衆)'과는 다른 개념이라는 사실이다. 그리고 '엘리트'나 '지식인'과도 대조되는 개념이라는 사실이다. 그런데 이처럼 적극적인 의미 부여가 아니라 소극적인 부정의 방식으로 그 개념을 정의할 수밖에 없는 이유는 사실 대중이라는 개념 '자체'는 존재하지 않고 단지 어떤 사람을 대중으로 보는 '관점'만 있을 뿐이기 때문이다.[1] 대중 소설이라는 용어 자체도 학술적인 필요에 의해서 개발된 용어라기보다는 보수적 엘리트주의자들이 문학의 위계질서를 세우고 본격 문학 혹은 고급 문학과 저급 문학을 구별하기 위해 만들어

---

1) 조성면(편저), 『한국 근대 대중 소설 비평론』(태학사, 1997), 25쪽 참조.

낸 편의상의 용어에 더 가깝다.[2] 그래서인지 대중 소설은 지금까지도 통속 소설이나 상업 소설, 신문 소설, 민중 소설, 역사 소설 등과 혼용되면서 다소 경멸적인 뜻으로 사용되는 경우가 많다.[3] 대중을 '개미떼'에 비유한 폴 발레리처럼 창조적 개성을 상실한 맹목적인 집단으로 그 개념을 파악하기 때문이다.[4] 이러한 대중에 의해 만들어진 문학이기에 기존의 인습에 순응하면서 낭만적인 동일시나 대리 만족을 통해 현실로부터 도피하려는 경향이 강하다고 치부되었다.[5]

하지만 대중을 이처럼 획일화, 단순화, 평준화, 저질화, 보수화의 주체로만 보지 않고 보편성, 시대성, 사회성, 대표성을 지닌 '보통인'이나 '평균인'의 개념으로 본다면 대중 소설의 의미는 달라질 수 있다. 대중 소설을 이해함으로써 당대의 인간이 전체 사회나 타인과의 관계에 대해서 느끼고 생각하는 방식을 파악할 수 있고,[6] 여기서 더 나아가 대다수 독자의 기호나 정서 구조, 욕망을 통해 그 시대가 지닌 특성이나 문제점을 규명할 수도 있기 때문이다. 심지어 대중 소설이 퇴폐적이고 병적이라 하더라도 그것을 쓴 작가나 그것을 읽는 독자만을 비판하지 말고 왜 그것이 대중적으로 받아들여지는지를 문제 삼는다면 더 생산적인 논의가 가능하다.[7]

---

2) 같은 책, 24쪽 참조.

3) 이 글에서는 통속 소설을 질이 낮은 대중 소설로 규정하고, 대중 소설은 본격 문학과 통속 문학의 중간에 있는 중간 소설적인 면모를 지닌 소설로 규정하기로 한다.
   정한숙, 「대중 소설론」, 『현대한국소설론』(고려대학교 출판부, 1977) 참조.

4) 천이두, 「대중문학의 성격과 기능」, 대중문학연구회, 『대중문학이란 무엇인가』(평민사, 1995), 36쪽 참조.

5) 장영우, 「대중 소설의 유형과 그 특질」, ≪한국 문학연구≫, 제20집, 1988, 109~110쪽 참조.

6) 크리스토퍼 펄링, 「대중 소설: 이데올로기냐 유토피아냐?」, 대중문학연구회, 앞의 책, 56쪽 참조.

7) 김병익, 「70년대 소설을 어떻게 볼 것인가」, 『상황과 상상력』(문학과 지성사,

한국의 근대 문학사에서 이런 대중 소설이 본격적으로 논의되기 시작한 것은 1930년대 후반이다. 그 이전에도 방각본 고소설이나 신소설, 최독견, 방인근의 신문 연재 소설 등에서 대중 소설의 면모를 찾아볼 수 있지만, 작가들 스스로 대중 소설을 쓴다는 자의식을 가지고 창작하거나 그에 대해 공식적으로 찬반론을 제기할 수 있는 여건이 활성화된 것은 1930년대 후반이다. 리얼리즘 문학의 퇴조나 모더니즘 문학의 대두 못지않게 소설의 장편화나 신문 연재 현상과 맞물리면서 대중 소설이 중요한 논란거리가 되었다. 신문의 기업화에 발맞추어 그 가치나 의미보다 경제적 이익을 우선시하는 경향이 문학 속에서도 일어났기 때문이다. 그래서 상업주의적인 타락을 일삼는 장편 소설을 개조해야 한다는 논의까지 나왔다. 기존의 문학사에서 대중 소설을 상업주의와 저널리즘에 영합한 통속 소설로 평가 절하하는 이유도 여기에 있다.[8] 일제의 통치 제도도 문화 정치에서 강압 정치로 전환되면서 검열이 강화되었고, 카프 해체의 영향으로 사회주의 리얼리즘의 목소리도 위축되었다. 그 여파로 민족적 사명감이나 사회적 선도에 대한 의무감, 민중 지도적 계몽성이 약화되기도 했다.[9]

그래서인지 대중화의 문제에 가장 관심을 보인 것이 바로 카프 계열의 소설가나 이론가들이다. 리얼리즘 문학이 독자들로부터 외면당하고 있다는 사실을 직시한 김기진을 중심으로 한 카프 계열의 문인들은 '가자 대중 속으로!'라는 구호 아래 그 구체적 방편으로서 대중 소설에 관심을 보였다. 김기진은 카프의 예술 대중화 노선에 입각하여 프로 문학의 본질을 왜곡하지 않는 범위 내에서 대중에게 다가갈

1979), 97~98쪽 참조.
8) 정덕준, 「한국 대중문학에 대한 반성적 고찰」, 정덕준 외, 『한국의 대중문학』(소화, 2001), 22쪽 참조.
9) 이정옥, 『1930년대 대중 소설의 이해』(국학자료원, 2000), 11~64쪽 참조.

수 있는 새로운 형식으로 대중 소설에 주목했다. 그에게 대중은 노동자나 농민이었기 때문이다. 안함광이나 백철도 김기진과 동일한 입장에서 문학의 대중화에 관심을 가졌다. 반면 임화나 김남천은 그 시대의 대중 소설을 통속 소설로 보면서 비판적인 태도를 취했다. 대중의 저열한 취미에 영합한 통속 소설이 작가 자신의 예술적 생명을 말살함으로써 결국은 순수 문학의 위기를 초래했다는 것이다.[10]

이런 시기에 등장한 김말봉(1901~1961)은 한국 문학에서 최초의 본격적인 대중 작가로서 인정받는 작가였다. 김말봉의 『밀림』(1935)과 『찔레꽃』(1937)이 던진 충격은 하나의 '문학적 사건'이었다. 그 충격은 이 작품들이 애초부터 대중성을 표방했다는 것, 독자들의 반응이 상상을 초월할 정도였다는 것, 이 작품으로 인해 소위 통속 소설에 대한 검토의 필요성이 제기되었고 이 작품과 유사한 경향의 작품이 속출하게 되었다는 것 등으로 요약된다.[11] 무엇보다도 김말봉은 대중 작가이기를 자처했다는 것, 그리고 철저히 통속적 관심으로 소설을 썼으며 당대의 비평가와 독자들도 그렇게 인정했다는 것이 중요하다.[12]

임화는 김말봉의 소설을 새로운 시대정신을 표현하겠다는 의지나 문학적 사명감을 처음부터 포기한 '본격적 통속 문학'으로 본다. 그러나 자기 식의 독특한 방법으로 '성격'과 '환경'의 불일치를 통일하였다는 점에서 그녀를 통속적인 의미일망정 '유니크한 존재'[13]로 파악했다.

---

10) 김창식, 「1920~1930년대 통속 소설론 연구」, ≪국어국문학≫, 제28집, 1991과 문성숙, 「한국 대중문학론의 전개과정연구」, ≪한국 문학연구≫, 제20집, 1998 참조.

11) 전영태, 「한국근대소설의 대중성에 관한 고찰」, ≪한국학보≫, 제33호, 1983, 92쪽 참조.

12) 서영채, 「1930년대 통속 소설의 존재방식과 그 의미 —— 김말봉의 『찔레꽃』을 중심으로」, 조성면, 앞의 책, 417쪽 참조.

13) 임화, 「통속 소설론」, 『문학의 논리』(학예사, 1940), 396~397쪽 참조.

여기서의 '성격'은 '말하려는 것', 혹은 '사상'이나 '이념'에 가까운 개념이고, '환경'은 '그리려는 것', 혹은 '생활'이나 '현실'에 가까운 개념이라고 할 수 있다. 반면 김남천은 김말봉을 가리켜 "스푸도 못 되는 인조견을 금점꾼 모양으로 번지르르하게 감아 두르고 나선 분"[14]이라고 칭하면서 가짜이면서 진짜 행세를 하는 시대에 어울리는 '인조견'의 작가로 보았다. 이원조 또한 김말봉의 소설이 인기를 많이 끈 이유가 예술적 가치가 높아서가 아니라 대중적 흥미를 추구했기 때문이라고 본다.[15]

문제는 이런 김말봉 소설에 대한 부정적 평가가 대중 소설 혹은 통속 소설이기 때문만이 아니라 여성 작가가 지닌 여성 문학적 요소 때문일 수도 있다는 것이다. 흔히 멜로드라마적 문학이라고 했을 때 여성 독자나 여성 작가의 연애 소설을 떠올리는 것에서도 이런 문제점은 확인된다. 대중 소설을 '여성들을 위해 대량 생산된 환상'[16]이라고 하는 이유도 여기에 있을 것이다. 그리고 여기에는 특히 통속성과 여성성을 동일시하는 의식적 혹은 무의식적 경향이 엄연히 존재한다. 즉 여성성과 대중성은 주변부의 문학으로 도외시되어 왔다는 것, 수준이 낮은 문학으로 평가 절하되기 쉽다는 것, 연애나 가정사, 일상사 등 사적이고 사소한 문제만을 다루는 '조그마한 문학'으로 치부되어 왔다는 것 등의 공통점이 있다. 이런 사실은 여성 문학의 제1전성기인 1930년대와 여성 문학의 제2전성기 혹은 르네상스인 1990년대에 모두 대중 문학에 대한 논의와 여성적인 연애 소설에 대한 논의가 병행되었다는 것에서도 간접 증명된다. 여성 독자들은 지적 능력이 떨어져서 대중 소설 속의 연애 이야기를 왕성한 식욕을 가지고 섭취, 소화,

---

14) 김남천, 「작금의 신문소설」, ≪비판≫, 1938. 12.

15) 이원조, 「신문소설분화론」, ≪조광≫, 1938. 2.

16) 존 스토리, 『문화연구와 문화이론』(현실문화연구, 1994), 185쪽 참조.

흡수하기에 소설과의 비판적인 거리를 상실하게 된다는 것이다.[17]

이 글은 이런 맥락에서 대중성 혹은 통속성과 여성성이 결합되는 양상을 김말봉의 『찔레꽃』을 통해서 살펴보려 한다. 김말봉은. 장편 25편, 단편과 꽁트 100여 편을 쓴 작가[18]이지만, 문학성에 있어서나 독자의 반응에 있어서나 『찔레꽃』은 작가의 전체적 경향을 보여주는 대표작이라 볼 수 있다. 무엇보다도 이 글에서 살펴보려는 대중성과 여성성의 결합을 '무의식적' 차원에서 살펴보기에 가장 적당한 소설이 바로 『찔레꽃』이라고 할 수 있다. 1940년대의 대표작인 『화려한 지옥』(1945)이나 1950년대의 대표작인 『생명』(1956)에는 작가의 여성 의식이나 시대 의식이 좀 더 의식적으로 드러나기에 오히려 부적당하다. 보다 간접적이고도 은밀하게, 그러나 보다 이데올로기적으로 과연 대중성의 어떤 면이 여성성과 통하는지, 그리고 그런 공통점이 과연 수준이 낮은 것인지, 혹은 비사회적이고 비현실적인 것인지를 규명해 볼 필요가 있기 때문이다. 이처럼 '여성 연애 소설'[19]의 본질이나 특성을 규명해 봄으로써 왜 대중성 혹은 통속성이 남성성보다 여성성과 더 쉽게 결합될 수 있는지 그 구체적 양상을 찾아볼 수 있을 것이다. 또한 남성 작가나 남성 인물의 연애는 좀 더 고상하고 고차원적인 다른 무엇을 위한 것이지만, 여성 작가나 여성 인물의 연애는 연애 자체만을 위한 저급한 정신 활동이라는 고정관념을 다시 한 번 재고할 수도 있을 것이다.

---

17) 리타 펠스키, 김영찬·심진경 옮김, 『근대성과 페미니즘』(거름, 1998), 134쪽 참조.
18) 정하은(편저), 『김말봉의 문학과 사회』(종로서적, 1986), 3쪽 참조.
19) 이 글에서 사용하는 '여성 연애 소설'이라는 용어는 여성 작가가 쓴 연애 소설로서 여성 인물이 주인공이고 여성 의식이 직접적 혹은 간접적으로 드러나는 소설로 규정하기로 한다.

여성과 사랑: 감상적 멜로에서 대중적 숭고로

『찔레꽃』은 연애 소설이다. 그리고 삼각관계 위주로 소설이 진행된다. 그것도 한두 개의 삼각관계가 아니라 거의 모든 주요 인물들이 서로 얽혀 있는 여러 개의 삼각관계가 등장한다. 때문에 우연과 오해, 운명, 비약, 과장의 개입이 자주 일어난다. 흔히 멜로드라마적인 연애 소설이 비난받는 이유인 비속함, 선정주의, 자기 과장, 진부함, 도식성, 감상성, 반복성, 상투성 등의 요소가 다분히 포함되어 있다. 때문에 세계에 대해 보수적인 입장을 취하면서 수동적이고 무비판적으로 반응한다고 비판받는다. 평균적인 취향에 영합함으로써 문제의 근원적인 해결에는 도달하지 못한다는 것이다.[20]

여주인공 안정순은 이민수와 연인 사이다. 그런데 안정순이 가정 교사로 들어간 은행 두취(頭取) 조만호와 그의 아들 조경구가 모두 안정순을 좋아한다. 속물적 부르주아인 조만호는 애욕의 대상으로서, 그의 아들은 조경구는 "운명의 처녀"[21]로서 안정순을 추구한다. 그러나 안정순이 한결같이 사랑하는 남자는 가난한 고학생 이민수이다. 그런데 조만호의 딸인 조경애가 부잣집 아들 윤영환를 마다하고 이민수를 좋아한다. 여기에 조만호의 첩인 기생 백옥란과 그녀의 애인 최근호의 관계까지 덧붙여진다. 물론 가장 중심이 되는 것은 안정순과 이민수의 관계이지만, 가히 모든 관계가 사랑과 배신, 속임수로 연결되어 있다고 할 수 있다.

『찔레꽃』이 대중들의 흥미를 유발시킬 수 있었던 것은 이처럼 복잡하게 얼켜 있는 삼각관계 속에서 각 인물들이 누구를 선택하느냐 하는 '선택'의 플롯 때문이다. 이 소설에서는 안정순이 이민수와의 사랑

---

20) 리타 펠스키, 앞의 책, 135쪽 참조.
21) 앞으로 본문 인용은 『찔레꽃』(문연사, 1952)에 따르기로 한다.

을 지킬 것인가 아니면 조경구와 새로운 사랑을 시작할 것인가, 이민수는 안정순과의 사랑을 위해 조경애의 유혹을 뿌리칠 수 있을 것인가, 백옥란은 진실한 사랑인 최근호를 버리고 돈 많은 조만호를 선택할 것인가, 조만호는 아들 조경구가 사랑하는 여성인 안정순을 후처로 들일 것인가 아니면 기생 첩인 백옥란을 받아들일 것인가 등에 대한 궁금증을 통해 서사적 긴장이 형성되고 있다. 독자는 '이사람 아니면 저사람'을 선택해야 하는 갈림길에 선 인물들과 자신을 동일시함으로써 적극적이고 참여적인 독서를 하기 때문이다. 이런 삼각관계는 12세기 유럽의 기사 문학에 처음 도입된 이후 연애 소설의 기본 구조로 굳어진 후 개인의 연애 방식이 개인적인 의지의 패러다임이 아니라 사회적 패러다임이라는 것을 보여주는 장치가 된다. 그리고 그 삼각관계의 내용은 당대 사회의 축약도이기에 각 시대마다 그 구체적인 양상이 달라진다.[22]

　이런 선택의 플롯은 선과 악의 이분법적 '대립'의 플롯 때문에 더욱 공고해진다. 이 소설에서 인물들이 선택해야 할 것은 돈과 사랑 중의 하나이다. 그리고 '돈=부자=악', '사랑=빈자=선'의 이분법이 대체로 지켜지고 있다. 이 소설에서 부자들의 탐욕과 속물성을 대변하면서 사랑을 파괴하는 대표적인 악인이 바로 조만호이다. 조만호 때문에 안정순과 이민수의 사랑이 위험에 빠지고, 조경구의 안정순에 대한 사랑도 상처 입는다. 조경애의 이민수에 대한 사랑 또한 반대에 부딪히며, 백옥란도 최근호의 순정을 배신한다. 작가는 선인과 악인을 확실하게 대립시키고 각각 빈과 부로 이분하거나 단순화시킴으로써 복잡하고 다원화된 현실 세계를 도덕적으로 명료화한다. 그런 도덕적 명료화를 통해 박해받는 선이나 도덕의 세계를 더욱더 강조할 수 있기 때문이다.

---

22) 이정옥, 「『찔레꽃』, 전망없는 현실에 대한 초월적 대응방식」, ≪여성문학연구≫, 제2호, 1999, 233쪽 참조.

사실 돈 때문에 위기에 처하는 사랑의 문제는 그 이전 『장한몽』(1913)에 의해 당시의 독자들에게는 이미 익숙해진 문제이다. 『장한몽』에서 이수일과 김중배 사이에서 고민하는 심순애와 『찔레꽃』의 안정순이나 백옥란은 유사한 여성 인물들이다. 그리고 가난한 가정교사인 안정순과 부잣집 딸 조경애 사이에 있는 이민수는 '남자 심순애'라고 할 수 있다.[23] 작가인 김말봉도 ≪조선일보≫에 이 소설의 연재를 시작하면서 "인간은 빵으로 산다. 그러나 사랑으로 산다. 어느말이 참이겠습니까? 작자는 독자 여러분을 향하여 평범한 이 한마디의 설문을 드리고 싶습니다."[24]라고 작가의 말에 밝히고 있다.

여기에 '오해'의 플롯이 가세해 『찔레꽃』의 재미 혹은 오락성이 증폭된다. 이 소설에서 중요한 오해는 소설 전반부에서는 본인 이외의 사람들이 이민수와 안정순을 외사촌지간으로 아는 것이고, 후반부에서는 조만호 집의 침모 박 씨의 딸 영자를 안정순으로 착각하는 것이다. 먼저 안정순은 이민수 집의 논이 은행 경매에 붙여지자 조만호에게 경매의 연기를 부탁하면서 자신과 이민수가 외사촌지간이라고 선의의 거짓말을 한다. 그리고 그들을 외사촌지간으로 알았기 때문에 조경구와 조경애는 각각 안정순과 이민수에게 적극적으로 구애한다. 조경구가 안정순에게 조경애와 이민수를 결혼시키자고 했을 때, 그리고 조경애가 이민수에게 안정순과 조경구를 결혼시키자고 했을 때 안정순과 이민수는 자신들이 연인 사이임을 밝히려고 하지만, 서로 상대방이 먼저 밝히기를 기다리며 망설인다. 이런 정보의 은폐와 지연이 질투나 의심을 낳으면서 더 큰 오해를 불러일으키게 된다.

소설의 후반부에 가서 이민수가 조경애와 약혼하기로 결심한 것은 안정순이 돈 때문에 조만호와 결혼할 것이라고 생각했기 때문이다.

---

23) 최원식, 「『장한몽』과 위안으로서의 문학」, 조성면, 앞의 책, 387쪽 참조.
24) 김말봉, 「작가(作家)의 말」, ≪조선일보≫, 1937. 3. 31.

조만호는 침모 박 씨에게 안정순과 혼사를 성사시켜 달라고 부탁한다. 그러나 침모 박 씨는 안정순이 자신의 제의에 마음이 없는 것을 알자 자신의 흠집 있는 딸을 안정순인 것처럼 꾸며 조만호와 동침시킨다. 재산을 노리고 자신의 딸과 조만호를 결혼시키려는 것이다. 그런 관계가 지속되자 조만호는 안정순과 결혼을 서두르면서 거짓으로 결혼을 맹세했던 백옥란에게 양해를 구한다. 그런데 그 말을 엿들은 최근호가 이민수에게 그 사실을 알려주고, 이민수는 조만호에 대한 복수와 안정순에 대한 오해로 인해 조경애와 약혼을 감행하려 한 것이다.

소설의 결말에 가서는 이 모든 '흉악한 오해'가 조만호에게 배신당한 백옥란이 조만호와 동침하던 침모의 딸을 정순인 줄 잘못 알고 죽임으로써 풀리게 된다. 이런 '오해→갈등→오해의 해결→갈등의 해소' 과정을 통해 작가가 강조하는 바는 안정순의 순수성과 사랑의 운명성이다. 작가는 우연의 남발이나 사건의 무리한 배치[25]까지 감수하면서 안정순과 이민수의 사랑을 시험하기 위해 위험에 빠뜨린다. 그런 위기 속에서도 안정순은 자신의 사랑을 지키고 희생한다. 자신들이 연인 사이임을 먼저 밝힌 것도 안정순이고, 자신의 오해를 뉘우치면서 용서를 구하는 이민수에게 조경애에게 상처를 주지 말라며 자신을 희생하는 것도 안정순이다. 여기서 이 소설의 감상성은 최고조에 이른다. 독자들은 그동안 그녀가 무릅썼던 고통과, 그런 고통이 보람 없이 끝난 것에 대해 동정과 연민을 느끼기 때문이다. 신파극이나 멜로드라마에서 볼 수 있는 눈물의 강요나 감정의 과잉을 확인하게 되는 대목이다. "사랑! 아아 그것은 멀리 보이는 신기루―아름다우나 그 생명은 짧습니다."라는 정순의 자조적인 말 속에서 이런 멜로드라마적 감상성은 완성된다. 그리고 독자들은 지고지순한 사랑의 화신인

---

25) 유문선, 「애정갈등과 통속 소설의 창작방법 ── 김말봉의 『찔레꽃』에 대하여」, ≪문학정신≫, 1990. 6.

안정순을 신격화 혹은 신비화시킨다.

이런 감상성은 흔히 '감정'이나 '느낌'과 연결되고, 그것이 주로 여성다운 영역으로 간주되면서 '이성'이나 '의지'를 나타내는 남성다운 영역보다 수준 낮게 평가되었다.[26] 여성의 감정적 사치나 낭비보다 남성의 자기 절제나 감정의 거부가 더 고급하다는 것이다. 특히 근대적인 관점에서 볼 때 이런 감상성은 '쓸모가 없는 과거이자 멸시당하는 현재'[27]에 불과할 수 있다. 현실의 복잡함에서 벗어나 즉자적이고 방해받지 않는 만족을 구하는 도피적이고 유아적인 욕망에 다름 아니라는 것이다. 허구적 성취감이나 대리 만족을 위한 환각제로 작용하면서 실제의 삶과 현실에 대한 무기력증을 심화시킨다는 비판을 받는 것도 이런 맥락에서이다.[28]

하지만 김말봉의 『찔레꽃』을 단지 사랑이라는 통속적인 소재를 가져다가 멜로드라마적인 기법으로 버무린 삼류 연애 소설로만 보기에는 부당한 면이 있다. 주요 플롯으로 보면 충실하게 통속 소설적인 도식성, 반복성, 상투성을 따르고 있지만 부차 플롯을 통해서는 소설의 구체성과 생동감이 살아나고 있기 때문이다. 그리고 돈이라는 현실 원칙에 패배하는 사랑의 운명을 강조한 것은 '눈물 없이는 읽을 수 없는' 주인공의 시련을 보여주기 위한 것만은 아니기 때문이다. 그렇다면 흔히 멜로드라마의 관습인 권선징악이나 해피 엔딩을 희생시키면서까지 비극적 결말을 맺은 이유는 무엇일까. 왜 작가는 안정순과 이민수의 사랑을 이루어지게 하지 않았을까.

김말봉은 사랑의 중요성을 누구보다도 강조하는 작가이다. "인간으로써 최대의 행복! 그것은 오직 사랑이다. 사랑없는 부부 사랑없는 형

---

26) 리타 펠스키, 앞의 책, 58쪽, 147쪽 참조.

27) 같은 책, 183쪽 참조.

28) 오명환, 『텔레비젼드라마 사회학』(나남, 1994), 209쪽 참조.

제! 사랑없는 이웃 그들은 살아있으면서도 벌써 지옥에서 살고 있는 것이다."라는 말을 위해 『찔레꽃』이라는 소설을 썼다고 해도 과언이 아니다. 실제로 작가 자신도 독실한 기독교 신자의 삶을 살았다. 그런 그녀의 신앙심이 안정순의 성격에 간접적으로 반영되어 있다. 안정순의 헌신적이고 희생적인 사랑의 태도를 통해 작가는 도덕성과 종교성을 확보하고 있기 때문이다. 안정순의 사랑은 이민수 개인에 대한 연정에 머물지 않는다. 그녀의 사랑은 가난한 가족에 대한 책임이나 주변 사람들에 대한 봉사와 배려, 자기 자신에 대한 의지로 확대 변형되면서 그 범위가 넓어진다.

작가 김말봉은 안정순이라는 희생자를 통해 그녀의 순수한 사랑을 짓밟는 악을 비판함과 동시에 정의와 선을 실현함으로써 사회를 정화시키고 싶어한다.[29] 그리고 도덕적으로 숭고한 그녀를 통해 이 소설을 읽는 독자들 또한 현실의 소외나 가난은 얼마든지 극복할 수 있다는 자신감과 위로를 얻는다. 아니면 억압적인 현실에서 벗어나 구원받고 있다거나 낭만적인 이상 세계에 접근해 있다는 느낌을 갖게 된다. 때문에 김말봉에게 있어서의 사랑은 탈신성화되었거나 탈기독교화된 사회에서도 유지되는 거룩함에 대한 갈증을 해소시켜 주거나[30] 한계 상황과 망상 사이에 있는 '아름다운 계몽'[31]의 역할을 한다고 할 수 있다.

이 소설 속의 모든 사람들은 안정순으로 인하여 행복과 위안, 기쁨을 느낀다. 특히 독자들이 안정순에게 애정을 가질 수밖에 없는 이유는 그녀의 그런 '값 높은 영혼' 때문이다. 이 소설의 제목이기도 하고, 안정순이 가장 좋아하는 꽃이자 그녀 자체의 상징인 '찔레꽃'은 "보아

---

29) 이정옥, 앞의 글, 152쪽 참조.

30) 이브 올리비에 마르땡, 「프랑스 대중 소설사서설」, 대중문학연구회, 앞의 책, 160쪽 참조.

31) 최문규, 「포스트모더니즘과 장엄함의 미학」, 『(탈)현대성과 문학의 이해』(민음사, 1996), 236쪽 참조.

232

주는 이가 없어도 홀로 피고 알아주는 이가 없어도 향기를 보내주는" 그녀의 인품을 말해 준다. 그래서 "하늘에서 내려온 듯이 티 없이 아름다운 정순의 육체", "짙은 그늘을 쫓아내주는 오직 하나의 태양", "경건하고 깨끗한 정순의 미소", "마돈나의 그림" 등으로 묘사되는 안정순은 성모 이미지까지 승격된다. 모성애, 자매애, 인류애를 지닌 성스러운 어머니나 구원의 여성으로서 기능하기 때문이다. 시기적으로 볼 때 이런 안정순의 이미지는 카프 해체 이후 퇴색한 헌신적이고 비개인적인 사랑을 강조하는 사회주의 연애관이 연애의 윤리성을 강조하는 방향으로 선회한 것이라고 볼 수 있다.[32]

때문에 작가는 '세속적 종교'로서의 사랑을 상징하는 안정순이라는 여성 인물을 통해 종교성을 대체하는 '대중적 숭고(popular sublime)'를 강조하려고 한다. 대중적 숭고는 지배적인 담론이나 관습, 의미 체계의 너머에 존재하는 재현할 수 없는 것의 지표로서, 초월적인 것, 고양된 것, 형언할 수 없는 것에 대한 열망과 연관된다. 주로 남성적이기보다는 여성적인 것으로 성별화된 주정주의나 환희, 자기 초월 등과 결합되어 있는 이런 숭고한 사랑의 개념은 영원이나 무한에 대한 추구를 보여준다는 면에서 작가가 지향하는 종교성과 도덕성을 확보하게 된다. 숭고한 사랑이 탈신성화 시대에도 반드시 필요한 도덕적 절대성을 표현하는 주요 양식으로서 기능할 수 있기 때문이다. 이런 맥락에서 정서적이거나 윤리적인 갈등 속에서도 정신적인 원칙이 여전히 존재한다는 것을 보여주는 도덕적 우화가 바로 대중적 숭고를 내포하고 있는 연애 소설이라는 것이다.[33]

이러한 대중적 숭고를 재현시켜 주고 있는 안정순에 대해 여성 독자들은 거리를 유지하기 힘들어진다. 상상적이거나 지적인 이해보다

---

32) 이정옥, 앞의 글, 147쪽 참조.
33) 리타 펠스키, 앞의 책, 189~197쪽 참조.

는 감정적인 동일시를 통해 안정순의 모습에서 자신의 주체성을 발견하거나 재확인하려 하기 때문이다. 이때 여성 독자들은 텍스트와 인생을 혼동하는 '순진한 독자'의 전형이 된다. 여성 독자들은 나르시시즘적인 만족을 중시하기 때문에 자신이 주인공이었으면 하는 소설들을 특히 좋아한다. 이런 여성 독자들에게 연애 소설은 미적 자율성을 지닌 예술품이거나 인공물이 아니라 삶이나 꿈 자체에 해당한다는 것이다.[34]

그런데 기존에는 이런 여성 연애 소설이 비판적 거리를 상실하고 병적인 낭만성의 추구를 초래한다는 이유로 비판받았다. 그러나 여성 연애 소설에 대한 적극적이고도 감정적인 독서가 그 소설과 다른 현실 세계에 대한 불만을 낳는다면 문제는 달라진다. 인쇄된 종이 위의 활자들에 매료된 여성 독자들이 만약 그녀들의 실제 삶이 그녀들이 그토록 열심히 읽고 감동한 소설 속의 삶과 닮지 않았음을 확인한 후 '감히' 자신들이 읽은 대로 살려고 한다면 이것이 바로 연애 소설에 내장되어 있는 저항성이나 생산성일 수 있다.[35] 실패하거나 타락하기 이전의 온전한 사랑을 환기시킴으로써 그렇지 못한 현재의 사랑을 강력하게 비판하는 기능을 할 수 있기 때문이다. 이런 여성적 독서가 남성들의 오이디푸스적인 탐색이나 모험보다 저급하다고 말할 수는 없다. 오히려 그동안 사실주의적 서사에 의해 억압되었던 여성적 목소리의 복원이라고까지 말할 수 있다.[36] 특히 감상성의 개념이 18세기에 처음 등장했을 때는 인위적인 사회 관습이나 무관심, 편견에 대해서 개인의 권리와 자유의 전시라는 호의적인 의미로 받아들여졌음을 고려하면, 이런 감상적 연애 자체가 자기애적 자아의식의 필요성을

---

34) 앞의 책, 139~140쪽 참조.
35) 같은 책, 141~142쪽 참조.
36) 같은 책, 197쪽 참조.

강조함으로써 자아의 느낌을 강화시키는 순기능도 담당함을 인정할 수 있다.[37]

때문에 여성 연애 소설이 비현실적이고 비사회적이라는 인식은 편견일 수 있다. 물론 실제의 현실 세계에서는 소설 속에 나오는 연애나 연인은 없다. 하지만 있었으면 하는 일과 할 수 없었던 일을 가능하게 해주는 것이 바로 여성 연애 소설이다. 때문에 여성 연애 소설이 반드시 현실과 동떨어진 세계를 그리는 것은 아니다. 소설 속의 세계가 현실의 세계와 등가가 되지 않는다면 그렇게 되지 않는 현실적 요소가 있게 마련이다. 이럴 때에는 현실과 다른 별개의 방식을 찾아가는 길이 바로 현실 그 자체인 셈이다.[38] 현실이란 결코 그 자체만 존재하는 것이 아니라 여분의 공간을 지니기에 일견 무의미해 보이는 것마저도 현실일 수 있다. 이런 의미에서 낭만적인 사랑은 야우스가 말하는 '근원적인 불복종성'[39]을 통해 현실 세계를 거부하거나 비판하면서 '있는 세계'가 아닌 '있어야 할 세계'를 지향하게 만드는 정신 활동으로서 긍정적으로 자리 매김될 수 있게 된다.[40]

더욱이 정치적 혹은 문화적 대립이 첨예하거나 환멸감과 허무주의가 팽배해 있는 시기에는 좀 더 유토피아적 전망이나 대안적 가치를 구현하려는 대중의 욕망이 커지게 마련이다.[41] 이럴 때의 여성 연애 소설은 현실의 '포기'가 아닌 '승화'를 보여준다. 혹은 현실로의 귀환이 예정된 일시적 일탈에 해당하는 낭만적 환상을 제공해 주기도 한다. 그런 가벼운 일탈을 통해 삶을 긍정하거나 현실적 힘을 재충전할

---

37) 박성봉, 『대중예술의 미학』(동연, 1995), 358~359쪽 참조.
38) 이께다 히로시, 「대중 소설의 세계와 반세계」, 대중문학연구회, 앞의 책, 106~107쪽 참조.
39) 차봉희(편저), 『수용미학』(문학과 지성사, 1985), 44쪽 참조.
40) 이정옥, 앞의 글, 83쪽 참조.
41) 대중문학연구회, 앞의 책, 70쪽 참조.

수 있는 기회를 마련할 수 있기 때문이다.[42]

여기서 여성 연애 소설 속의 연애와 사랑, 결혼이 사회적 담론이나 이데올로기의 영향을 받지 않는 자율적인 친밀함의 성소도 아니고, 여성 정체성의 본질이나 종착점도 아님을 확인할 수 있다. 오히려 이런 낭만적인 사랑 이야기는 현실의 가장 중요한 차원으로 재규정될 수 있다. 낭만적인 사랑의 힘을 통해 인류 역사의 구속을 넘어서는 풍요로운 정신의 지평이 열릴 수도 있기 때문이다. 그리고 이런 사랑의 이상화나 정신화를 통해 남성들의 물질성이나 현실성을 극복할 수도 있기 때문이다.[43]

여성과 자본 : 상품에서 생산자로

김말봉의 『찔레꽃』은 숭고한 사랑을 통해 통속적인 감상성을 극복한 소설이다. 그런데 연애에 대한 이런 가치 부여가 여성을 자연화시키고 탈역사화시킴으로써 여성을 역사 이전의 원시 시대나 산업화 이전의 시대로 후퇴시키는 역기능을 할 수도 있다. 이럴 때 여성은 두 가지 측면에서 구체적인 현실로부터 소외된다. 하나는 역사 바깥에 존재하는 비역사적 타자로 존재해야 한다는 것, 또 하나는 근대의 자본주의나 과학, 이성의 발달로 인한 구속과 억압에서 벗어나게 해주는 도피처나 치료제로서 절대화된 존재여야 한다는 것이다.[44] 하지만 여성 연애 소설 속에서 연애는 그 자체로 도덕적 조화나 정서적 고양

---

42) 카웰티, 박성봉 편역, 「도식성과 현실도피의 문학」, 『대중예술의 이론들』(동연, 1994), 165쪽 참조.
43) 리타 펠스키, 앞의 책, 200~202쪽 참조.
44) 같은 책, 75쪽 참조.

236

뿐만 아니라 당대의 제도나 이념, 체제를 반영하는 거울이라고 할 수 있다. 연애 자체가 개인 혹은 여성이 사회와 관계 맺는 방식을 알려 주는 사적이면서도 공적인 영역에 속하는 행위이기 때문이다. 이런 맥락에서 "연애를 취급한 태도와 각도에 따라 그 문학이 서는 바의 입지를 알 수 있다."[45]는 김남천의 말은 유효하고도 적절하다.

『찔레꽃』에서 강조하려고 하는 숭고한 사랑은 무풍 지대나 무균 지대에서 벌어지는 사적이고도 감정적인 유희나 노동이 아니다. 숭고한 사랑을 상징하는 찔레꽃에는 가시가 있다는 것, 그래서 소설 속의 주인공들은 "괴로운 가시 때문에 울지 않으면 안되는 '사람의 아들'이라는 것"(작가의 말)을 알려주는 것이 바로 이 소설이다. 때문에 이 소설은 낭만적이거나 이상적인 사랑의 위대성을 무조건 강조하는 소설이 아니다. 오히려 그런 위대한 사랑을 이루기가 얼마나 어려운지를 보여주는 소설에 더 가깝다. 사랑이라는 것이 "수고와 피와 땀을 요구하고 있는 값 비싼 약속"(작가의 말)임을 강조하기 때문이다. 사랑은 숭고하지만 그렇기 때문에 더 지키기 힘들다는 것이다. 이것이 바로 『찔레꽃』이 위안이나 도피처만을 제공하면서 낭만적인 환상을 조장하는 통속적인 연애 소설이 아닌 이유이기도 하다.

이 소설에서 순수한 사랑을 불가능하게 만드는 최대의 적은 바로 돈이다. '돈이냐? 사랑이냐?'라는 선택의 기로에서 사랑을 선택하기가 얼마나 어려운가, 그리고 돈의 유혹에 넘어가기가 얼마나 쉬운가를 알려주기 때문이다. 1930년대에는 이미 식민 자본주의가 발달함에 따라 경제적 가치가 부각되고 빈부의 격차가 심해지면서 갈등이 첨예화되었던 시기이다. 그래서 사랑의 영역에까지 이런 돈의 세력이 개입하는 세태를 적나라하게 보여주고 있는 소설이 바로 『찔레꽃』이다.[46]

---

45) 김남천, 「조선문학과 연애문제」, ≪신세기≫, 1939. 8.
46) 이정옥, 앞의 글, 149~150쪽, 174쪽 참조.

‘팔리는 사랑’을 통해 사랑의 굴곡과 경제적 유착의 상관성이 시대적 명제로 등장했음[47]을 보여주는 것이다.[48]

이런 ‘돈’의 영역을 대변하면서 사랑의 방해물로 기능하고 있는 중심적 인물이 바로 조만호이다. 직업이 은행 두취로 설정되어 있는 것에서 알 수 있듯이 그는 신흥 부르주아 계급에 속하는 인물이다. 그는 부자이면서도 자본 외적 관계에서는 봉건 질서의 옹호자이다. 그를 통해 작가는 유교적 가부장제에서 자본주의적 가부장제로 진화하는 과정을 보여주고 있다. 이민수의 아버지처럼 유교적인 가부장은 몰락한 지주이기에 더 이상 힘이 없고, 조만호처럼 돈이 많은 아버지여야 가족들에게 절대적인 영향력을 행사할 수 있다. 이런 막강한 힘을 가정의 안과 밖에서 무자비하게 휘두르면서 자신의 탐욕과 애욕을 채우고 있는 ‘마물(魔物)’로 설정된 인물이 바로 조만호이다. 그 앞에서는 모든 사랑이 깨어진다. 그만큼 강력하기 때문이다.

조만호가 상징하는 금권력에 의해 가장 가시적이고도 직접적인 피해를 입은 것은 백옥란과 최근호의 사랑이다. 백옥란은 “정조란 것도 결국 밥있고 옷있는 사람들만이 가질 수 있는 사치품이야.”라며 가난한 은행원인 최근호를 버리고 부자인 조만호를 택함으로써 불행을 자초하는 비련의 기생이다. 이런 백옥란을 위해 은행 돈을 빼돌려 같이 도망까지 치려 했던 최근호는 “연애도 돈이 있어야만 하거든 자유연애 미친소리 하지마러… 돈이야 돈 황금이야!”라고 울부짖으며 백옥란의 배신에 분노를 금치 못한다. 최근호에게는 사랑의 ‘상대’인 백옥란이 조만호에게는 애욕의 ‘대상’일 뿐이다.

흔히 자본주의 체제하에서 여성의 지위는 ‘상품’으로 비유된다. 그

---

47) 윤정헌, 「한국근대통속 소설사 연구」, ≪현대소설연구≫, 제17호, 1999, 170쪽 참조.
48) 배기정, 「『찔레꽃』의 전개 양상과 그 의미」, ≪국어교육연구≫, 제26집, 1994, 21쪽 참조.

리고 그렇게 상품화된 대표적인 직업이 기생(창녀)이다. 김말봉의 소설에 거의 빠짐없이 기생이 등장하는 것은 바로 상품화된 여성의 지위에 대한 지대한 관심을 보여준다. 『찔레꽃』에서도 작가는 기생 백옥란을 “황금의 채찍”으로 “학대받는 백색노예(白色奴隷)”로 묘사하면서 연민과 동정을 보내고 있다. 생산과 소비의 주체인 남성들 사이에서 교환되는 상품처럼 취급되기에 여성들은 그런 남성 구매자의 시선을 끌기 위해 가능한 한 자기 자신을 유혹적인 존재로 만들도록 강요당해 왔다.[49] 조만호가 딸 조경애를 부잣집 아들 윤영환에게 시집보내려는 것도 그가 상속받은 백만 원의 재산 때문이다. 부유한 여성이라도 상품이 아닌 것은 아니다. 단지 좀 더 비싸게 팔릴 뿐이다. 때문에 이런 상품화된 여성들의 돈에 대한 경멸은 남성성의 전통적인 상징으로 간주되는 권위나 권력에 대한 경멸이나 다름없다.

조경애과 조경구의 개입이라는 보다 직접적인 요인이 있기는 하지만 이민수와 안정순의 사랑에도 조만호의 돈이 방해물로 작용한다. 이민수가 결정적으로 안정순과 헤어지게 된 이유도 그녀가 조만호의 돈을 탐내서 그의 후처로 들어가려 한다는 오해 때문이다. 처음에 안정순이 조만호의 집 가정교사로 입주하는 것을 보고 이민수가 왜 “어린 양을 이리 무리 속에 드려보내는 목자”처럼 불안했었는지가 확인되는 대목이다.

그런데 『찔레꽃』이 이처럼 계급 간의 갈등이나 부자에 대한 빈자의 저항과 비판만을 담고 있다면 기존의 리얼리즘 소설이나 세태 소설과 별 차이가 없을 뿐 아니라 대중 소설로서 엄청난 인기를 누리지도 못했을 것이다. 이 소설에서는 자본주의에 대한 비판의 이면에 ‘상류 사회’에 대한 독자의 호기심이나 동경을 만족시켜 줄 만한 요소를 담고

---

49) 리타 펠스키, 앞의 책, 109쪽 참조.

있다.[50] 김말봉은 겉으로는 부자를 강력하게 비판하면서도 상류 사회에 대한 대중들의 선망을 충족시켜 주는 이중 전략을 쓰고 있다. 일본 소설을 번안한 『장한몽』에서도 사실상 인물들은 사랑 때문에 울고 웃는 것이 아니라 돈 때문에 울고 웃는 것이다. 그리고 본래 일본 원작 소설에서도 이 작품으로부터 사랑의 힘을 깨달았기 때문이 아니라 소시민에서 일거에 귀부인이 되어 상류 사회를 산보하는 미모의 여주인공에게 무방비적으로 매혹되었기 때문에 인기가 있었다면,[51] 부자에 대한 '선망의 정치학'[52]은 그 영향을 받은 『찔레꽃』에서도 중요한 요소임을 알 수 있다.

실제로 『찔레꽃』에는 비도덕적이고 타락한 조만호네 집의 사치스러운 가구나 값비싼 의상, 호화로운 접대 등에 대한 상세한 묘사가 등장한다. 조만호의 돈 냄새나는 서재나 조경구의 고급스러운 방, 조경애의 화려한 의상이나 화장, 조경애와 그녀의 부자 청혼자인 윤영환이 즐기는 승마 문화, 조경구의 풍요로운 귀국 환영 파티 등이 상당히 자세하게 소개되고 있다. 그래서 이 소설에 대해 긍정적인 평가를 내렸던 동료 작가 이선희조차도 "현실을 무시해가면서 신파(新派)를 하는 것"[53]이라고 아쉬움을 표하기도 했다. 물론 이런 묘사가 안정순이나 이민수처럼 검소하고 소박한 삶을 영위하면서 그들보다 도덕적으로 우월한 위치에 있는 빈자들의 삶과 대조시키면서 부자들의 타락상과 사치를 비판하기 위한 목적으로 등장한 것일 수 있다. 그러나 대부분의 독자들은 이런 사치스런 쾌락 문화에 대한 상상적 체험을 통해 귀족적인 생활양식을 대리 체험하게 된다. 그리고 이를 통해 겉

---

50) 김동환, 「1930년대 통속 소설의 대중지향」, 정덕준 외, 앞의 책, 133쪽 참조.

51) 최원식, 앞의 글, 377쪽 참조.

52) 리타 펠스키, 앞의 책, 196쪽 참조.

53) 이선희, 「김말봉씨 대저(大著)『찔레꽃』평」, ≪조선일보≫, 1938. 11. 9.

으로는 부자들의 게으르고 부도덕한 삶의 방식을 비난하면서도 속으로는 부가 가져다주는 풍요로운 삶에 대한 동경을 동시에 만족시켜주는 모순적인 반응을 낳는다.[54]

경제적 관점에서 보았을 때 주목해야 하는 또 다른 부분이 바로 이 소설의 결말이다. 독자의 기대나 대중 소설의 규범을 벗어나면서까지 안정순과 이민수의 사랑은 결국 이루어지지 않는다. 오히려 조경구와 안정순의 사랑이 다시 시작될 것이라는 암시로 소설이 끝나고 있다. 이런 결말은 앞에서 지적했듯이 '도덕적 영웅'인 안정순의 숭고함을 강조하기 위한 장치일 수도 있지만, 더 이상 자본주의의 영향으로부터 사랑마저도 자유롭지 못함을 나타내는 것이기도 하다.[55] 안정순은 사랑을 잃어버렸지만 부자가 될 가능성은 아직 열려 있다. 돈 때문에 사랑을 잃었지만 그 때문에 다시 새로운 사랑을 시작할 수도 있다는 것이다.

물론 작가가 안정순을 이민수가 아닌 조경구와 맺어주려는 것은 계급 간의 화해를 도모하려는 의도를 반영한 것이기도 하다. 조경구는 안정순이 아름답고 착해서이기도 하지만, '가난한 처녀'이기 때문에 결혼하려고 한다. 그리고 부잣집 아들이면서도 아버지 조만호와는 다르게 가난한 사람들에 대한 이해심을 가진 인물로 등장한다. 농민 운동에도 관심을 가지고 있으면서 실제로 행동에 옮기려고도 한다. 이런 조경구라는 인물을 통해 이 소설은 '선인＝빈자, 악인＝부자'의 극단적인 이분법에서 다소 벗어날 수 있게 된다. 조경애 또한 돈이 많은 윤영환이 아니라 가난한 이민수에게 사랑을 느끼는 것으로 보아 돈보다는 사랑을 택하는 '착한 부자'의 성격을 지닌 인물이다. 이런 조경구와 조경애를 통해 부자의 비도덕성이나 타락상이 다소 희석될

---

54) 이정옥, 앞의 글, 150쪽 참조.
55) 신동욱, 「여성의 운명과 순결미의 인식」, 정하은, 앞의 책, 65~66쪽 참조.

수 있다.

　그러나 '숭고한 사랑'의 입장에서 본다면, 안정순과 이민수의 사랑이 깨어진 이유는 그들 자신이 돈의 유혹으로부터 자유롭지 못했기 때문이다. 이 소설의 새로운 점은 어떠한 유혹에도 흔들리지 않는 평면적 인물이 아니라 돈이라는 강력한 유혹 앞에서는 흔들릴 수밖에 없는 입체적 인물들을 주인공으로 설정했다는 것이다. 사실 조경애와 이민수, 조경구와 안정순의 관계가 깊어지기 전에 이민수와 안정순은 보다 적극적으로 자신들이 연인 사이임을 밝히고 꼬여 있는 상황을 바로 잡을 수 있었다. 그러나 안정순은 "네가 민수의 행복을 깨뜨릴 권리가 있느냐? 민수가 너와 결연하는 것보다 경애와 혼인하기를 원하는지 어떻게 네가 판단할 수 있느냐?"라며 망설인다. 이민수 또한 자신이 안정순의 애인임을 끝까지 숨기면서 "정순을 위하여 최후의 거짓말을 하였겠다. 그러나 이것으로 정순이가 행복된다면."이라고 말한다. 이것은 돈이 행복을 가져다줄 수 있다고 생각했기 때문에 행할 수 있는 망설임이자 자기 합리화라고 할 수 있다. 진실한 사랑에 대한 확신이 없었기 때문에 돈의 유혹에 넘어간 것이다.

　이제 안정순과 이민수는 더 이상 꿈이나 사랑만 먹고 살 수 있는 인물들이 아니다. 그들도 이미 돈의 중요성을 인식했기 때문이다. 그들은 더 이상 돈과 무관한 순결한 인간형으로 남아 있을 수 없다. 그래서 돈 때문에 이민수가 자신이 아닌 조경애를 선택했다고 오해한 안정순은 자신도 파우스트처럼 영혼을 팔아서라도 한번 부자가 되어 보고 싶어한다. 그리고 침모 박 씨가 부잣집 혼처가 있다고 유혹하자 "가난한 집에서 자란 탓인지 정말 한 번 어리어리하게 살아 보았으면 싶어요."라며 잠시나마 마음이 흔들린다. 이민수도 학비나 생활비의 조달이 어렵자 자신이 조경애의 생명을 구해 준 대가로 윤영환이 내건 현상금 오천 원을 거절한 것에 대해 후회한다. 물론 금방 그런 유혹을 뿌리치지만 이런 도덕적 인물들조차 돈의 유혹으로부터 자유롭지 못하다는 데에 문제의 심각성이 있다. 바야흐로 농민 운동조차 "황금없는 빈말"만으로는 불가능한 "실탄(實彈) 시대"라는 문제 의식 때문이다.

여기서 특히 여성 문제와 돈을 연결시켜 생각할 때 부각되는 것이 안정순의 돈에 대한 태도이다. 안정순은 돈에 의해 사랑을 잃어버릴 위기에 처해 있는 순수한 여성이다. 그러나 그녀는 무조건 돈을 거부하면서 사랑을 맹목적으로 선택하는 여성이 아니다. 사실 안정순이 자신의 사랑이나 자존심을 지키기 위해서라면 조만호의 집에서 벗어나야 한다. 안정순 자신도 조만호의 부인이 자신을 남편의 유혹녀로 의심했을 때, 조경애의 간청으로 이민수가 그녀의 이마에 키스하는 장면을 목격했을 때, 이민수가 조경애와 약혼을 발표했을 때, 조경구와 조경애가 자신들의 계모가 될 더러운 여자로 오해할 때 여러 번 그 집에서 나오려고 한다. 그러나 안정순은 쉽게 그 집에서 나오지 못한다. 병든 아버지의 병원비와 가족들의 생계 때문이기도 하지만, 이와 함께 가정교사 일을 자신의 '직업'으로 생각하기 때문이기도 하다. 그래서 "생활은 전쟁이다. 그리고 직업은 전쟁의 제일선이다. 더욱이 여자에게 있어서."라며 자신의 감정을 억누른다.

이런 안정순의 다짐과 고백에는 돈보다 사랑이 우선시될 수 없다는 '생활의 발견'이 드러나고 있다. 그리고 생명을 지키기 위한 생활이 그 무엇보다 중요하다는 이런 인식은 안정순이 더 이상 유아기적인 사랑의 낭만성에 안주하지 않음을 나타내는 증거이기도 하다. 더구나 이런 직업 세계의 참여가 여성에게 더 중요하다는 것은 연애가 여성에게 더 중요하다거나 여성에게는 직업도 필요 없다는 기존의 편견을 동시에 비판하는 발언이라고 할 수 있다. 경제 논리의 지배로 인해 사랑의 순수성을 지킬 수 없는 것이 고통스러운 현실이다. 그러나 그런 현실에서 도피하겠다는 것이 아니라 그 속에서 '일하는 여성'으로서 자신의 몫을 행하겠다는 성숙된 여성 의식을 엿볼 수 있다. 기존의 논의들에서처럼 안정순은 현실의 논리에서 벗어나기 위해 낭만적인 사랑을 추구하는 것[56]이 아니다. 오히려 사랑을 잃어버리더라도 현실 속으로 뛰어들겠다는 각오를 하고 있기 때문이다.

물론 안정순의 경제 활동은 비자발적인 측면이 강하다. 그리고 만약 조경구와 결합한다면 돈 많은 남성에 의한 신분의 상승이 이루어지는 신데렐라 이야기나 다름없다. 또한 안정순이 직업을 갖음으로써 공적인 경제 활동에 참여하고 있다 하더라도 남성적인 자본의 세계에 즉시 편입당하여 '말 잘듣는 기계'로 전락할 위험도 있다. 더구나 그녀가 중시하는 낭만적 사랑 자체도 여성들의 경제적 불안이 부른 허상의 이데올로기일 수 있다. 표면적으로는 남녀 간의 자유로운 결합이나 평등성을 내세우고 있지만 사실은 결혼으로 지위를 얻을 수밖에 없는 여성들이 종속에 대한 불안을 없애기 위해 만들어낸 위안과 환상이 바로 낭만적 사랑이라는 것이다. 때문에 신분이나 경제적 조건에 의한 결혼을 은폐하기 위한 장치로서의 낭만적 사랑에는 열등한 경제적 지위를 보상받으려는 여성 심리가 작용하고 있다고 볼 수 있다.[57] 이럴 때는 사랑도 상품이 되고, 결혼도 경제 행위가 된다.

하지만 이런 한계점에도 불구하고 『찔레꽃』을 통해 여성의 경제적 지위에 대한 새로운 접근이 가능한 것도 사실이다. 더 이상 여성은 가정 안에서만 존재하는 비경제적인 인간이 아니다. 공적인 노동 세계나 시장(市場)의 한가운데에 존재하면서 자본주의에 대해 양가적인

---

56) 안창수, 「『찔레꽃』에 나타난 삶의 양상과 그 한계」, ≪영남어문학≫, 제12호, 1985 참조.
57) 재클린 살스비, 박찬길 옮김, 『낭만적 사랑과 사회』(민음사, 1985), 185~237쪽 참조.

반응을 보여주기 때문이다. 겉으로 보기에 안정순이나 백옥란은 남성적 자본의 소비 대상으로 상품화되고 있다. 그래서 자본에 대해 수동적이고 비주체적인 반응을 보이는 '객체'의 위치에 더 가깝다. 이럴 때의 여성은 거대한 남성적 자본의 음흉한 흉계에 훼손되는 순수함의 이미지와 연결된다. 그러나 그 이면을 들여다보면 이제 더 이상 자본이 남성만의 전유물은 아니기에 더럽혀지더라도 직접 시장에 참여하면서 소비의 대상이 아니라 생산의 주체로 살아가고 싶다는 여성들의 욕망을 읽을 수 있다. 이것이 바로 봉건적 가부장제에서 자본주의적 가부장제로 넘어가는 과도기에 여성들이 보여줄 수 있는 경제 활동이다.

여성과 여성 : 휴머니즘에서 페미니즘으로

기존의 논의에서 『찔레꽃』은 대중 소설 혹은 통속 소설로서의 면모 중심으로 논의되었다. 작가도 『찔레꽃』을 쓸 때는 대중 소설이나 연애 소설을 쓴다는 자의식은 있었지만 이후의 작품들인 『화려한 지옥』이나 『바람의 향연』, 『푸른 날개』, 『생명』 등의 작품보다 여성 소설을 쓴다는 의식은 강하지 않았다고 볼 수 있다. 종교성과 도덕성을 강조하는 보편적인 휴머니즘의 입장에서 남녀 간의 애정 문제에 접근하고 있기 때문이다. 이 소설의 여주인공인 안정순은 고귀한 '여성'이기도 하지만 숭고한 '인간'으로서 구도의 자세로 자신의 사랑을 유지시키기 위해 노력하는 인물로 그려진다. 때문에 그런 사랑에 방해가 되는 요소도 유교적인 가부장적 질서나 봉건 체제가 아니라 '악'을 상징하는 자본주의로 설정되어 있다.

하지만 지금까지 이 글의 논의에 나타나듯이 『찔레꽃』에는 여성 작가가 지니는 여성적 무의식이나 여성 독자가 보여주는 여성적 무의식이 여성 인물들을 통해 간접적으로 드러나고 있다. 먼저 여성적 주제나 장르라고 폄하되었던 연애의 문제가 통속적인 감상성만을 유발시키는 것이 아니라 대중적인 숭고미로 승화될 수 있음을 확인했다. 또 자본주의적 시장에서 상품으로 존재하면서 무시되거나 소외되었던 여성을 보다 적극적으로 생산의 주체나 참여자로 자리 매김할 수도 있음을 확인했다. 이러한 과정이 작가나 독자 모두 여성적인 무의식을 지니고 창작하거나 독서하지 않았다면, 더 나아가 여성적인 시각에서 분석되지 않았다면 드러나기 힘든 의미들이라고 할 수 있다.

이런 전제하에 지금부터 살펴볼 『찔레꽃』에 나타난 여성 문학적 면모는 그것이 단순히 작가가 여성이기 때문에 어쩔 수 없이 포함되어 있다는 측면에서가 아니라 이후의 소설에서 보다 의식화되고 표면화될 '싹'으로서 이미 이 소설 속에 내재되어 있다는 측면에서 규명되어야 한다. 여성 작가이기 때문에 여성 문제에 대한 관심이 남성 작가보다 더 클 수 있다. 그러나 이런 시각은 자칫 환원론적이고 결정론적인 오류에 빠질 수 있다. 심지어 성별 분리주의적인 태도로 비난받을 소지도 있다. 이보다는 김말봉 자체가 실제로도 공창(公娼) 폐지 운동을 주도하면서 윤락 여성을 선도하기 위해 손수 '박애원'을 경영하기도 한 여권론자였음[58]을 고려해 이후의 소설들에서는 보다 직접적으로 드러나는 여성 문학적 요소가 이 소설에서는 어떻게 숨어 있는지를 작가의 여성적 무의식을 통해 규명해 본다는 의미에서 접근해야 할 것이다.

우선 작가는 조만호가 병든 부인이 죽자마자 친구들의 주선으로 기생 첩인 백옥란과 아무런 죄의식 없이 같이 지내는 것에 대해 강하게 비판한다. 그것이 "사나이라는 인간만이 향유(享有)할 수 있는 특권"

---

58) 정하은, 앞의 책, 53쪽 참조.

이기 때문이다. 남성 중심적인 시각에서는 남편을 믿지 못했던 조만호의 부인을 히스테릭한 여성으로 볼 수 있다. 그러나 병약했던 그녀를 그렇게 만든 것은 오랜 병상 생활과 믿을 수 없는 남편의 행동 때문이다. 자식들인 조경구나 조경애는 그런 어머니에게 동정과 연민을 느끼면서 아버지가 좀 더 잘해 주었더라면 어머니의 건강도 더 좋아졌을 것이며, 어머니가 좀 더 행복한 삶을 살 수도 있었을 것이라고 안타까워한다. 그러나 부인의 재산 때문에 경제적 부를 누릴 수 있었으면서도 부인이 살아있을 때조차 부인에 대한 '정절'을 지키지 않았던 조만호가 부인이 죽었는데 전혀 다른 남성으로 변할 리는 없다. 정절 이데올로기는 남성이 아닌 여성에게만 부과되고 강요되는 불공평한 이데올로기이다. 물론 이런 정절 이데올로기의 문제는 새로운 것이 아니다. 작가 김말봉의 여성 문학적 인식의 탁월함은 그것이 한 남자만의 문제가 아니라 사회 전체나 구조상의 문제라는 것, 그래서 개인이 노력해서 해결될 수 있는 문제가 아니라는 것을 꿰뚫고 있다는 데에 있다.

여기서 더 나아가 작가는 이런 정절 이데올로기나 열녀 콤플렉스가 남성과 여성의 차별만을 초래하는 것이 아니라 여성과 여성 사이의 차별까지 조장한다는 것을 문제 삼는다. 조만호가 백옥란이 아닌 안정순을 후처로 삼으려는 이유는 백옥란은 거리의 여자이고 안정순은 처녀이기 때문이다. 여성을 '어머니' 아니면 '창녀'로 이분화시키는 것, 창녀의 권리는 보장해 줄 필요가 없다는 것, 어머니만이 숭고하다는 것[59]은 모두 남성 중심적인 시각에 의해 여성을 재단하려는 폭력이다. 이것이 바로 이 소설에서 안정순이 끝까지 깨끗한 처녀로 남아 있어야 하는 숨겨진 이유이다. 여성 문학적 입장에서 보면 엄청난 아이러

---

59) 송재희 외, 『어머니와 창녀』(지인, 1994), 14~15쪽 참조.

니라고 할 수 있다.

이민수 또한 조만호가 안정순과 결혼하려 한다는 것을 알고 자신을 진심으로 사랑하는 조경애를 조만호에 대한 복수의 제물로 삼으려 한다. 조경애의 적극적인 구애에도 불구하고 이민수는 그녀를 "교만하고 까다롭고 신경질적인 계집애", "사치한 인형같이 어여쁜 현대여성"으로만 생각한다. 그러면서도 조만호를 파멸시키기 위해 조경애와 약혼까지 발표한다. 호의와 애정을 가진 여성에게 "애정의 탈바가지"를 쓰고서 접근하여 그녀의 몸까지 버려놓으려 한다. 그녀에게 미안함이나 죄의식을 느끼기도 하지만 궁극적으로 이민수를 괴롭히는 것은 자기 자신의 인격이 훼손되는 것이다. "그 사람(조만호)의 죄악과 아무런 관련이 없는 경애를 더럽힌다는 것은 결국 민수 자신의 결백과 이지와 그리고 인생에 대한 모든 광명을 짓밟는 것이 아닐까?"라는 말에서 드러나듯이 이민수는 조경애의 인생이 망가지는 것에 대해서는 별로 걱정하지 않는다. 경애가 가치 없는 여성이라고 생각하면서 가치 없는 여성은 존중해 줄 필요가 없다고 생각하는 남성 중심적 사고 때문이다. 자신은 결백하고 이지적이어야 하며 광명 어린 삶을 사는 존재여야 한다. 그런데 그런 도덕적이고 윤리적인 삶을 불가능하게 하는 방해물이 바로 조경애라는 여성이다.

물론 조경애도 자신이 따르고 믿었던 안정순과 이민수가 연인 사이라고 생각할 때는 뭇 남성들에게 "적극적으로 진출"함으로써 남성 전체에게 복수하려고 한다. 이런 유아적이고 유치한 방법을 복수라고 생각할 정도로 조경애는 미성숙한 여성이다. 그러나 그녀도 남성으로 인해 상처를 입은 여성이다. 그녀가 뛰어난 미모와 학식, 재산의 소유자임에도 불구하고 "중성으로 태어난 사람"처럼 결혼을 거부하면서 사는 데에는 이유가 있다. 4년 전 일본 유학 시절에 경험했던 연애 사건 때문이다. 동창인 Y의 오빠와 사랑하는 사이였으나 알고 보니 그가 이미 결혼한 남성이었던 것이다. 심지어 그가 자신을 버리고 가족에게 돌아가자 조경애는 그 후부터 남성을 "탐심이 많고 교만하고 횡폭하고 그리고 위선자"나 "방종과 허위에 가증스러운 탈바가지"로 여긴다. 알고 보면 그녀도 순정한 사랑의 피해자였던 것이다.

이렇게 볼 때 『찔레꽃』에 등장하는 여성은 거의 대부분 긍정적으로 그려진다고 할 수 있다. 가장 악인에 해당하는 여성 인물인 침모 박씨의 경우조차도 돈에 눈에 멀어서, 그리고 남자를 잘못 사귀어서 인생을 망친 딸의 인생을 구제하려는 모성애 때문에 사기극을 벌인 것이다. 무엇보다도 그녀는 자신의 죄에 합당하는 대가를 치르거나 처벌을 받는다. 사랑보다 돈을 택한 후 나중에는 살인까지 저지르는 백옥란의 경우도 마찬가지이다. 그녀의 잘못된 판단이나 부도덕함은 그녀에게 충분히 고통을 주며, 그녀 또한 자신의 어리석음을 뉘우치고 후회한다. 조만호와 같은 구제 불능의 악인이 여성 인물들 가운데에는 존재하지 않는다. 그는 저지르지 않아도 좋을, 그리고 저지르지 않을 수도 있는 악을 번번이 행하는데도 그에 합당한 처벌조차 받지 않는다. 반성이나 뉘우침도 없다. 때문에 독자 입장에서는 여성 인물들에 대한 동정과 연민이 남성 인물들에 대한 감정 이입보다 더 쉽게 일어난다.

결국 『찔레꽃』은 안정순의 순수한 여성성이 '추구'의 대상이지만 '획득'의 대상은 아니라는 점을 강조함으로써 현실적인 여성 의식을 보여주고 있다. 작가는 우선 안정순의 순결한 여성 이미지가 자본주의하에서는 성소(聖所)나 유토피아적 대안이 될 수 있음을 인정한다. 안정순처럼 지극히 헌신적이고 복종적이며 순수한 여성의 이미지는 오히려 가부장적 이데올로기에 비추어 볼 때 가장 이상적인 여성에 해당한다.[60] 물론 이처럼 겸손, 순결, 희생 등을 대표하는 정신적 존재로서의 여성을 강조하다가 육체적 존재로서의 여성을 간과함으로써 기존의 정신과 육체의 이분법을 그대로 답습할 위험도 있기는 하다. 그러나 이와 동시에 그런 여성성 자체가 이루어질 수 없거나 금방 사라지는 신기루와 같은 것임을 강조하기도 한다. 여성에 대한 환상과 현실을 동시에 문제 삼는 이중 전략을 구사한다. 이런 전략을 통해 여성을 맹목적으로 이상화시키는 위험으로부터 다소간 벗어날 수 있다. 그리고 여성을 비합리적이고 비이성적인 것으로만 치부하는 당대의 편견도 비판하고 있다. 무엇보다도 『찔레꽃』에서는 여성들이 남성 중심적인 사고의 피해자들임이 간접적으로라도 드러나고 있기에 여성 문학적 특성을 무의식적으로 보여주는 소설이라고 할 수 있다.

극단의 수사학에서 이중의 수사학으로

기존의 관점에서 보면 대중 소설은 방종에 가까운 감정, 극단화, 도식화, 극단적 정태성, 선에 대한 맹목적 추구, 표현의 과장, 플롯의 상투적 전개, 숨 막히는 긴박감, 반전이나 우연, 비약, 스릴, 서스펜스 등의 특징과 관련 있다.[61] 특히 연애 소설은 기존의 시각에서는 새로운 것을 만들어내거나 주어진 금기에 도전하는 '생성의 사랑'이 아니라 금기를 더욱더 공고하게 만드는 '불모의 사랑'을 양산한다고 비판받았다.[62] 그러나 이런 평가 자체는 지나치게 이분법적이고 극단적인 대립 속에서 대중이나 연애의 개념을 파악한다는 문제점이 있다. 대중 소설이 문제가 된다면, 그 자체의 문제와 함께 그것이 필요하게

---

60) 이상진, 「대중소설의 반페미니즘적 경향—— 김말봉론」, 한국여성 소설연구회, 앞의 책, 307쪽 참조.

61) 전영태, 앞의 글, 79쪽 참조.

62) 고미숙, 「여성성과 멜로, 그 은밀한 접속」, ≪세계의 문학≫, 1999년 여름호, 45쪽 참조.

된 상황을 동시에 문제 삼아야 하기 때문이다. '통속 소설 좋게 보기'
가 아니라 '대중 소설 바로 보기'를 하자는 것이다.[63] 그리고 다소간
규범적이고 전형적인 양상을 보여주는 주요 플롯을 떠나 그것을 받쳐
주는 부차 플롯까지 고려하거나 결과보다는 그 결과에 이르는 과정을
중시한다면, 또 작가의 의식뿐만 아니라 그 이면에 억압되었거나 숨
어 있는 무의식을 고려한다면 새로운 '거슬러 읽기(counter-reading)'
가 가능할 수 있다.

이런 맥락에서 이 글은 대중 연애 소설 속의 사랑을 '약자의 사회
적 이데올로기'나 '약자가 약자에게 주는 최고의 심리적 보약[64]'이라는
측면에서 그 순기능이나 숨겨진 이면을 살펴보았다. 그리고 여성성과
결합하는 양상에도 주목했다. 이것은 왜 여성들이 남성들보다 더 연
애 소설의 생산과 소비에 깊이 관여하는가에 대한 답을 구하는 과정
이기도 했다. 여성들은 연애 소설이 행복하기 때문에 읽는 것이 아니
라 불행하기 때문에 읽는다. 그렇다면 그 속에는 통속적인 감상성을
극복하게 해주는 고귀한 숭고함도 있을 수 있고, '상품'이 아니라 '생
산자'로 존재하고픈 여성의 욕망도 담겨 있을 수 있으며, 여성이 느끼
는 공통의 아픔이나 차별을 드러내고픈 여성적 무의식도 숨겨져 있을
수 있다는 것이다.

물론 모든 여성 연애 소설이 사회 비판이나 사회 변혁의 기능을 충
실히 담당하고 있다거나 여성의 고귀한 정신이나 비극적 실패를 수준
높게 형상화하고 있다는 것은 아니다. 단지 지금까지 지나치게 폄하
되었거나 무시되었던 여성 연애 소설에 대해 그에 합당한 대우를 해
주면서 그 유의미한 면모를 생산적으로 재조명해 보자는 것이다. 여
성 연애 소설은 체제 내적이면서도 체제 비판적이고, 비도덕적이면서

---

63) 김동환, 앞의 글, 113쪽 참조.
64) 오명환, 앞의 책, 206쪽 참조.

윤리적인, 그리고 상업적이면서 유토피아적인 성질을 가지고 있는 복합적인 문학이기 때문이다. 바로 이러한 중층성과 모순성이야말로 여성 연애 소설을 규정하는 본질적 특성이라고 할 수 있다.[65] 이런 특성에 대한 파악은 기존의 시각처럼 대중이나 연애, 여성의 본질에 대해 극단적인 이분법으로 접근할 때에는 불가능하다. 오히려 중층적이고 복합적인 시각에서 그것이 숨기고 있는 무의식까지 문제 삼을 때에야 파악이 가능하다.

이럴 때 다시 한 번 대중 소설과 여성 연애 소설은 접점을 발견하게 된다. 둘 다 약자의 이데올로기를 대변하거나 가부장제적 금기나 구속, 제도의 횡포한 논리에 대립하는 양대 표지로 기능하면서 그 경계를 허물기 때문이다.[66] 분명한 것은 여성들이 가부장제에 대한 만족감으로 연애 소설을 읽지는 않는다는 사실이다. 그렇다면 여성 연애 소설에는 보다 나은 세계를 원하는 유토피아적 반항의 요소가 내재되어 있다고 볼 수 있다. 이것이 바로 남성적 모험 소설의 여성적 등가물이 연애 소설인 이유이기도 할 것이다.

---

65) 조성면, 앞의 책, 23쪽 참조.
66) 리타 펠스키, 앞의 책, 221쪽 참조.

태초에 어머니가 있었다
공선옥 · 김지원 · 서하진의 소설

신화 혹은 동화

여성에게 모성은 닻인가 아니면 덫인가. 어머니가 된다는 것은 치외법권적인 소도(蘇塗)에 들어가는 것인가 아니면 절대로 벗어날 수 없는 최후의 식민지에 들어가는 것인가. 아드리안 리치(Adrienne Rich)는 남성 지배란 여성의 임신과 육아 능력에 대해 남성들이 느끼는 질투와 부러움을 남성들 스스로 보상하려는 시도라고 본다. 페르시아의 천지창조 신화를 보더라도 세상을 창조한 어머니의 능력에 공포를 느낀 아들들이 어머니를 죽였다는 것이다. 반면 시몬느 드 보부아르는 여성이 노예로 전락하는 것은 어머니일 때이기에 모성을 거부해야 한다고 주장한다. 리치처럼 어머니 됨을 여성성의 적극적인 발현으로 긍정할 때 신이 세상 모든 곳에 다다를 수 없기에 어머니를 만들었다는 말을 하게 된다. 반면 보부아르처럼 어머니에 대한 이런 신화에 반대할 때 그런 무소불위의 어머니에 대한 환상은 어린아이들이 읽는 동화에서나 유지된다고 비판한다. 도대체 어머니는 신인가 아니면 노예인가.

　어머니는 '모성적' 여성이기도 하지만 모성적 '여성'이기도 하다. 그런데도 흔히 여성의 성욕은 모성애로 대체될 수 있기에 어머니들은 성에 대해 초월적인 자세를 가져야 하는 것처럼 기대된다. 그래서 어머니이기 전에 여성이기도 한 어머니를 중성처럼 취급한다. 세상 자체도 어머니인 여성에게 권리나 의지를 바라지 않고 의무나 조화의 기호가 되기를 바란다. 때문에 모성은 여성에게 천국과 지옥을 동시에 경험하게 해주는 야누스적인 얼굴을 지녔다. 이상과 현실, 의식과 경험 사이의 괴리를 가장 치명적으로 보여주는 것이 모성 체험이라는 것이다. 어머니가 된다는 것이 이상적인 의식의 차원에서는 충족·발전·해방을 의미하지만, 현실적인 경험의 차원에서는 결핍·생존·억압을 의미하기에 여성들에게 커다란 고통을 줄 수도 있다. 이런 이유로 모성은 여성 억압을 가장 총체적이고 집약적으로 보여주는 체험이자 가장 배타적이면서도 순수한 여성적 체험이라고 할 수 있다.

　이처럼 '양면적 진리'나 '겹침의 상황'을 모성이라는 프리즘을 통해 보여주는 여성 작가들로 공선옥, 김지원, 서하진을 들 수 있다. 그들은 마치 1930년대 활동했던 대표적인 단편 작가들인 김유정, 이효석, 이상이 동일한 현실에 대해 서로 다른 반응과 특징을 보여주었던 것처럼 모성에 대해 각기 다른 접근을 시도하고 있다. 거칠게 구분해서 김유정이 '옆'을 보면서 지상적인 것을 추구하려 했던 작가였기에 현실적인 생활인의 세계를 그렸다면, 이효석은 '위'를 보는 작가로서 환상적인 초월의 천상계를 그렸으며, 이상은 '아래'를 보려는 작가였기에 부정적인 무의식이나 내면세계에 집착했다고 할 수 있다. 이런 비유를 이 세 여성 작가들과 연관시킨다면 공선옥은 김유정처럼 모성의 '옆'을 보려 한 현실적인 작가이고, 김지원은 이효석처럼 모성의 '위'

를 보려 한 낭만적인 작가이며, 서하진은 이상처럼 모성의 '아래'를 보려 한 실존적인 작가라고 할 수 있다. 모성에 대한 이런 전방위적 접근을 통해 이 세 여성 작가들은 어머니들이 겪는 이상적인 유토피아와 현실적인 디스토피아의 낭만성과 가혹성, 낙관성과 비관성 모두 여성의 자아 정체성에 위험하다는 사실을 알려주고 있다.

슬픔의 어머니

공선옥은 펜이 아니라 모유로 소설을 쓰는 작가이다. 그것도 풍족하게 흘러넘쳐도 소용없는 모유로 소설을 쓰는 작가이다. 풍요로운 몸이 오히려 덫이 되는 비극 속에 공선옥 소설 속의 어머니들이 겪는 고통이 있다. 메말라서 더 이상 나오지 않는 모유는 그 자체가 결핍이나 불행의 징표이기에 오히려 단순한 고통일 수 있다. 하지만 흘러넘쳐도 자식에게 먹이지 못하는 모유는 너무도 당연한 충족이나 행복의 징표가 그 특권을 누리지 못함으로써 더욱 고차적인 고통으로 변한다. 공선옥의 작품집 『내 생의 알리바이』(창작과비평사, 1998)는 너무 많은 모유을 가진 어머니들의 '불행보다 못한 행복'에 대한 고백록이다. 겉에서 본 모성이 아니라 속에서 본 모성을, 그것도 옆에서 가장 자세히 본 모성을 그대로 보여주기 때문이다. 공선옥의 어머니들은 술도 마시고 담배도 피운다. 그럼으로써 공선옥은 인간적으로는 실패하기 쉬워도 모성적으로는 실패하기 힘들다는 어머니에 대한 고정관념을 깨뜨린다.

공선옥의 소설이 보여주는 '모정의 그늘'은 '부정(父情)의 양지(陽地)'가 부재하는 데서 연유한다. 아버지들은 구타, 술타령, 도박만을 일삼거나 가족을 버리고 다른 여자와 도망간다. 그런데 이런 아버지들과 별다를 바 없는 것이 자식들을 돌보지 않고 밤늦도록 밖으로만 돌아다니는 어머니들이다. 아이들 자체가 "한창 꽃피워야 할 이십대 초반에 자신을 엄마로 만들어 버린" 원한의 대상이기에 어머니들은 그 아이들을 유기하거나 방기한다. 무엇보다도 어머니들도 인간이다. 그래서 잔인해질 수도 있고 불성실할 수도 있다. 이런 '나쁜 엄마'를 창조해 냄으로써 공선옥은 모성의 신화를 배반한다. 무조건적인 사랑이나 이해는 신에게만 가능하다. 아니, 신조차도 자신의 창조물인 인간에게 분노하고 질투를 느끼지 않던가. 하물며 어머니는 어머니이기 전에 인간이고 여성이다. 그래서 "무엇보다 남편이 나와 아이들을 버렸는데, 버리고 저만 살겠다고 어디론가 가버린 참인데 나만 애기 버린 죄를 뒤집어쓸 필요가 있겠는가."라고 외친다. 또 낯선 남자의 추근거리는 손에서 따뜻함을 느끼며 "마음속의 얼음이 봄눈처럼 녹아내리는" 평화를 느끼기도 한다.

그런데 여기서 문제가 되는 것은 공선옥 소설의 어머니들이 이처럼 모정을 부정하는 것이 자발적인 선택에 의한 것이 아니라는 사실이다. "새끼를 보호하려는 어미의 짐승스러운 본능"이 없는 어머니는 없다. 그러니 그런 본능마저 저버리는 어머니들에게 딸들은 감히 "개같은 년"이라는 처절한 욕을 할 수도 있는 것이다. 하지만 어머니는 신은 아니지만 그렇다고 짐승도 아니다. 그런데 짐승에게조차 가능한 그런 모성적 본능을 허락하지 않는 것이 현실이다. 이런 억압적 현실이 그녀의 모성을 극단적인 여성 해방의 구호로 삼는 행위나 자아 정체성과 이분법적으로 대립시키는 위험성에서 벗어날 수 있게 해준다. '먹고 사는 일' 앞에서는 관념적이고 이상화된 모성 자체가 배부른 자의 사치가 된다. 이 소설집의 뼈대를 이루면서 「어미」, 「뭘 먹고 살까」, 「술 먹고 담배 피우는 엄마」, 「내 생의 알리바이」 등에서 반복되는 것이 바로 아이들을 먹여살릴 방도가 없어 아동일시보호소로 보내야 하는 어머니들의 쓰라린 경험이다. "애기를 키울 능력이 없는 현실은 나를 애기엄마도 뭣도 아니게 만들었다."라는 어머니들의 말은 모성의 추구를 불가능하게 하는 현실이 어머니들을 찌르는 비수이다.

이처럼 '인간적인, 너무도 인간적인' 모성의 좌절이 공선옥의 소설에서는 '퉁퉁 부어오는 젖'으로 가시화되고 있다. 특히 「어미」와 「뭘 먹고 살까」에서는 경제적·심리적 이유로 자식에게 빨리지 못해 퉁퉁 부은 젖 때문에 고통받는 어머니들이 등장한다. 아무리 괴로워도 「어린 부처」의 어머니처럼 아들에게 젖을 물릴 수 있는 어머니는 그나마 행복한 어머니이다. 아이는 어머니의 젖을 빨면서 어머니를 마신다고 할 수 있다. 이때 모유를 육체 안으로 받아들이게 하는 어머니의 젖은 아이의 쾌락의 원천이다. 그러나 이와 반대로 어머니가 아이에게 모유를 제공하지 못할 때 어머니의 젖은 가치 없는 물체로 전락한다. 모유가 나와도 그것을 먹일 상황이 못 될 때의 젖은 나오지 않는 젖보다 더 아프다. 넘쳐나거나 흘러나와야 할 젖이 억제됨으로써 그 상황의 억압성이 더욱 강조된다. 그래서 아이에 의해 시원스럽게 빨려 나가지 못하는 젖은 어머니의 육체에 가해진 현실적인 폭력의 가시적인 형태이다.

이런 어머니의 몸뿐만 아니라 여성의 몸 자체가 금기나 더러움의 대상이 되는 현실에 대한 비판이 「몸을 위하여」에서 보다 본격적으로 나타나고 있다. 남보다 일찍 시작한 멘스나 빨리 부풀기 시작한 젖가슴을 가진 난주의 몸과, 늙어서까지 '습한 밑'을 가진 할머니의 몸이 '부끄러운 것'으로 간주되는 이유는 존중되고 축복받아야 할 여성의 몸을 천시하는 가부장적 이데올로기 때문이다. 개체성이나 차이성을 인정받지 못하고, 성적인 대상이나 생산을 위한 도구로 폄하되는 여성의 몸은 그 자체가 차별받고 지배당하는 게토(ghetto)이다. 때문에 난주가 "하늘에서 쏟아지는 비가 거침없듯이 멘스피도 지 마음껏 쏟아지게 내버려두는 것이 왜 그리 기분 좋은지"라고 말하는 것은 자신의 영토를 회복하겠다는 피지배자의 독립 선언으로 읽힌다. 이런 선언을 시발로 해서 세 명의 남자들로부터 윤간당했던 '더러운' 난주의 몸이 소설의 마지막에서는 남성이 아닌 자연을 받아들임으로써 새롭게 태어난다. 이런 몸을 통해 난주는 아기를 낳듯이 새롭게 자기 자신을 낳는다.

이처럼 몸에 대한 자의식과 신뢰를 회복함으로써 여성은 자궁다운 자궁을 지닌 진정한 어머니들이 될 수 있다. 뱃속에 생명을 담고 있다는 그 사실 하나만으로 슬프고 삭막한 가슴을 다독일 수 있음을 보여주는 것이 바로 어머니들의 몸이다. 이때의 생명은 희망이기도 하고 사랑이기도 하다. 어머니들은 자식처럼 이 세상을 품거나 다시 태어나게 할 수도 있다. 때문에 늙은 노파나 어린아이도 어머니가 될 수 있다. 희망이나 사랑을 생산할 수 있는 능력이 중요한 것이지 나이나 성별은 중요하지 않다. 그래서 「모정의 그늘」에서 자신의 아들을 짝사랑하는 이혼녀와 그녀의 자식들에 대해서까지 애정을 느끼는 허 여사, 「타관사람」에서 조카를 자신의 자식처럼 거두는 갑철이나 갑철의 조카를 정성껏 거두는 횟집 여자, 자신을 예뻐해 주지 않는 의붓아버지에게도 '피 같은 정'을 느끼는 「어린 부처」의 도란이는 모두 어머니다운 어머니들이다. 다른 사람의 어머니가 되는 어머니들이기 때문이다. 육체적인 모성이 아니라 정신적인 모성, 몸의 자궁이 아니라 마음의 자궁으로 "그칠 줄 모르는 타인에의 관심"을 갖거나 타인에 대해 "미워하는 마음"을 갖지 않도록 만드는 것이 바로 어머니의 능력임을 이들을 통해 확인할 수 있다.

이렇게 볼 때 공선옥 소설의 모성은 흔들림이 없기 때문이 아니라 그런 흔들림을 극복하려고 하기 때문에 더욱 위대하다. 공선옥이 자신의 어머니 됨과 화해하는 것은 선험적이거나 절대적인 긍정이 아니라 부정을 거친 후에 힘들게 얻게 된 긍정을 통해서이기에 핍진성과 진정성을 확보한다. 또한 모성에 대한 천착을 통해 출산과 양육으로부터 면죄부를 부여받은 것처럼 행동하는 아버지들에 대해서도 각성과 반성을 촉구하고 있다는 점에서도 의미가 있다. 이런 실천적·경험적·현실적 모성으로 공선옥이 궁극적으로 하고 싶은 말은 "나, 이래봬도 세 아이들의 엄마야."라는 것이다. 살 만한 곳은 아무데도 없다. 그러나 "그래도 자식 있는 곳이 그중 따술 것"이라고 믿는 어머니들이 바로 공선옥의 어머니들이다.

낭만의 어머니

김지원은 철저한 낭만주의자이다. 『낭만의 집』(작가정신, 1998)에 실린 작가의 말에 드러나듯이 작가는 삶을 "아름다운 설화"나 "꿈이 꿈으로 존재할 수 있는 꿈"으로 간주하기 때문이다. 믿는 자만이 꿈을 꿀 수 있다. 김지원은 미래를 믿고, 희망을 믿으며, 삶의 가치를 믿는다. 김지원의 이런 믿음은 사랑에 대한 가치 부여에서 온다. 그녀에 의하면 우리말로 '사랑'은 '사람'의 미음 받침이 모가 깎이어서 형성된 글자이다. 그리고 인간이 흘리는 모든 눈물과 땀, 고통과 고난이 바로 그처럼 '사람'의 미음 받침의 모를 깎는 데 필요한 것들이라고 본다. 딱딱한 직선을 부드러운 곡선으로 만드는 것, 절망 속에서 희망을 만드는 것이 바로 낭만주의자들이 지키려는 사랑에 대한 예의이다.

때문에 김지원은 모성이나 여성에 접근할 때에도 고전적이고 규범적인 태도를 취한다. 『낭만의 집』에 나오는 여성들은 고결하고 단아하다. 실제로 그렇지 못하더라도 적어도 고결함이나 단아함을 추구하려고 노력을 한다. 해설에서 이제하가 지적하고 있듯이 이 소설은 지금처럼 근대적인 자아의 확립을 내세우면서 사랑을 할 때에도 위악과 부정이 판을 치게 하는 '사나운' 시대에 오히려 '고전적 아취'로 사랑에 대한 믿음과 긍정을 강조하고 있다. 그래서 다소간 시대착오적이고 전근대적으로 보이는 것도 사실이다. 김지원은 용감하게 보일 정도로 이 소설에서 전형적인 천사 이미지의 여성들을 복원해 낸다. 그리고 전설처럼 낯설어진 그런 천사들을 통해 우주적인 보편성과 비역사성 속으로 여성들을 인도하고 있다.

정릉 언덕 위에 우뚝 선 '낭만아파트 10층 1호'는 결혼한 지 36년 된 양철수와 한정자 부부, 요일을 따서 이름 붙인 월옥·화옥·수옥·모옥·일옥이라는 다섯 딸을 중심으로 이루어진 가정이다. 그들 부부에게 가정은 바로 세계의 중심이나 인류의 기본이 되는 '소우주'이다. "하늘과 땅, 음과 양, 한 쌍의 남녀는 각각 저마다의 특성과 역할을 지니고 결혼에 의해서 정신적, 육체적인 완성을 향해 성장해 가며, 이 남녀의 핵을 중심으로 자식이란 분자들에 의해서 가정은 태양계의 일원이 되며 회전하기 시작하는 것"이라는 믿음으로 그들 부부는 신성한 가정을 만들기 위해 노력한다.

특히 이런 가정의 의미는 이 소설 속에서 인용하고 있는 이어령 교수의 TV 강의에서 드러나듯이 한자 '가(家)'의 형상으로 볼 때 뚜렷해진다. 이 글자는 의미적으로 지붕 밑에 돼지들이 몰려 있는 것, 어미돼지에게서 아기돼지들이 젖을 먹고 있는 것, 집에 가두어두어도 잘 사는 돼지처럼 인간은 떠돌아다니지 말고 집에 안주해야 한다는 것 등을 보여준다. 이로써 한 가족의 기본은 바로 어머니가 자식을 거느리면서 젖을 빨리고 있는 것이기에 가정의 중심은 어머니인 셈이다. 이런 사실에 합당하게 '낭만아파트 10층 1호'의 어머니인 한정자도 우리들에게 가장 친숙한 어머니이자 어머니다운 어머니의 원형을 보여주고 있다. 그리고 그런 어머니의 원형을 비슷하면서도 다르게 계승한 것이 바로 다섯 딸들이다. 한정자의 다섯 딸들은 여성성의 한 부분을 드러내면서 어머니의 분신들로 존재한다. 진 시노다 볼린(Jin Shinoda Bolen)이 『우리 속에 있는 여신들』에서 모든 평범한 여성들 속에도 내재해 있는 여신들을 읽어내었듯이 『낭만의 집』에 나오는 여성들 또한 모두 자신의 신성(神性)에 어울리는 모습으로 등장하고 있다.

먼저 남편에게는 좋은 아내인 헤라이자 자식들에게는 모성애 강한 데메테르에 해당하는 한정자는 딸들에게 작용과 반작용을 불러일으키는, 중심에 있는 어머니이다. 그녀는 "로맨스 마마"라고 불릴 정도로 남편에 대해 "처녀 같은 긴장감"을 잃지 않고 "막 사랑을 시작한 젊은 연인" 같은 관계를 유지한다. 그와 동시에 그녀는 자식들을 "그녀 바깥에 나가있는 그녀의 심장"으로 생각하면서 자신 속에 내장된 무궁무진한 사랑을 베푸는 어머니이기도 하다. 그래서 그녀는 식구들이 귀가하면 "배들이 다 들어온 항구"처럼 안식을 느낀다. 이처럼 그녀는 가족 이기주의에 빠졌다고 비난받을 만큼 가족을 중심으로 사고하고, 가족에게 헌신하며, 가족 때문에 존재한다. 마치 '보이지 않는 손'처럼 활동하면서 가족을 지키고 보호한다. 이런 모성의 모습이 낯설게 느껴지는 것 자체가 김지원에게는 격세지감의 고통을 불러일으킬 수 있다. 문학사적으로 볼 때 1930년대 후반에 일군의 여성 작가들이 모성을 강조한 것은 그 이전 신여성을 중심으로 한 결혼 거부나 자유연애 사상으로 인해 발생한 사생아 문제나 아동 보호 문제 때문이었다. 김지원 또한 1990년대의 페미니즘 열풍으로 인해 저급하다고 간주되었던 모성을 보호하기 위해 '낭만적인' 어머니상을 강조했을 수있다. 그렇게 함으로써 어머니의 낭만적인 자질이 부족한 현실을 역으로 비판할 수 있기 때문이다.

이런 어머니의 의식적·무의식적인 성향을 이어받은 다섯 딸들은 각기 자신만의 개성적인 여성성을 지니게 된다. 월옥은 여성을 보호하는 큰언니격인 아르테미스를 닮았다. 그래서 "누구를 만나도 얘기를 하는 동안에 손이 저절로 나가서 상대방의 옷깃을 바로 잡아주고 머리에 붙은 검불을 떼어주는" 성격의 소유자이다. 남에게 지나치게 친절을 베풀어서 오히려 불편함을 주거나 오해를 받기도 하지만 타인에게 최선을 다하려고 노력하는 유형이다. 화옥은 목표 지향적, 논리적, 학구적인 지혜의 여신 아테나를 닮았다. 그래서 국제결혼을 한 채 뉴욕에서 대학교수를 하고 있는 자아 성취형 여성이다. 사랑과 미의 여신인 아프로디테를 닮아 딸 중에서 가장 예쁜 수옥은 정열적이고 매력적이지만 그럼에도 불구하고 남편이 다른 여성에게 한눈을 팔까봐 불안해하는 독점욕 강하고 감정적인 여성이다. 페르세포네처럼 고운 딸의 원형이자 예민한 감수성의 소유자인 모옥은 실연의 상처 때문에 괴로워한다. 부드럽고 순수하지만 의존적이고 수동적이기도 하다. 가장 신비한 딸로 그려지는 일옥은 헤스티아처럼 내향적이면서 영적인 세계에 관심을 갖는 여성의 원형이다. 관조적이고 유심론적인 자아를 통해 자신의 가족과 우주를 연결시켜 주는 매개자로 기능한다.

이처럼 다양한 여성 인물들을 형상화함으로써 김지원이 강조하는 것은 모성성이나 여성성을 '차별'이 아닌 '차이'의 차원에서 적극적으로 인정하고 그 가치를 평가해야 한다는 것이다. 즉 자신 속에 숨겨져 있던 여신들을 살려내 그 장점은 키우고 단점은 보완하면서 스스로의 정체성을 획득하고 스스로를 사랑해야 한다는 것이다. "여자들은 남자보다 권력이나 지위, 재산에 연연해하지 않아서 행복하대요"라는 모옥의 말에서 드러나듯이 김지원은 '여성이기 때문에 행복하다.'라는 사실을 역설함으로써 남성이나 세상에 대해 전투적이고 배타적인 페미니즘이나 피해 의식에 사로잡힌 여전사적인 여성 이미지를 극복하려 한다. 이런 여성성에 대한 옹호를 위해 김지원은 여성들의 내면에 자리 잡고 있는 긍정적인 인성을 세밀하게 묘사한다. 때문에 마치 별들이 제 궤도를 운행하기에 충돌이 없는 것처럼 이 소설 속 인물들 사이에는 갈등도 없고, 미움도 없다. 그래서 이 소설을 읽으면 별을 바라보고 있을 때처럼 편안해진다.

죽음의 어머니

서하진의 소설 속 어머니들은 죽음을 낳는 어머니들이다. 그래서 그녀의 작품집 『사랑하는 방식은 다 다르다』(문학과 지성사, 1998)에서는 첫 페이지부터 '죽음의 냄새'가 난다. 아이들은 태어나기도 전에 죽거나 태어난 후에도 어머니의 곁에 없다. 그들을 잉태한 어머니들이 '쪼그라든 자궁'이나 '닫히지 않는 자궁', '메마른 자궁' 등 비정상적인 자궁을 지녔기 때문이다. 자궁을 사이에 두고 아이를 만든 남성과 여성은 서로 '타인'과 같은 존재들이다. 정신적인 허기에 시달리면서 '심리적인 겨울' 속에 사는 사람들에게 허락되는 생명은 없다. 이런 맥락에서 서하진은 자신의 몸속에 무덤을 지닌 어머니들의 죽음 같은 삶을 그리고 있다. "내 가지들에는 잎이 없었다. 밑동에서 잘려 나간 나무에서는 새 가지가 돋아오르지 않았고 투박한 단면에는 푸른 잎이 자라날 물기가 없었다."라는 고백이 서하진의 소설 속 어머니들이 지닌 불모성과 황폐함을 잘 드러내준다.

세상의 어머니들에게 가장 잔인한 것은 임신조차 불가능한 불임의 자궁을 지녔다는 사실일 것이다. 그래서 어머니라는 이름으로 불리지조차 못할 때일 것이다. 「타인의 시간」의 '나'나 「사랑하는 방식은 다 다르다」에서의 천혜는 아기를 담을 수 없는 '자궁 아닌 자궁'을 지닌 여성들이다. 「타인의 시간」에서 '나'의 남편은 '나'의 몸에 닿는 것조차 피하면서 '나'를 인형처럼 대한다. '나'를 따라다니는 광기나 옛 애인에 대한 '나'의 그리움이 그들 부부 사이에 "아이를 잉태하는 일은 불가능했던, 아무런 변함없는 시간들"만 흐르게 한다. 「사랑하는 방식은 다 다르다」의 천혜 또한 결혼한 지 십 년이 되었지만 자연스런 수태를 한번도 하지 못한다. 자궁 외 임신이나 자연 유산으로 잃어버린 아이 때문에 더욱더 광적으로 섹스에 집착하지만, 그런 동물적인 탐닉이 오히려 임신 자체를 불가능하게 하는 악순환을 부른다. "여자는 언제 어느 때라도 섹스할 준비가 되어있는 동물이다. 섹스는 여자의 유일한 전략이며 장기이고 심지어 목적이기도 하다."라고 생각하는 남편과의 사이에서 정상적인 임신은 불가능하다. 생명은 '동물의 왕국' 같은 포르노테이프가 아니라 따뜻한 자궁 속에서 움트는 것이기 때문이다.

이와는 반대로 자신의 몸속에 아이를 담고 있어도 불행한 어머니들도 있다. 「사랑하는 방식은 다 다르다」에서 여진은 고통스러운 입덧과 편두통에 시달리면서 딸 쌍둥이를 낳았으나 그 기간을 견디지 못한 남편은 다른 여자에게서 아들을 낳아온다. 그 후로 여진은 임신해서도 아들을 낳기 위해 네 번이나 아이를 지워버린다. 이처럼 모질고 비인간적인 살인 행위를 계속하는 이유는 "놓여나기 위해, 벗어나기 위해 파고드는 그 슬픈 모순" 때문이다. 남편에 대한 집착이나 미움 혹은 아들 선호 사상 때문이 아니라 생명에 대한 갈증이나 삶에 대한 이율배반적인 충동 때문이라는 것이다. 이처럼 죽여야 할 아이를 자궁에 담고 있는 경우뿐만이 아니라 남편의 아이가 아닌 사람의 아이를 자궁에 담고 있는 경우도 불행하기는 마찬가지이다. 「탑선리」에서 안골댁이 남편인 줄 알고 받아들인 남자로부터 얻게 된 유복자 아들이나 아버지 없는 아이를 가진 젊은 여자에게 있어 그 아이들은 모두 "서러운 생명"이 된다.

힘들게 아이를 낳았어도 그 아이가 자신에게 행복과 기쁨이 되지

264

못할 경우 모성 또한 지켜지기 힘들다. 낙태하는 악몽으로 시작되면서 가장 지독한 모성의 상실을 보여주고 있는 「깊은 물 속」에서 재은은 출산과 동시에 집안의 반대 때문에 강제로 헤어진 남자의 아기를 아버지에게 빼앗긴다. 그리고 선본 지 일주일 만에 빚을 갚아준다는 조건으로 결혼한 남자를 따라 미국에서 살게 된다. 그런 그녀의 인생은 아이를 빼앗겼을 때 이미 끝난 것이나 다름없다. 한번도 보지 못하고 단지 첫울음 소리만 남긴 채 사라진 아이를 낳은 어머니는 이미 살아 있는 어머니가 아니다. 그래서 그녀는 죽는 날까지 어느 누구의 아이도 낳지 않겠다고 맹세한다. 「나뭇꾼과 선녀」에서도 자식을 완전히 받아들이지 못한다는 죄의식으로 인해 그 자식이 기형이 될까 봐 두려워하는 모성의 복합적인 심리가 나타나고 있다. 마치 날개옷을 잃어버린 선녀처럼 아이 셋을 낳았어도 고향인 미국으로 되돌아가야 한다는 생각 때문인지 지수는 전적으로 자식을 받아들이지 못한다. 그래서 아이가 건강하다는 사실이 감히 누려서는 안 될 행운처럼 느껴지기에 아이가 말을 하지 못하거나 소리 내어 울지 않는 것이 자신 탓이라는 불안에 시달린다.

이처럼 죽었거나 죽은 것과 다를 바 없는 아이들로 인해 어머니들 또한 거의 무생물처럼 살고 있다. 생명이 생명으로 대접받지 못할 때, 그래서 어머니들을 죽음의 어머니로 만들 때 세상의 폭력성과 남성의 가학성은 증폭된다. 서하진의 소설에서는 특히 「나뭇꾼과 선녀」, 「타인의 시간」, 「깊은 물 속」에서 드러나듯이 아버지의 비정상적인 성이나 어머니에 대한 배신으로 인해 그 딸들의 결혼이나 임신이 왜곡되는 경우가 많다. 서하진은 본래 풍요로움과 생명력의 상징이어야 할 자궁이 '아버지의 법'에 의해 결핍과 비생명력의 상징으로 변함을 보여줌으로써 자궁 자체가 생명을 잉태하는 풍요의 공간이지만 그와 동시에 세상의 불임성이나 죽음의 공포성을 드러내는 결핍의 공간이기도 하다는 사실을 보여주고 있다. 생명이 움트는 곳도 자궁이고, 온갖 상처들이 자리 잡는 곳도 자궁임을 죽음의 어머니들을 통해 가시화한 것이다.

이런 부정적인 어머니들을 통해 서하진은 지금까지 중요한 금기 중의 하나였던 모성의 어두운 측면, 즉 침묵이나 혼란에 빠진 어머니들에 대해 말하고 있다는 점에서 문제적이다. 생산과 잉태의 자궁이 아닌 사산과 불임의 자궁을 가진 여성은 이미 여성이 아닌 여성이다. 이처럼 어머니가 될 수 없거나 어머니가 된다는 사실이 공포스러운 여성이 문제가 되는 것은 여성들이 그런 상황을 자발적인 의지에 의해 선택한 것이 아니라 외부적인 억압에 의해 강요당했다는 점이다. 때문에 서하진은 모성이 가져다주는 기쁨을 거부하는 것이 아니라 스스로 원해도 그런 모성의 기쁨을 누릴 수 없음을 강조하기에, 지독한 비관주의자라고 할 수 있다.

저주 혹은 축복

공선옥, 김지원, 서하진은 모두 제도로서의 모성이 아니라 경험으로서의 모성, 결과로서의 모성이 아니라 과정으로서의 모성을 문제 삼으면서 피와 살이 있는 구체적인 어머니들을 창조해 내고 있다. 그들은 모성 자체가 어느 한쪽으로만 나타나거나 손쉽게 규정되는 것이 아니라는 사실을 누구보다도 잘 아는 여성 작가들이다. 때문에 그들이 모성에 이르는 길은 단선적인 일방통행로가 아니라 쌍방향적인 왕복로이다. 그중에서 공선옥은 모성 자체가 생경한 구호의 차원이나 이론적인 체계화에서 다루어질 문제가 아니라 현실과 관계 맺는 방식이나 현실에서 담당하는 실제적 기능의 문제임을 보여준다. 때문에 공선옥은 '현실적 자궁'을 문제 삼는 어머니이다. 김지원은 어머니가 '되지 않을' 권리뿐만이 아니라 어머니가 '되는' 권리도 인정하면서 적극적으로 모성을 옹호한다. 때문에 김지원은 '이상적 자궁'을 문제 삼는 어머니이다. 서하진은 긍정적인 모성의 이면에 도사리고 있는 부정적인 모성을 아프게 강조하면서 '심리적 자궁'을 문제 삼는 어머니이다.

이처럼 각기 다른 방향에서 모성에 접근하기에 각자 지닌 문제점 또한 서로 다르다. 공선옥의 가공되지 않은 문장이나 주제는 거친 생명력이나 자연적인 본능을 강조하는 데는 적합하지만 그 반복성과 직접성 때문에 오히려 거부감을 불러일으키는 경우가 있다. 김지원의 경우는 낭만성에 대한 강조 자체가 시대를 거스르기에 신선함과 잔잔한 감동을 주기도 하지만 의고적인 문체나 서사성의 약화와 연결되면서 설득력을 감소시키기도 한다. 서하진의 세밀하고 관념적인 묘사는 촘촘한 만큼 답답하게 느껴지기도 하며, 패턴처럼 사용되는 시간 교체 서술이 구성의 산만함과 의미 전달의 지연을 초래하기도 한다.

이런 문제점을 끌어안으면서까지 그들은 모성에 대해 끝없이 문제를 제기한다. 어머니들은 본래 쉽게 포기하지 않는 존재들이니까. 그러나 흔히 모성을 강조하면 주체성, 자발성, 적극성이 부족하다고 비판받고, 모성을 비판하면 그 전투성, 배타성, 과격성 때문에 비판받는다. 그렇다면 문제는 모성 자체가 아니다. 모성 자체는 나쁘지 않다. 오히려 돌봄이나 베풂을 강조하면서 권리보다는 책임을, 개별성보다는 관계성을 획득하게 하는 모성은 여성의 긍정적인 자질이다. 단지 모성을 강요하면서 모성과 자아 정체성을 대립적으로 놓거나 완전히 동일화시킬 때에 문제가 된다. 위대한 어머니는 자비로운 동시에 무서우며, 창조적인 동시에 파괴적이다. 그리고 여성들은 마리아이자 이브이지 마리아 아니면 이브인 존재는 아니다. 이 두 가지 속성이 마치 두 입술처럼 붙어 있는 것이 여성들이다. 여성성과 모성성은 '하나가 아닌 둘', '하나이면서 둘', '하나 속의 둘'인 것이다. 이 세 여성 작가들은 이런 사실을 다양한 어머니의 모습을 통해 보여주고 있다. 역시 우리의 어머니들은 '저주받은 축복'을 입은 반신반인(半神半人)의 괴물들이기 때문이다.

우먼토피아, 테크노피아 속의 에코토피아

이혜경 론

문명, 상처 입은 집

이혜경은 '집'의 소설가이다. 그녀의 소설이 주로 인간에게 집이란 어떤 곳인가라는 질문에서 출발하기 때문이다. 그리고 이때의 집은 물리적인 환경으로서의 공간이 아니라 정신적인 자궁으로서의 공간에 해당한다. 그런데 이혜경에게는 이런 집이 서로에게 상처주고 상처받는 '남남이 아닌 남남'들이 살고 있는 불안정한 가건물이다. 집을 그처럼 흔들리게 하거나 균열시키는 가장 위험한 인물은 아버지이다. 물론 언제나 아버지가 권위나 권력, 억압의 중심에 있는 것은 아니다. 몰락했거나 무능한 아버지도 자주 등장한다. 그러나 아버지로 상징되는 남성성은 그것이 강화되건 약화되건 모두 문제가 된다는 점에서 나머지 가족들을 가부장제의 그늘에서 벗어날 수 없게 만들고 있다. 힘없는 아버지는 힘 있는 아버지의 부재나 결핍을 의미하기에 그 빈자리나 역상(逆像)를 통해 자신의 존재를 역설적으로 증명한다. 그런

아버지로 인해 어머니나 아들, 딸들은 모두 상처 입고 있다.[1]

그런데 이혜경 소설의 특이점은 그런 가부장제에 대한 비판이 자본주의에 대한 비판과 동궤를 이룬다는 것이다. 지금까지 이혜경의 소설에 대한 논의들은 그녀의 가부장제에 대한 비판과 자본주의에 대한 비판이 서로 별개의 주제이거나 혹은 각기 다른 방향을 취하는 두 개의 주제라고 보았다. 그러나 이혜경의 소설에서 가부장제와 자본주의는 동일한 것이다. 두 가지 모두 남성 중심주의가 만들어낸 함정이기 때문이다. 이혜경이 보기에 가부장적인 권위를 가진 남성들이 만든 문명이나 문화, 경제 제도가 바로 자본주의이다. 이런 의미에서 이혜경은 피해자인 여성의 입장에서 그 두 가지 문제를 동시에 바라본다. 때문에 가부장제에 대한 비판이 자본주의에 대한 비판이 되고, 자본주의에 대한 비판이 곧 가부장제에 대한 비판이 되는 것이 이혜경 소설의 특징이다.

이런 특징 때문에 흔히 이혜경을 여성다움에서 벗어난 작가라고 평가하기도 한다. 그러나 그녀는 여성적인 주제에 머물러 있지 않았다는 측면에서 폭넓은 작가가 아니라 여성적인 주제를 통해 인간 보편의 문제에 도달했다는 점에서 의미 있는 여성 작가이다. 즉 이혜경은 여성'만을' 다루지 않았다는 점이 아니라, 여성을 '통해' 문학이나 인생의 본질에 다가간 점을 높이 평가받아 마땅하다. 그리고 여기서 너무나 당연하면서도 끈질기게 오해되고 있는 사실인, 이혜경 소설 속에 나타나는 여성성이 생물학적인 여성만이 지닌 성질이 아니기에 자

---

1) 이런 집의 위험성이 그녀의 등단작인 「우리들의 떨켜」 속에 배아(胚芽)처럼 자리 잡고 있다. "벽 어딘가에 균열의 징조가 나타난 것 같은 두려움이 엄습했다. 지금은 그저 비에 젖어 드러나지 않고 있을 뿐이다. 날이 개면, 눅눅했던 벽이 마르며 쩍 갈라지고 마른 벽 위로 실지렁이 같은 까만 금이 거침없이 뻗을 것이다. 그러다 어느 햇살 쨍쨍한 날에 벌어지며 폭삭 주저앉으리라."(「우리들의 떨켜」 중에서)

본주의의 피해자에 남성에게도 발견된다는 점을 반드시 강조해야 할 것이다.

이때 이혜경의 소설을 '에코페미니즘(eco-feminism)'[2]적인 입장에서 읽을 수 있는 토대가 마련된다. 에코페미니즘은 생태학(ecology)[3]과 페미니즘(feminism)을 결합시킨 용어로서, 현대 문명이나 기술 자본주의에 대한 비판과 여성의 입장을 연결시킨 흐름을 말한다.[4] 즉 서구의 물질문명이나 자본주의의 바탕이 되고 있는 남성 중심의 문화나 정치, 윤리, 가치 체계 등을 문제 삼고 그것에 대한 나름의 대안을 제시하고자 하는 흐름이 바로 에코페미니즘이다. 에코페미니즘은 기존의 자연/문화의 이분법에 여성/남성의 이분법을 대응시키면서 지금까지의 자연에 대한 억압이나 혐오에는 여성에 대한 폄하나 무시가 존재한다고 본다.[5] 여성과 자연은 동일한 '육체의 달력'을 갖고 있다는

---

2) 에코페미니즘이란 용어는 프랑스의 프랑수아 드 본느의 『여성 해방인가 아니면 죽음인가』(1974)에서 처음으로 등장하였다. 그녀는 자연 파괴와 여성 억압적 남성 중심 사회를 연결지어 '우리의 삶에 직접적 위험을 가하는 두 가지'는 '인구 과잉과 지구 자원의 파괴'이고, 이는 '남성 중심적 체제' 때문이라고 지적하였다.
   문순홍, 「에코페미니즘이란 무엇인가」, 《여성과 사회》, 제6호, 1995, 17쪽 참조.
3) 생태학을 뜻하는 에콜로지라는 영어의 뿌리를 거슬러 올라가 보면 오이콜로지아(oekologia)라는 그리스어와 만나게 된다. 이 그리스어는 오이코(집)라는 말과 로지아(연구)하는 말이 한데 합쳐 만들어진 것이다. 그러니까 생태학이란 바로 집을 연구하는 학문을 말한다. 이때의 집은 개체가 사는 환경, 넓게는 생물권, 더 넓게는 우주 전체를 가리킨다. 이혜경 소설 속의 집 또한 여성들이 숨쉬고 있는 환경 전체라고 볼 수 있다.
   김욱동, 『문학생태학을 위하여』(민음사, 1998), 25쪽 참조.
4) 고갑희, 「에코페미니즘: 페미니즘의 생태학과 생태학적 페미니즘」, 《외국문학》, 1995년 여름호, 97쪽 참조.
5) 여성을 자연과 동일시하고 남성을 문화와 비교하는 이유는 무엇인가. 이는 여성을 남성보다 공감각적이고, 주관적이고, 감정적이며, 직관적이고, 관계 지향적이고, 비논리적이고, 불안정하고, 어떤 중심이나 실체가 없는 무정형적인 것으로 간주하여 자연처럼 언제나 이용되고 억압되고 착취될 수 있는 수동적이고 열등

점에서 본질적으로 유사하다는 것이다.[6] 동서양을 막론하고 하늘은 남성에, 땅은 여성에 비유된다. 그래서 땅의 생산성이 여성의 생산성과 연결되는데, 이런 여성과 땅이 메마르고 고갈되었기 때문에 인간과 자연의 분리가 발생했다는 것이다. 그리스 신화에 나오는 대지의 여신 가이아(Gaia)에 비유되는 지구는 곧 여성이고, 병든 가이아는 바로 병든 여성의 현실과 동일하게 취급된다. 이런 맥락에서 자연을 인간의 지배로부터 해방시키는 일은 여성을 남성의 지배로부터 해방시키는 일과 불가분의 관계에 있다.[7] 지금까지 지속된 '문명-진보-발전' 중심의 남성적 사고 때문에 기술이 발전하고 물질은 풍부해졌을지 모르지만 자연에 더 가까운 여성의 희생과 훼손을 강화시켰다는 것이 에코페미니스트들의 주장이다. 강간, 대량 학살, 제국주의, 기아, 환경오염을 낳은 역사(history)는 남성들의 역사(his story)이다. 이에 반대하는 에코페미니즘은 인간 중심주의에서 생명 중심주의로, 서양 사상에서 동양 사상으로, 남성에서 여성으로 패러다임을 이동시키면서 초식주의, 금욕주의, 정신주의를 주장하는 '녹색 윤리'의 생태학 이론이라는 것이다.[8]

한 존재로 파악했기 때문이다. 이에 반해 남성은 이성적이고, 합리적이고, 안정적이며, 모든 권력, 지식, 재산, 지위를 독점하는 여성 억압의 위계질서 체계인 가부장제를 확립시킨 존재로 파악했기 때문이다.

정정호, 「생태학과 페미니즘의 대화적 상상력」, 이정호(편저), 『페미니즘과 영미문학 읽기』(서울대학교출판부, 1996), 15쪽 참조.

6) 정화열, 「생태철학과 보살핌의 윤리」, ≪녹색평론≫, 1996년 7·8월호, 16쪽 참조.

7) 이런 의미에서 에코페미니즘 운동은 원리와 원칙에 집착하는 부정적(negative) 요법이 아니라 생명의 가치를 고양하는 긍정적(positive) 요법으로, 여성과 남성의 평등과 조화나 자연과 인간을 포함하는 모든 생명체의 공생을 추구한다는 점에서 탈정치적인 동시에 새로운 정치의 향방을 제시한다고 할 수 있다.

가이아(佳珥我), 「새로운 문명의 이름 에코페미니즘!」, ≪이프(if)≫, 1997년 가을호, 258쪽 참조.

8) 고갑희, 앞의 글, 109쪽 참조.

이에 대한 여러 가지의 예들이 존재한다. 피카소의 그림 「한국전쟁의 대학살」이나 버지니아 울프의 "제국의 대가는 주로 여자들이 치른다."는 말에서 드러나듯이 전쟁과 가부장제는 긴밀한 관계를 맺고 있다. 여성 작가인 메리 셸리의 소설 『프랑켄슈타인』의 프랑켄슈타인 또한 인간의 본성이나 자연을 해치는 남성 과학자의 상징이다. 인간이 만든 테크놀로지의 피조물이 자주성을 갖고 창조적인 인간에 대항하는 악몽을 표현한 것이 이 소설이다.[9] 그가 만든 괴물은 과학의 발달로 인해 맞게 될 인간의 우울한 미래를 보여준다. 여기서 더 나아가면 그런 비극은 문명이 여성의 역할을 앗아갔기 때문에 발생한 것이기도 하다. 과학 자체가 자식을 생산하는 여성의 역할까지 박탈함으로써 스스로 '어머니'가 되려 했기 때문에 만들어진 결과물이 바로 그 괴물이다.[10]

때문에 '남성＝문명＝자본＝소비', '여성＝자연＝생명＝생산'의 의미축을 형성하는 여성 생태학적 상상력을 중심으로 이혜경의 소설에 접근하면 그동안 무시되었거나 폄하되었던 자연적인 것이나 여성적인 것들을 회복시킬 수 있다. 그리고 그 속에서 인간의 인간다운 본성이나 삶의 삶다운 존엄성을 재발견할 수도 있다. 크리스테바의 말처럼 변두리화된 것이나 억압당한 것은 그렇기 때문에 오히려 저항적이고 전복적이며 위반적인 힘을 가질 수 있다.[11] 이혜경의 소설이 지닌 힘은 바로 주변적인 시선과 상처에 대한 이런 예민한 감수성에서 비롯된다.

---

9) 카알 미첨, 「문학과 테크놀로지 철학의 고고학」, ≪외국문학≫, 1990년 여름호 참조.
10) 이정호, 앞의 책, 83쪽 참조.
11) 정정호, 앞의 글, 18쪽 참조.

남성, 침략하는 중심

이혜경의 소설에서는 연인이나 형제보다는 아버지가 더 많은 비중을 차지한다. 그래서 부녀나 모녀, 부부 간의 갈등보다 부자 간의 갈등이 대부분이다. 그리고 그 아버지들은 모두 '힘'을 지닌 존재들이다. 이때의 힘은 가장(家長)으로서 지니는 권위나 권력, 전횡력과 관계된다. 그런 힘의 과잉이나 결핍이 소설의 주요 갈등을 이룬다. 남성성의 과잉은 억압과 지배를 통해 자유와 권리를 빼앗아간다는 측면에서, 그리고 그것의 결핍은 가난이나 정신적 허약함으로 인해 보호막이나 울타리의 역할을 해내지 못한다는 측면에서 모두 가정을 파괴한다는 것이다. 또한 그런 아버지의 힘이 돈 즉 경제력의 유무에 좌우되기에 자본주의의 위력이나 폐해와 연결된다는 점이 앞에서도 지적한 이혜경 소설의 특징이다. 특히 아버지들의 탐욕에는 그들의 아버지인 할아버지의 무능으로 인한 욕망의 좌절이나 실패에 원인이 있다는 점에서 그 심각함이 더욱 크다.

「아홉시의 좌표」에서도 권위적인 아버지로 인한 가정의 비극이 나타나지만, 『길 위의 집』에서의 아버지 길중 씨는 이런 가부장적 인물의 전형에 해당한다. 철공소를 운영하면서 자수성가한 길중 씨는 "사람은 등 따뜻하고 배 부르면 못쓰게 되는 법이다, 놀기 좋아하는 사람치고 잘 되는 꼴 못 봤다."라는 발전 논리로 가족들을 괴롭힌다. 그런 성격의 소유자이기에 그는 패기 없고 유약한 순종형의 장남 효기보다는 사내답고 머리가 좋다는 이유로 윤기를 더 인정한다. 윤기는 이러한 아버지에게서 '집'이 아니라 '성채'를 지으려는 독재자의 부당한 권력을 목격한다. 자식을 자신의 뜻에 따라 좌지우지하고, 술에 취하면 아내를 때리거나 저녁 준비가 늦었다는 이유로 자장면 그릇을 아내의 얼굴에 던지는 폭군이 바로 길중 씨이다. 이런 길중 씨의 전횡이 자신을 가장 닮은 윤기에게조차 상처를 남긴다는 데에서 그 부당함은 극에 달한다.

하지만 그런 반항적인 노예조차 또 다른 폭군으로 변화시키는 것이 가부장제의 위력이다. 제도는 구조의 문제이고, 구조는 기득권의 재생산에 유리한 틀로 작용하는 체계를 의미하기 때문이다. 사랑하는 현희와의 결혼이 무산된 탓도 있으나 윤기는 집에서 원하는 여자와 자포자기적인 결혼을 한 후 사소한 거짓말을 한다는 이유로 아내를 구타한다. 그리고 아버지가 물려준 재산으로 술집을 경영한다. 또한 유부녀가 되어 다시 찾아온 옛 애인 현희와 불륜적인 관계를 맺는다. 자신이 가장 증오했던 아버지의 전철(前轍)을 그대로 밟는 윤기의 모습에서[12] 다시 한 번 가장의 권력은 한 개인의 문제가 아니라 사회구조의 문제임을 확인할 수 있다. 모든 가장이나 아버지, 남편은 그 자리에 있으면 모두 비슷한 모습을 지니게 된다는 사실을 전해 주는 것이다. 「그늘바람꽃」에서의 소희 남편도 사회생활에서는 성실하고 능력 있는 모범생이지만 자신이 원하는 부인을 만들기 위해 가정 내에서는 폭력과 폭언을 일삼는 인물이다.

이런 남성성에 대한 환멸이 우화적으로 표현된 소설이 「누가 이 고양이를 알지 못하시나요」이다. 수코양이인 '나'의 화자 시점으로 전개되는 이 소설에서 아름다운 암코양이인 '환한 코'가 큰 덩치나 발달된 근육을 가진 '수컷다운 수컷'을 마다하고 힘도 없고 덩치도 작은 '나'를 선택한 이유는 바로 '나'가 수컷답지 않기 때문이다. "난 수컷들이 무서워."라고 말하는 '환한 코'에게는 그런 수컷의 '용맹함' 때문에 가족들을 잃은 아픈 과거가 있다.

그러나 인과론적으로 생각해 볼 때 길중 씨나 수코양이들을 이처럼

---

12) 황도경, 「집은 무엇으로 짓는가: 유미리의 집과 이혜경의 집」, ≪포에티카≫, 1997년 여름호, 101쪽 참조.

약육강식이나 적자생존의 논리에 빠지도록 만든 것은 세상 탓이다. 영악스럽고 타산적인 사회 질서에 적응하지 못하면 자연도태되기 때문이다. 빚보증을 잘못 서서 가족들을 가난과 수치스러움의 구렁에 빠지게 만든 「우리들의 떨켜」나 「떠나가는 배」의 아버지는 사실 세상에 속은 피해자임에도 불구하고 좀 더 냉철하게 세상의 유죄성이나 악마성에 대처하지 못했다는 점 때문에 가족에게는 가해자가 된다. 세상은 "조금만 틈을 줘도 덤벼드는 짐승 같은 것"(『모든 사람은 꽃이다』)이기에 잡아먹히지 않으려면 힘이 세지는 수밖에 없기 때문이다. 밀림에 사는 수호랑이들도 마찬가지이다. 그것들이 "나무 둥치를 긁어놓거나 제 냄새를 묻혀놓음으로써 제 영역을 표시"(「불의 전차」)하는 것은 험한 세상에서 살아남기 위한 생존술이다. 스스로 원하지 않아도 그런 삶을 살아야 한다는 점에서 남성들 또한 세상으로부터 상처를 입은 사람들이다. 특히 「젖은 골짜기」에서 명예퇴직당한 가장의 목소리를 통해 남성들이 지고 있는 이런 무거운 짐을 인정한다는 점에서 이혜경은 남성들의 아픔에도 공정하게 관심을 갖는 작가이다.

그런데 남성들은 이처럼 벗어던질 수 없는 짐과, 동전의 양면처럼 붙어다니는 심각한 결함을 동시에 지니고 있다. 바로 그렇기 때문에 스스로 거부해야 할 자본의 논리를 오히려 적극적으로 권장하는 잘못이다. 『길 위의 집』의 길중 씨의 경우를 보더라도 그의 권력은 "민들레 홀씨처럼 홀홀단신으로 와서 터 잡은 자부심"이나 "남의 힘 빌리지 않고 내 힘으로 흠결 없이 살아간다는 자부심"에 연유한다. 가부장적인 아버지들이 지니는 대부분의 권력은 자신이 겪었던 무지나 가난을 아들들에게는 물려주지 않았다는 점에서 유래한다. 그러나 아버지들이 행하는 폭력적인 억압의 근원 또한 경제적인 여유나 풍요와 연결되어 있다는 점에서 가부장제와 자본주의는 다시 한 번 결합한다. 남성적 여성인 「그집앞」의 시어머니가 첩의 딸이라고 며느리를 구박

할 수 있는 것은 혼자 힘으로 커다란 포목점을 일구어낸 재력 때문이다. 가정 자체가 자본의 흐름에 의해 좌우되고 있는 것이다.[13]

이런 자본 중심의 세상에서 높이 평가되는 가치는 당연히 빠른 '속도'이다. 경쟁 위주의 자본주의 사회에서 남보다 뒤지는 것은 곧 패배와 손실을 의미하기 때문에 그 구성원들은 앞만 보고 무조건 달려야 한다. "눈을 가린 채 옆에서 언제 어디로 떨어질지 모르는 채찍이 허공을 가르는 소리를 들으며 달리는 기분…… 자칫 속도를 늦췄다가는 바닥 모를 어둠 속으로 나동그라질 것 같은 기분"(「젖은 골짜기」)에 쫓기면서도 가만히 서 있을 수는 없다. 그래서 끝이 보이지 않는 길을 전차처럼 무턱대고 달려야 하는 마라토너들이 바로 남성들인 것이다. 때문에 그런 남성들의 아내는 남편에게 "그만 뛰고 나랑 같이 걸어요."(「불의 전차」)라는 말을 건네고 싶어한다. 이처럼 '파시스트적인 가속도'로 이윤을 추구하거나 무절제하게 소유욕을 부린다는 점에서 자본의 논리와 남성의 논리는 닮아 있다.

그리고 『길 위의 집』에서 어머니 윤 씨가 정성스럽게 가꾸었던 텃밭이 포클레인의 날카로운 톱날 아래 무참히 파헤쳐진 것, 「누가 이 고양이를 알지 못하시나요」에서 "사람을 태운 큰 기계"가 내려놓은 시멘트 더미로 인해 고양이 새끼들이 몰사한 것은 바로 자본의 논리에 의해 희생되는 것이 다름 아닌 자연이나 생명임을 알려준다. 본래 '기계적'이라는 말은 희랍어의 'mechine'에서 왔는데, 그 말의 어원은

---

13) 이런 점에서 류보선이 『길 위의 집』에 드러나는 '가족'이라는 좁은 공간을 인류성이라든가 이타성이 사라진, 만인 대 만인이 투쟁하는 자본주의적 모순을 전형적으로 재현하는 공간으로 확대시킨 것은 타당하다. 그에 의하면 결국 『길 위의 집』은 환금 가능성의 논리에 의해 운영되고 가부장적 중심의 가족 제도가 인간의 인간다운 삶을 얼마나 철저하게 차단하는가를 아프게 환기시키는 소설이 된다.
　류보선, 「분노를 다스리는 정신, 혹은 리얼리즘에의 길」, 《세계의 문학》, 1995년 가을호, 164쪽 참조.

'michos(간통남)'이다. 여기서 알 수 있듯이 과학적 연구는 자연(=여성)을 착취하고 결국에는 정복한다.[14] 진보와 유토피아를 위해 역설적으로 삶의 터전을 파괴하는 기술 문명의 처참한 결과를 확인할 수 있다는 것이다. 이혜경은 이를 통해 놀랄 만한 승전보를 울리고 있는 기술 행위에 가장 커다란 위협을 받는 것은 인간 자신일지도 모른다는 것, 즉 과도한 승리는 승리자 자신을 위협한다는 사실을 인식시켜 준다.[15]

결국 남성과 자본은 이성이나 논리, 합리성, 개발이나 발전의 논리를 내세워 자연을 파괴하고 문명을 건설한다. 그러나 그런 문명 속에서 생명은 사라지고 죽음만이 남게 될 수도 있다. 생명은 굳고 억센 것에서 나오는 것이 아니라 연약하고 부드러운 것에서 솟아난다. 하지만 기계 문명은 대체로 차갑고 모가 나 있으며 딱딱한 것들이다. 그 속에서 생명은 자랄 수 없다. 지금의 남성 중심적이고 문명 발전적인 사회에 사는 인간들의 딜레마는 이런 '테크노피아(technopia)'의 세계가 '에코토피아(ecotopia)'의 세계와 분리된다는 점에 있다.[16]

---

14) 이반 일리치, 「인간에 의한 과학」, ≪외국문학≫, 1995년 겨울호, 64쪽 참조.

15) 이진우, 「기술시대의 생명윤리」, ≪문학과 사회≫, 1996년 봄호 참조.

16) 이숭원, 「생태학적 상상력과 우리시의 방향」, ≪실천문학≫, 1996년 여름호, 203~208쪽 참조.
　　김지하도 이원론적이고 기계론적인 세계관과 이성 우월주의, 인간 중심주의 바탕을 둔 서구 지향적 산업 문명을 극복하기 위한 대안적 사상 체계로서 '생명 사상'을 제시한다. 김지하에게 있어 생명이란 우주의 모든 유기체와 무기질을 포함하는 것이며, 그 안에서 무궁무진하고 신령한 영성이 살아 숨쉬는 것이다. 때문에 생명은 끝없는 생성과 변화를 겪으며 영성적인 자유를 지향한다. 김지하는 인간 개체의 복잡성과 내면적 가치, 영성적 측면을 이념이나 국가, 계급, 시장을 축으로 한 집단주의적인 거대 담론, 직선적인 진보 사관이 오히려 인간과 자연 모두에게 고통과 억압을 불러일으켰다고 비판한다.
　　김지하, 「현대문명의 위기와 전환기의 세계관」, ≪녹색평론≫, 1993년 9·10월호 참조.
　　권혁범, 「생명사상의 체계화」, ≪녹색평론≫, 1996년 11·12월호 참조.

여성, 훼손된 주변

　문명이 자연을 정복의 대상으로 삼았듯이 남성 또한 여성을 지배의 대상으로 삼았기에 여성들은 남성과 문명에 의해 이중으로 침략당한 '식민지'일 수밖에 없었다.[17] 서구 역사에서 남성은 이성적이거나 진리를 추구하는 존재인 반면, 여성은 재현될 수 없거나 말해지지 않는 존재로 이해되었다. 그래서 지배 집단인 남성들이 거주하는 중심의 바깥인 황무지에 거주하는 주변인에 머물 수밖에 없었다는 것이다.[18] 이러한 주변적인 위치는 여성들의 위기를 나타내는 대표적인 징후가 된다. '주변'으로서의 여성의 위치가 결핍·부정·부재·비이성·혼란·어둠 등과 결합되기 때문이다.

　정당한 이유도 없이 갖다 붙이기 나름인 이유 때문에 남편에게 북어처럼 맞으면서도 그런 남편을 위해 북어국을 끓여주는 『길 위의 집』의 어머니 윤 씨는 이전 시대 우리 어머니들의 주변부적인 삶을 대변해 준다. 남편뿐만 아니라 자식들에게 자신이 지닌 모든 것을 스스로 주거나 빼앗겨서 "몸 안의 모든 진기가 다 빠져나간 것처럼 작아진 윤 씨의 몸"은 그 자체로 여성들의 훼손된 정체성을 상징한다. 대지를 닮아 풍요와 다산, 생명력을 상징했을 육체가 결핍과 불모, 건조함만 남은 껍데기로 변하는 세월 동안 윤 씨의 삶은 '널뛰기'로 점철된 것이었다. 가족들로 인해 안전한 땅 위로 내려앉지 못하고 현기증 나는 공중에서 불안한 삶을 영위해야 했기 때문이다.

---

17) 그래서 생태학(ecology)이라는 용어는 그리스어인 'oikos(가정)'에서 유래하며, 경제학을 뜻하는 'oikonomos(가정관리자)'와 같은 어원을 갖고 있다. 이는 자연과 가정, 생태학과 경제학의 친연성을 증명해 주는 것이다.
　고성호, 「생태계의 구조와 변동」, ≪외국문학≫, 1996년 여름호, 79~80쪽 참조.
18) 엘레인 쇼왈터, 「황무지에 있는 페미니스트 비평」, 김열규 외 편역, 『페미니즘과 문학』(문예출판사, 1998), 47쪽 참조.

이처럼 고된 시집살이와 폭력적인 남편, 반항적인 자식들로 인해 고통스런 삶을 살았기에 수의를 짓던 날, 윤 씨는 치마가 아닌 바지를 원한다. "난 치마 안 입어요, 죽어서라도 남자 옷 입고 가야 다음 세상에 남자로 태어나지."라는 결연한 말투 속에 여성으로서의 삶이 얼마나 신산한 것이었는지 드러난다. 이런 원과 한을 이기지 못해 치매증을 앓게 된 윤 씨를 앞에 놓고서도 서로 책임을 전가하며 다투는 식구들을 향해 딸 은용이가 "너, 너, 너. 조용히 해, 이 개새끼들아."라고 외치는 것은 그런 억압에 대한 뼈저린 분노와 질책이다. 이 말을 통해 은용은 그림자처럼 지냈던 어머니의 삶을 이어받아 사내들 속에서 있는 듯 없는 듯 살았지만 자신의 내부에 가두어두었던 "미친년이 되고 싶어, 창녀가 되고 싶어."라는 울분을 힘들게 밖으로 표출한다.

어머니가 실체 없는 그림자였다면, 그런 어머니의 딸들 또한 적자(嫡子)가 아닌 서자(庶子)로 존재할 수밖에 없을 것이다. 「서자들」에 나오는 아버지에게는 아들만 자식이고, 딸은 남이다. 그래서 사업이 망해 친정 근처로 이사 온 딸에게 아버지는 쌀 한 톨 보내주지 않는다. 그토록 차별이 심했던 아버지에게 언니가 암에 걸리자 "아버지. 딸을 위해서도 좀 마음아파 보세요."라고 말하는 또 다른 딸의 바람은 비원(悲願)에 가깝다. 이처럼 언제나 변두리로 물러나면서 "아버지의 따스한 손 한 번 못 느껴본 안팎곱사등이 같은 딸"에게 자긍심이나 정체성을 기대한다는 것은 무리다. 자신이 버려졌거나 가치 없는 존재라고 생각하는 사람은 진정으로 스스로를 사랑할 수는 없기 때문이다. 『길 위의 집』에서 은용을 좋아했던 병원집 아들 안석이 그녀를 '간이역'에 비유한 것도 이 때문이다. 행복한 사람이나 급행열차를 타고 지나가는 사람들의 눈에는 띄지 않는, 상처받고 외로운 존재들이 바로 여성들이다.

이런 윤 씨나 은용 같은 여성들이 사랑을 하는 방식이 「그늘바람꽃」의 소희를 통해 잘 드러나고 있다. 남편의 시선에 의해 자신을 평가하고, 그런 시선에 자신을 꿰어 맞출 수밖에 없었던 소희의 피학증은 자신을 '비련의 여주인공'으로 고정시켜 놓는 것에서 증명된다. 뚱뚱하다, 무식하다, 교양 없다고 비난하며 자신의 잣대에 의해 소희를 개조시키려는 남편 때문에 그녀의 천진성이나 다정다감함, 이타심은 미숙함이나 무분별, 천박함으로 폄하된다. 그런 편견과 독선 때문에 고통받았으면서도 남편이 병으로 죽자 자신이 '남편을 죽인 여자'라는 소희의 죄의식은 더욱 강화된다. 그런 죄의식이 소희로 하여금 버림받을 남자만 골라서 연애를 하게 만든다. "소희가 끓여놓은 아침상을 외면하고 마누라가 차려주는 아침 식사시간에 늦을까봐 조바심치며 나가는 남자, 만날 때마다 소희에게 술값에 차비까지 당당히 요구하는 남자"들은 바로 "벽에 부딪쳐 멍들고도 벽보다는 자기를 원망하는 여자가 있으면 신기해서 자꾸 멍들게 하고 싶"어하는 가학적인 남성성을 상징한다.

그런데 이처럼 그림자나 서자로 취급받는 것은 비단 여성뿐만이 아니다. 자본의 막강한 흐름 앞에서는 남성들조차도 예외가 될 수 없다. 이혜경이 「서자들」에서 아들과 차별 대우를 받는 딸의 위치를 정식 직원과 차별 대우 받는 아르바이트생과 병치시켜 묘사하는 이유도 그 때문일 것이다. 똑같은 일을 하면서도 세 배 정도 차이가 나는 월급을 받는 것은 최소의 경비로 최대의 효과를 보려는 자본주의 사회에서는 "일단 조직에 몸담으면 경쟁과 적자생존이라는 물살에서 벗어날 수 없"기 때문이다.

이런 이유로 여성들은 가학적이고 폭력적인 세상에 새로운 생명을 내보내기 싫어한다. 특히 아기를 임신했으면서도 "아기를 포태한 어미의 느긋한 포만감"을 보이지 않는 「떠나가는 배」의 미연을 통해 작가는 문명 비판적인 메시지를 전하고 있다. 가스 폭발 사고나 백화점 붕괴 사고가 아무렇지도 않게 일어나는 어두운 세상에 아기를 내보내기 싫다는 불안함과 두려움 때문에 결국 아기를 사산한다. 건강하지 못한 환경에서는 건강한 아기가 태어날 수 없다는 것이다. 이런 결론을 통해 세상의 기형성은 더욱 강조된다.

특히 채식을 즐기는 식성을 지녔고, "노래방보다는 반주 없이 부르는 노래를 더 좋아한다는 것, 물을 유난히 아낀다는" 사실을 통해 미연은 자연에 가까운 존재가 된다. 그런 그녀이기에 자연의 아픔이나 상처에 훨씬 예민하게 반응할 수 있다는 것이다. 또한 결혼한 지 6년 만에 어렵게 들어선 아기가 알지도 못하는 사이에 죽어버린 「귀로」의 인선이 "여자들이 남자들보다 많이 우는 건, 몸안에 빈곳이 있기 때문일지도 몰라. 아이가 들어선 동안만 채워지고 공동으로 남은 그곳, 슬픔이 그 공간을 공명해서 더 슬픈 걸 거야."라고 말하는 것에서 여성과 자연의 친화성을 확인할 수 있다. 여성들은 자궁의 빈 곳을 슬픔으로 채우고 있기에 더욱 슬픈 존재들이다. 그리고 자신이 아픈 사람은 다른 존재들의 아픔을 더 잘 알아볼 수 있다. 자연도 여성처럼 빈 곳이 많아 아프다. 그래서 여성은 자연과 일란성 쌍생아처럼 닮았다.

인간, 치유하는 경계

에코페미니스트들이 상호 연관적, 탈중심적, 반위계적, 비폭력적인 문화를 통해 가부장제를 무장 해제시키려고 하듯이[19], 이혜경 또한 그 동안 억압받는 위치에 있었던 여성의 허여적이고 관용적인 여성성을

---

19) 고갑희, 앞의 글, 101쪽 참조.

강조한다. 자아와 타자를 구분하고 독립성과 독자성, 분열과 분리를 강조했던 문화로부터 벗어나기 위해서는 여성의 여성다운 시각이 중요하게 부각될 수 있다는 것이다. 남성들을 닮아 이성적이고 폭력적인 발전 논리에 빠질 것이 아니라 그동안 폄하되었던 상호 의존적이고 비폭력적인 여성들의 공존 윤리를 재건설하자는 것이 에코페미니스트들의 주장이다. 때문에 자연을 닮으려는 여성들은 초월(transcendence)이 아닌 내재(immanence)의 원리[20]를 중시하거나 모성성, 기호계나 전오이디푸스적인 단계에 대한 재평가를 통해 가부장제의 법과 문화에 도전하려고 한다. 이런 맥락에서 그동안 억압되었던 사랑, 배품, 부드러움, 따뜻함, 동정심, 애정, 연민 등의 감정이 다시 귀환하게 된다.

이혜경은 따뜻한 소설가이다. 세상이나 남성에 대한 그녀의 비판은 공격적이지 않다. 그 이유는 그런 비판이 배타적이거나 이분법적이지 않고, 언제나 자기 자신에 대한 질문으로 회귀하기 때문이다. 그리고 그녀는 파괴하기 위해서가 아니라 감싸기 위해서 비판한다. 그녀가 자신의 소설 속에 소극적이고, 수동적이며, 비주체적이라고 비판받을 위험성을 지닌 여성 인물들을 자주 등장시키는 이유도 이 때문이다. 그녀에게는 모자라는 것보다는 넘치는 편이 더 낫다. 이혜경은 자신의 글이 "사람의 허기를 눈밝게 알아보고 어루만지는 손"[21]이 되기를 바란다. 그리고 이런 따뜻한 시선이 여성의 본성인 이타성, 주변성, 관계 지향성에 눈길을 주게 만든다.

이런 작가이므로 이혜경에게 있어 가장 소중한 존재 방식이자 글쓰기의 목표는 사랑의 탐구와 실천이다. 생태계(ecos)와 사랑(eros)은 서로 불가분의 관계에 있기에 자연의 파괴는 곧 사랑의 붕괴를 의미한

---

20) 같은 글, 103쪽 참조.
21) 이혜경, 「오늘의 작가상 수상소감」, ≪세계의 문학≫, 1995년 여름호 참조.

다[22]는 것이 이혜경의 생각이다. 사랑만큼 세상을 살 만하게 만들고, 인간을 인간답게 하며, 여성을 여성답게 만드는 것은 없다고 믿기 때문이다. 이 세상에서 인간〔人〕은 혼자 살 수 없기에 "막대기 두 개가 서로 기댄 모양"(「떠나가는 배」)으로 살아가야 한다. 이런 모듬살이를 위해서는 이타적인 사랑이 필요하다. 맹목, 집착, 탐욕의 사랑이 아니라 만물의 유기적 연관성과 상호 의존성을 바탕으로 자아와 타자를 하나가 되도록 만드는 것이 바로 사랑의 원리이다.[23] 「노래하는 여자, 노래하지 않는 여자」, 「그늘바람꽃」, 「그집앞」의 여성 인물들이 실천하는 사랑이 때로는 낭만적으로, 때로는 고통스럽게 전해지는 것도 이 때문이다.

「노래하는 여자, 노래하지 않는 여자」에서 사랑 혐오증자, 노래하지 않는 여자, 목석같은 여자인 '나'는 사랑 지상주의자, 노래하는 여자, 꽃 같은 여자인 경미 언니로 인해 변화된다. "따뜻한 건 다 좋지만 그래도 가장 좋은 건 사람 체온"이라는 믿음을 가졌기에 경미 언니는 유부남과의 사랑에도 최선을 다한다. 그녀가 사람과의 만남에서 얻는 감정은 "어린 강아지들이 어미 앞에서 몬닥몬닥 모여서 젖 먹잖아. 그러고 나서 엉기면서 서로 핥고 그러잖아. 그런 기분이야."라는 고백에서 나타난다. 그런 사람과 사람 사이의 정이나 온기 때문에 그녀의 불륜적 사랑도 아름답게 보인다. 그래서 유부남과 엄마 사이의 불륜 관계에서 치욕스럽게 태어났다는 정신적 외상 때문에 남편과도 이혼하게 했던 불감증의 '나'를 "아무 남자하고나 일을 벌여 보는 것도 괜찮으리라는 생각"까지 하도록 만든다.

이런 경미 언니와 비슷한 인물이 「그늘바람꽃」의 소희이다. 부드럽

---

22) 김원중, 「자연과의 애무 : 게리 스나이더의 생태학적 이상」, ≪녹색평론≫, 1997년 1·2월호, 84쪽 참조.
23) 같은 글, 93쪽 참조.

고 다정다감한 성격의 소희를 보고 효임은 "꽃가루가 난분분한" 꽃을 연상한다. 남성성의 상징인 꽃술 없이 꽃잎만 있는 외롭고 비생산적인 꽃이 아니라 화사한 꽃술을 지닌 화려하고 생산적인 꽃이 바로 여성다운 여성인 소희이다. 그래서 꽃이 졌다가 다시 피듯이 소희 또한 유부남인 사진작가와의 실연을 극복하고 또다시 새로운 사랑에 빠질 채비를 하는 것으로 소설이 끝난다. 그녀에게 사랑은 곧 존재의 이유이기 때문이다.

사랑은 맹목을 부르기 쉽고, 자아를 상실하게 할 위험성도 많다. 미혹과 매혹을 동시에 지닌 것이 바로 사랑이기 때문이다. 그러나 사랑 없는 인생은 사막이나 황무지와 같다. 그래서 물을 얻기 위해 위험한 물가로 다가가는 인생이 훨씬 값지다는 것이 작가의 생각이다. 특히 이혜경의 소설에 나타나는 사랑은 인간의 가장 고급한 정서라고 할 수 있는 연민에서 비롯된다는 점에서 대지의 포용력과도 연결된다. 갈등으로 인한 고통을 겪으면서도 그 고통마저 품어서 견디는 것, 그런 인내를 통해 용서를 가능하게 하고 새로운 사랑을 싹트게 하는 것이 바로 이혜경 소설 속 여성들이 보여주는 모습이다.

이런 생각은 곧 자매애와도 통한다. 「그집앞」에서 '나'가 첩의 딸이라고 자신을 모질게 대했던 시어머니를 이해하게 되는 것은 시어머니 또한 자신과 같은 첩의 딸이라는 사실 때문이다. 이런 동병상련적인 사랑을 통해서 죽은 나무에서도 꽃을 피울 수 있다는 믿음이 생겨난다. 물 대신 알코올을 흡수해 버린 나무처럼 피폐하고 건조해졌을지라도 "흐려진 제 몸을 스스로 씻어내려서 목숨들을 품어안는 강물의 사랑"을 회복하여 "다시 한번, 다시 한번 살아내리라."고 다짐하게 되는 것이다. 특히 「귀로」에서는 이런 인내가 아무리 거친 땅에서도 홀씨로 번져 꽃을 피워내고야 마는 민들레, 지하 5미터까지 내려가 십년을 기다린 뒤에야 싹을 틔워내는 한해살이 풀인 명아주, 황토가 드러난 길섶에 내던져져 겨우내 썩은 짚단에서 난데없이 피어난 각시붓꽃 등의 식물들로 변주되어 나타난다. 이런 식물들로 상징되는 생명력은 모두 힘겹게 사랑을 일궈낸 사람들에게만 주어지는 '영혼의 훈장'에 해당한다.

물론 이런 사랑을 아무나 할 수 있는 것은 아니다. "남의 마음을 너무 헤아리는 나머지, 정작 자신의 본심은 어딘가에 따로 꿍쳐둔 듯한 느낌을 주는 여자, (중략) 천성적으로 강한 것보다는 약한 것에 더 마음 쏠리는, 남 아픈 걸 보면 글썽이지만 그 글썽임을 드러내지 않고 한 겹 거를 줄 아는 지혜로움, 늘 무심해 보이지만 한 겹 안쪽에 햇솜 같은 다사로움을 펼치고 있는 얼굴"(「그집앞」)을 지닌 여성만이 그런 사랑을 베풀 수 있다. 이런 속성으로 인하여 이혜경의 소설 속에 나타나는 사랑은 남녀 간의 연정이 아니라 '측은지심'을 동반한 휴머니즘적인 인간애로 발전한다.

그리고 더욱 중요한 사실은 이렇게 관계 지향적이고 이타적인 인간이 남에게 베푸는 사랑 자체가 자연이 인간에게 베푸는 은혜나 위안과 비슷하다는 점이다. 어쩌면 인간이 다른 인간에게 바라는 사랑의 형태는 그들이 자연으로부터 받았던 사랑에 대한 기억, 아니면 인간이 자연의 일부였을 때 느꼈던 일체감과 동화감이나 다름없다. 자연 또한 인간처럼 연결성(connection)과 상호 의존성(interdependence)을 그 본성으로 갖고 있기 때문이다.[24]

「그집앞」에서 여주인공인 '나'가 힘들면 찾아가 "내게 힘을 줘."라고 말하는 나무는 곧 인간이 되돌아가야 할 본향이자 시원이라고 할 수 있다. 너무 멀리 떨어져 나와 있기에 그 본질을 잊어버린 유토피아는 바로 생명력이 넘치고 언제나 새롭게 충전되는 자연의 품일 수

---

24) 이진아, 「한국사회와 생태학적 상상력」, ≪실천문학≫, 1996년 여름호, 182쪽 참조.

있다는 것이다. 이처럼 자연과 인간, 그리고 문화가 어우러진 녹색 유토피아에 대한 동경이 이혜경의 소설 곳곳에서 드러난다.[25]

그래서 이혜경의 소설에서는 '스폰지' 같은 여성들이 많이 등장한다. 주변의 것을 모두 빨아들여서 자신의 것으로 만들고, 상대방의 눈으로 그들을 보아주기에 자신보다 남을 먼저 배려하는 인물들이 바로 이혜경이 선호하는 인물들이다. 그런 인물들의 사랑이 더욱 값진 것은 자신들조차 그런 사랑에 굶주려 있음에도 불구하고 사랑을 베푼다는 점이다. 상대방에게 필요 없거나 남아도는 사랑을 주는 것은 자기만족과 기만이지 진정한 사랑은 아니다. 특히 주변부로 밀려난 사람들은 춥고 외롭다. 그러나 그런 추위와 외로움으로 인해 오히려 다른 사람들의 고통에 더욱 민감해질 수 있음을 보여주는 것이 이혜경 소설 속의 여성들이다.

이런 여성들이 덜 독립적으로 보이는 이유는 그들이 타자의 필요나 감정에 더 민감하기 때문이고, '나'가 아닌 외부 세계와 더욱 연계적이거나 상호 의존적인 관계를 맺으려 하기 때문이다. 남성들이 권리나 주장, 이기적 요구, 엄격한 의무나 부담 등을 강조하는 것과는 달리 여성들은 밀접한 관계에 관심을 보이거나 양육하고 도움을 주어야 한다는 책임 의식에 더 치중한다는 것이다.[26] 그래서 여성은 '무엇이 우선시되는가'보다는 '무엇이 제외되는가'에 더 관심이 많고, 위계적인 질서보다는 평등한 관계를, 독립성보다는 관계성이나 연결성을 더 중시한다. 이혜경은 이런 여성성의 장점을 누구보다도 실제 작품 속에 잘 형상화한 작가이다. 이혜경에게 있어 사랑이란 '살아있는 것들이

25) 박재묵, 「환경운동의 사회학을 위하여」, 《문학과 사회》, 1997년 봄호, 413~414쪽 참조.

26) 캐롤 길리간, 허란주 옮김, 『심리이론과 여성의 발달』(철학과 현실사, 1994). 낸시 초도로우, 「여성의 성격과 모녀관계」, 이화여자대학교 한국여성연구소 편역, 『여성사회철학』(이화여자대학교 출판부, 1987) 등을 참조할 것.

제 본성대로 살 수 있게 하는 것'[27]인데, 그때의 본성이 바로 이런 여성성과 닮아 있기 때문이다.

이러한 여성성이 여성적 글쓰기와 연결되면서 시점이나 화법상의 특징을 낳기도 한다. 그리고 이때의 여성적 글쓰기가 남성들의 거대 담론에 대한 비판과 연결된다는 점에서 그 자체로 생태학적 사유나 실천의 뚜렷한 보기가 될 뿐만 아니라 문화 패러다임의 변화에 대한 설명의 매개가 될 수 있다.[28]

이를 보다 구체적으로 살펴볼 때 『길 위의 집』이나 『모든 사람은 꽃이다』 등의 장편에서 보이는 다중적 시점은 작가가 자기 구별성을 강조하기보다는 다른 사람과의 관계에 바탕을 두고 자아 정체성을 형성하려고 하는 것을 보여주기에 타인 지향적이거나 관계를 희망하는 언어 전략으로 볼 수 있다. 즉 시점의 직접적인 교체나 초점 화자의 이동을 통해 각 등장인물의 삶을 차례로 조명하면서 세상을 살아가는 다양한 방법을 제시하는 것은 인물, 화자, 작가, 독자 사이의 유동적인 상호 관계가 중요하다는 뜻이다. 그리고 이런 특성은 한 가지 상황에 대한 여러 입장의 수용이라는 측면에서 여성들의 다중성과 상대성과도 통한다. 특히 어느 하나의 절대적이고 단성적이며 확신에 찬 어조를 거부하고 상대적이고 개방적인 언어를 선호한다는 점에서는 상황에 따라 변화하는 삶을 선호하는 여성적 인식과 맞물릴 수도 있다.[29]

그리고 「그늘바람꽃」, 「노래하는 여자, 노래하지 않는 여자」, 「젖은 골짜기」, 『모든 사람은 꽃이다』 등에서 보이는 구술투의 화법 또한 여성의 비논리적인 언어와 연결되면서 직접성과 육체성을 확보하게

---

27) 하응백(대담), 「본성대로 살기, 본성대로 쓰기」, ≪문예중앙≫, 1997년 가을호, 75쪽 참조.
28) 신철하, 「경계의 시학」, ≪포에티카≫, 1997년 겨울호 참조.
29) 김미현, 『한국여성 소설과 페미니즘』(신구문화사, 1996), 193~208쪽 참조.

된다. 잘 정돈된 '글투'의 언어는 '중심'에 있는 남성의 언어에 가깝다. 이에 비해 덜 정돈된 듯하고 횡설수설하는 것 같은 '말투'의 언어는 '주변'에 있는 여성의 목소리에 가깝다. 때문에 앞뒤가 분명하고 논리적인 행위로부터 벗어남으로써 역동성과 내면성을 확보하게 되는 이런 구술의 언어는 자연스러움과 직접적인 전달 가능성을 확보하면서 타자와 직접 연결되려는 여성적 태도를 잘 드러내준다.[30]

자연, 돌아오는 집

중심에 있는 남성적인 권력이나 기계 문명을 비판하면서 주변에 있는 여성적인 보살핌이나 자연 친화적인 본성을 강조했던, 그래서 여성과 자연에 대한 지배를 모두 가부장적 남성주의의 산물로 보았던 이혜경의 소설은 바로 그러한 점들 때문에 여러 가지 딜레마에 빠지게 된다. 이혜경이 높이 평가하는 여성성, 즉 모성성이나 희생성, 조건 없는 베품 같은 특성들은 기존의 급진적인 페미니즘에서는 자아정체성의 발견이나 자아실현에 걸림돌이 된다는 이유로 거부하려고 노력했던 항목들이다.[31] 그런 여성성의 숭배가 남성들이 바라는 여성을 양산함으로써 여성을 자발적이고도 효과적으로 남성의 통제하에 두게 하는 고도의 지배 기술일 수 있기 때문이다.[32] 이런 문제점은 우

---

30) 같은 책, 220~235쪽 참조.

31) 이런 맥락에서 이혜경의 소설들이 분노를 느껴야 할 대상을 너무 쉽게 용서하고 그들과 화해한다는 비판을 받기도 한다.

　　죽비소리, 「이혜경의 『그집앞』」, ≪현대문학≫, 1998년 6월호, 305~307쪽 참조.

32) 이런 문제점은 에코페미니즘의 문제점과도 통한다. 에코페미니즘이 제시하는 '살림'이나 '나눔' 같은 대안 문화로서의 여성성이나 여성적 가치가 이제까지 페미니즘이 싸워 온 모성 이데올로기나 부드러운 여성 이미지들을 강화시키는 역

리가 아무리 자본주의를 비판하면서 과학이나 문명을 거부해도 원시적 자연으로 돌아가자고 외칠 수 없다는 사실과 맞물리면서 그 현실적인 대응력을 의심받게 만든다. 이와 더불어 문학 내적인 측면에서도 이혜경은 지나치게 주변부적 시각을 강조하다 보니 여성이 주인공인 경우에도 초점이 분산되어 내적 통일성이 결여되고 인물의 형상화가 불명확하다는 한계점을 안게 된다. 그리고 디테일의 묘사에는 강하지만 클라이맥스가 없는 플롯을 낳는 경우도 많다.

그러나 이런 위험과 우려에도 불구하고 이혜경의 소설이 지닌 미덕은 그녀가 보여주는 여성성으로의 회귀가 도식적인 귀결이나 손쉬운 타협의 결과가 아니라 핍진성 있는 갈등의 과정을 겪은 후에 힘들게 얻어진 설득력 있는 결말이라는 점이다. 그녀의 소설에 나타나는 여성다운 여성성을 통한 참다운 인간성에의 도달은 당위론적이고 관념론적인 것이 아니라 체험론적이고 실천론적인 것이다. 그래서 그녀의 소설은 깊은 울림과 떨림을 내장하게 된다. 머리가 아니라 온몸으로 쓴 것이 그녀의 소설이기 때문이다.

무엇보다도 중요한 사실은 그녀가 남성을 닮은 여전사나 여성도 아니고 남성도 아닌 무성적(無性的)인 인물을 그림으로써 잘못 이해되고 있는 여성 문학의 오류로부터 벗어나 있다는 사실이다. 그녀는 솔직하게 자신이 믿는 바를 소설로 쓴다. 이는 작가 스스로 "남성/여성으로 이분해 놓고 뺏고 빼앗는 관계로 파악하고 투쟁하는 페미니즘에는 찬동하지 않습니다. 여성과 남성을 적과 적으로 상정해놓고 투쟁하는 게 당면한 문제를 궁극적으로 해결할 수 있다고는 보이지 않는

할을 할 수도 있기 때문이다. 그리고 여성을 '살림'을 하는 '가정(oikos)'에 머물게 할 수도 있기 때문이다.

고갑희, 「능욕과 식민의 역사 다시 쓰기」, ≪21세기문학≫, 1998년 봄·여름호, 108쪽 참조.

군요. 하지만 남성에 비해 여성이 아직도 상대적으로 열악한 지위에
놓여 있고 이게 개선되어야 한다고는 생각합니다. 글을 쓰면서 그걸
염두에 둔다거나 남성과 다른 여성만의 특성을 그려낸다거나 하는 점
에서라면 페미니즘으로 불릴 수도 있겠지요.”[33]라고 언급한 데서도 드
러난다. 그녀는 이처럼 여성의 '아픔'과 '다름'에 주목하려는 작가이다.

　또한 이런 노력의 과정을 통해 살려낸 여성적 특질은 그 자체로서
부정적인 가치이기에 거부되어야 할 것이 아니라는 점도 매우 중요하
다. 부드러움, 베풂, 관계 지향성, 희생적인 사랑 등은 '나쁜 것'들이
아니다. 오히려 여성뿐만 아니라 인간 모두가 추구해야 할 '좋은 것'
들이다. 문제는 그것을 악용하고 폄하한 남성들이나 그것을 만병통치
약이나 극약으로 간주하는 여성들이다. 여성성은 차이를 인정받아야
할 것이지 차별받아야 할 것이 아니다. 그래서 이혜경은 전도된 성
차별주의나 여성 중심주의적인 시각에서 벗어나 여성의 힘과 다름을
적극적으로 강조하는 파워 페미니즘(Power Feminism)의 한 모습을
보여준다고 할 수 있다. 여성들이 지닌 이런 자연 친화적 능력과 소
통 능력, 감수성, 생명성 등이 다가올 암울한 미래에 대한 대안으로
작용할 수 있기에 이런 여성적인 능력을 강조하는 것은 남성적인 여
성을 하찮게 여김이 아니라 그동안 소외되었던 요소들을 제자리로 올
려놓기 위함이다. 감성과 영성이 결여된 이성은 불안과 광기로 변질
되기 쉽다는 것을 경험했기 때문이다.[34]

　그러나 이런 이혜경의 문학이 매력적이고 정당하면서도 위험하거나
오히려 보수적으로 보일 만큼 지금 우리의 여성 문학은 견고한 위치
를 확보하지 못했다고 할 수 있다. 아직도 여성들은 자신들이 피해자
임을 강조해야 하고, 남성과 다른 점을 감추어야 하며, 체제 안에 흡

---

33) 하웅백, 앞의 글, 177쪽 참조.
34) 가이아, 앞의 글, 258쪽 참조.

수되기 위해 자신의 여성다움을 이용해야 한다. 그런 과도기적 여성성과 궁극적이고 영원한 여성성을 어떻게 구분할 것이며, 어떻게 추구해야 하는가가 바로 이혜경의 소설이 우리에게 던진 화두이다. 이 세상에는 없는, 혹은 영원히 도달할 수 없을지도 모르는 우먼토피아 (womantopia)를 향한 길 위에 있는 소설이 바로 그녀의 소설이기 때문이다.

여성문학을 넘어서

1판 1쇄 찍음 • 2002년 11월 3일
1판 1쇄 펴냄 • 2002년 11월 8일

지은이 • 김미현
펴낸이 • 박맹호
펴낸곳 • (주)민음사

출판등록 • 1966. 5. 19. (제16-490호)
서울시 강남구 신사동 506 강남출판문화센터 5층 (135-887)
대표전화 515-2000 • 팩시밀리 515-2007
www.minumsa.com

값 13,000원

© 김미현, 2002. Printed in Seoul, Korea

ISBN 89-374-1178-4 03810